江西省高速公路施工关键技术工法汇编

胡曙光　沈　瑾　编著

内 容 提 要

本书以实现工程施工规范化、标准化为目的,汇集了江西省高速公路建设中形成的具有推广应用价值的施工工法共计30余项,内容涉及路基工程、路面工程和桥梁工程。

本书可供高速公路施工及建设管理人员参考。

图书在版编目(CIP)数据

江西省高速公路施工关键技术工法汇编 / 胡曙光,沈瑾编著. — 北京 : 人民交通出版社, 2013.6

ISBN 978-7-114-10726-9

Ⅰ. ①江… Ⅱ. ①胡… ②沈… Ⅲ. ①高速公路—道路施工—标准—汇编—江西省 Ⅳ. ①U415.1-65

中国版本图书馆 CIP 数据核字(2013)第133089号

书　　名:江西省高速公路施工关键技术工法汇编
著 作 者:胡曙光　沈　瑾
责任编辑:刘永超　贾秀珍
出版发行:人民交通出版社
地　　址:(100011)北京市朝阳区安定门外外馆斜街3号
网　　址:http://www.ccpress.com.cn
销售电话:(010)59757973
总 经 销:人民交通出版社发行部
经　　销:各地新华书店
印　　刷:北京市密东印刷有限公司
开　　本:720×960　1/16
印　　张:12.5
字　　数:221千
版　　次:2013年6月　第1版
印　　次:2013年6月　第1次印刷
书　　号:ISBN 978-7-114-10726-9
定　　价:38.00元

前言 QIANYAN

为顺利优质地完成高速公路建设和对项目实行标准化管理，打造标准化工地，我们结合江西省高速公路的工程条件和特点，制定了一系列标准工法。这些标准工法充分贯彻了“以工序保分项、以分项保分部、以分部保单位、以单位保整体”的质量创优原则，并在江西省得到了推广与应用，起到了指导同类分项工程施工，有效控制工程质量的目的。

为了方便高速公路建设者更好地应用这些标准工法，我们依据“科学管理、首件示范、精细施工、严格控制”的项目质量方针，以实现“超前控制，做好首件，典型示范，带动全面”，争创国家优质工程为目标，从所制定的系列标准工法中，遴选了30余项具有示范作用的工法，并编撰了本书。

本书所遴选的工法，不仅在江西省具有较好的推广应用价值，对其他省份的高速公路建设也有一定的参考作用，我们期望本书的出版能够为高速公路建设施工及管理人员提供有价值的参考。

本书在编撰过程中，得到了九江长江公路大桥项目建设办公室、奉铜高速公路项目建设办公室、吉莲高速公路项目建设办公室的支持与帮助，在此向这些单位及有关人员表示衷心的感谢！由于时间有限，并限于编者的水平，书中难免有错漏之处，还望读者批评指正。

编著者

2013 年 4 月

目录 MULU

第1章

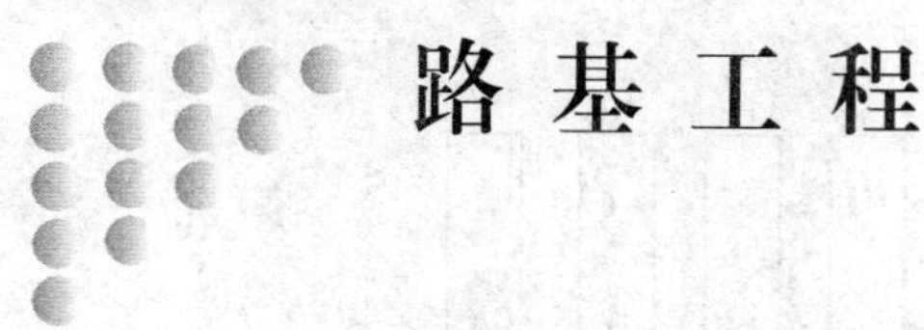

路基工程

编写依据为:《公路工程质量检验评定标准》(土建工程)(JTG F80/1—2004)、《公路路基施工技术规范》(JTG F10—2006)、《公路土工试验规程》(JTG E40—2007)、《公路勘测规范》(JTG C10—2007)、《公路工程技术标准》(JTG B01—2003)等现行有关路基施工、检测规范,以及合同、施工图纸等文件。

1.1 路基填筑施工标准工法

1.1.1 适用范围

本工法适用于江西省高速公路路基填筑工程的施工。

1.1.2 工艺流程

路堑开挖工程采用大型机械化组织施工。对地形较平缓的开挖路堑,先挖好截水沟,保证排水畅通,并排除路堑范围内的积水。采用逐层顺坡开挖方法。推土机沿纵向顺坡推土,挖掘机或装载机装土,汽车运至填方地段或弃土场。推土机施工至边坡位置时,预留一定厚度的保护层不挖,然后再用挖掘机横向顺坡从上至下刷除,最后由人工修整成型。

路堤填筑施工按三阶段、四区段、八流程水平分层填筑。三阶段:准备阶段→施工阶段→检查签证阶段;四区段:填筑区→摊铺区→碾压区→检验区;八流程:施工准备→基底处理→分层填筑→摊铺整平→碾压夯实→检验签证→路基成型→路基整型。拉开顺序，流水作业，加快进度，确保工程质量。路基填筑采用机械化挖、装、运、摊、平、压作业。路基填料采用推土机、挖掘机配合自卸车进行装运；采用全站仪进行测量放样；按照路基横断面全宽纵向分层平行摊铺；采用推土机和平地机整平；重型振动压路机分层碾压密实，采用灌砂法进行密实度检测。

路基开挖施工工艺流程如图 1.1-1 所示，路基填筑施工工艺流程如图 1.1-2 所示。

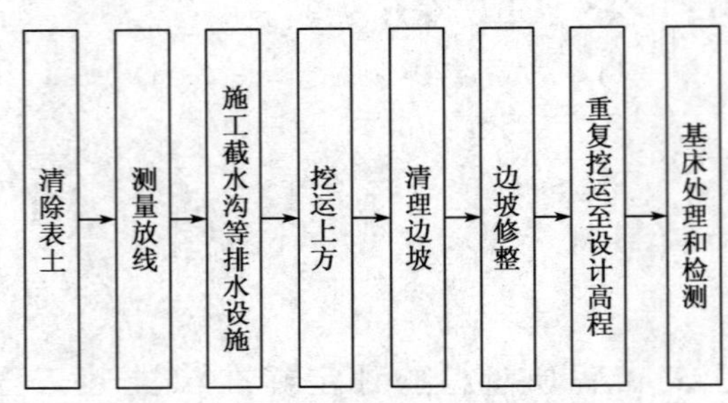

图 1.1-1　路基开挖施工工艺流程

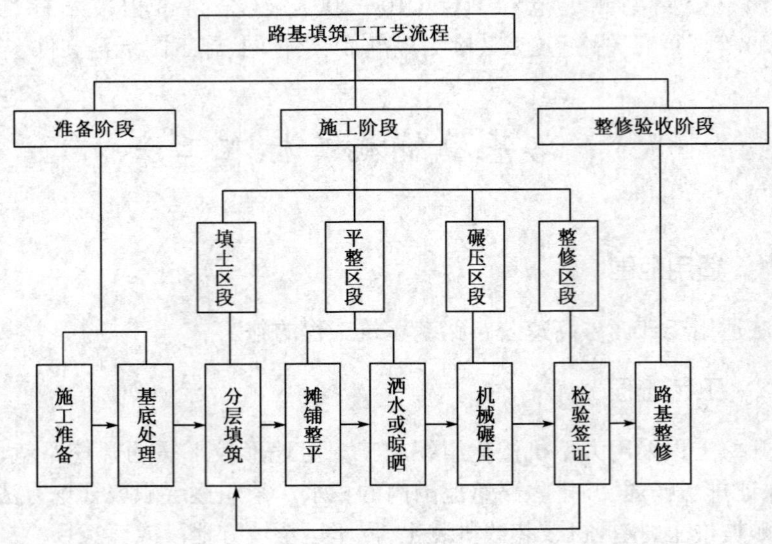

图 1.1-2　路基填筑施工工艺流程

1.1.3　操作要点

(1)施工准备

①技术准备

熟悉施工图纸,重点熟悉线路的填挖高度,变坡线、点,弯道超高,排水方向及设施等技术数据。

编制施工作业指导书,对所有参建人员进行详细的技术交底,明确施工程序、工艺流程和技术标准。

②测量准备

恢复桩位,根据设计图纸恢复定线测量及对各导线点坐标及水准点高程进行复测,闭合。加密布置满足路基施工要求的测量高程与平面控制网,并与相邻合同段进行联测。

根据设计图、施工工艺和有关规定恢复的路线中线桩,钉出路基用地界桩、路堑坡顶、截水沟、护坡道等的具体位置桩。道路中线桩直线部分每20m一个,每100m设一个永久性固定桩;曲线部分除20m设一固定桩外,曲线的起点、终点、圆缓点、缓圆点都应设置固定桩。

在中线桩施测后,进行横断面测量,及时对原地面纵、横断面进行现状测量与绘制。然后,根据路基横断面图及实测高程进行边桩放线。同时,在导线点、水准点处设立永久标志,注意保护,以免施工中遭到破坏。

测量精度应满足交通运输部部颁有关公路工程验收标准。

③施工前的复查及土工试验

路基开挖施工前,施工人员应对路基工程范围的地质水文情况进行详细调查,通过取样试验确定其性质和范围,并了解和估计施工对附近既有建筑物可能影响的程度。对有岩石的地段要掌握岩层风化、龟裂程度,岩层的层理、节理、片理状态,对于易崩塌地带的断层和地质变化区段的情况尤应给予特别的重视。

对路基土取样按每公里至少取两个点,土质有变化时应增加取样点。取土样进行土工常规试验,借土场和挖方段用做填料的土应进行下列试验项目:液限、塑限、塑性指数、天然稠度和液性指数试验测定;颗粒大小分析试验;含水率试验;密度试验;相对密度试验;土的击实试验;土的强度试验(CBR值);有机质含量试验(必要时);易溶盐含量试验(必要时)。

液限大于50%,塑性指数大于26的细粒土不得直接作为路堤填料。

④施工场地排水准备

在路堑开挖前挖好坡顶截水沟。

修建临时排水沟及临时排水设施,引走一切可能影响边坡稳定的地面水和地下水。临时排水设施应尽量与永久性排水设施相结合。在路堑的线路方向上应保持一定的纵向坡度(单向或双向),以利排水。

⑤劳动力准备

配备足够数量的各工种工人、技术管理人员和后勤服务人员。

⑥机械设备准备

大型机械:挖掘机、装载机、推土机、平地机、振动压路机、自卸汽车等。

一般工具:铁锹、钢卷尺或皮尺、放样线绳等。

(2)地基处理

①施工工艺

施工前选择适宜场地备好换填用料。填料应符合设计要求及规范要求,探测出软弱土层厚度,放出开挖换填边桩。根据施工现场情况,施作临时排、截水设施。

开挖应从一端往另一端进行,软弱土层挖除干净后,应将底部平整;若底部起伏较大时,可设置宽度不小于 1m 的台阶或缓于 1∶5 的缓坡;底部开挖宽度,不得小于路堤加放坡宽度。

换填区较大而采用机械开挖时,要留有 30 ~ 50cm 厚的人工清理层,换填底应平整且排水通畅。

若施工中发现设计换填底以下仍存在软弱土层或人工弃土,其强度、密实度以及液塑限不能满足基床土质要求时,则应全部清除至硬底,换填石料、碎石土或改良土。注意保证换填底部纵、横向的排水坡度,以避免局部积水、淤水。

开挖完成并平底后,利用装载机、自卸汽车和压路机,将准备好的换填料,按厚度不大于 30cm,进行分层换填碾压密实达到规定的压实度。

②工艺要求

施工前清除路基范围原地表植被,挖除树根,做好临时排截水设施。原地面松软土及腐殖土应清除干净,翻挖回填压实质量符合设计要求,基底应密实、平整。

原地面处理后的外观应符合下列要求:基底无草皮、树根等杂物,且无积水;原地面基底密实、平整;坑穴处理彻底,无质量隐患。

③检验方法:静力触探试验;观察基底处理外观,用坡度尺测量横坡坡度。

(3)路基填筑

①清表

首先用全站仪或 GPS 进行放样,设置永久性平面和高程控制基点,在施工范围内全面恢复中线,测定路基边界范围,以确立开挖线或坡脚线。根据中桩桩号及相应高程测出填方段和取土场横断面面积,对工程量进行复核,然后对填方段和取土场进行清表。清表包括砍伐树木、杂草,掘除树根、芦苇、草根,拆除地表建筑物及地下管线。将路基填筑基底范围内30cm厚种植土及非适用性土清理挖除，直至地基土满足要求为止。根据地形特点，清表采用推土机配合挖掘机及人工结合的方式进行，表土集中堆放于监理工程师指定的“不适宜材料堆放地点”，将横坡大于1:5的地段按要求做成台阶。

当地表松土和耕作土厚度小于0.3m时，原地面用推土机整平，并将路基用地范围内的坑穴填平夯实。当松土厚度大于0.3m时，用松土器将其翻挖出来，按层厚0.3m一层分层回填；对地表土做含水率试验，通过翻松、晾晒或洒水，使土达到最佳含水率的±2%范围内。

对于机械作业不彻底的地方（包括树根及腐殖土）或清除表土后含水率仍较大的局部地方，用挖掘机结合人工挖除后外运至指定的弃土场，并用指定材料进行换填。最后将表面按填筑要求进行整平。

②基床以下路堤填筑

施工准备，正式施工时必须核对所填土的类别、分布，进行填料复查和试验。填料应按每5 000m^3或在土质变化时取样进行筛分试验、液塑限试验、颗粒密度试验、含水率试验、重型击实试验、土的强度（CBR）试验，以确定所取土压实时的最佳含水率和最大干重度。

对土工格栅进行现场检查，并抽样送有检验资质的机构进行检验，其技术性能指标应满足设计要求。土工格栅应搭棚堆放，避免日光暴晒老化。

现场填土压实试验，清表后的填前碾压达到要求后，用全站仪或GPS重新进行放样，最后确立填土面积及坡脚位置。根据填土层厚不宜超过30cm的规定，下路堤（>1.50m）按30cm分层；上路堤（0.8~1.5m）松铺厚度20~25cm。根据下路堤试验定出松铺厚度，按三层填筑完；路床（0~0.8m）分四层进行填筑。填料粒径、最小强度及最大粒径需符合规范要求。

在路基范围内按1.15~1.25松铺系数进行摊铺压实工艺性试验，确定摊铺、压实机型选型、最佳填层厚度、最佳经济压实遍数、振动频率、振幅、土方量变化率、合理的工艺流程等施工工艺参数和施工方法。

试验程序：测量放线→报监理工程师验收→推土机粗平、平地机精平→第一遍碾压（静压）→观察轮迹→第二遍碾压（弱振）→重复碾压（强振）→无明显轮迹时用灌砂法测压实度→重复碾压（强振）至满足所属区域压实度要求→测量高程、层厚→得出试验参数指导全线施工。

经填筑压实试验，压实质量符合规范和设计要求后，找出压路机型、填土厚度、压实遍数、振动频率、振幅同设计规定指标间的规律曲线，确定出标准适用的施工工艺，并报监理单位批准后，在大规模填筑时按该段路基填筑确定的施工工艺施工。

③施工期路堤两侧排水

在护坡道外侧结合永久性排水系统开挖临时排水沟或开挖正式排水沟，预留沟边坡保护层，待正式施工时，挖除保护层，砌筑排水沟；同时在沟的外侧填筑截水土埂，防止水流流向路基。

路基填筑施工，路肩边缘应设置不低于20cm的临时挡水埝，沿边坡间隔20m设置一道横向排水槽，排水槽底部和侧壁采用彩条布封闭，这样路基面上的流水由挡水埝汇集，然后由横向排水槽集中排出路基外，避免施工时流水随意冲刷边坡。

④填筑施工

路堤填筑按照三阶段（准备阶段、施工阶段、整修验收阶段）、四区段（填土区段、整平区段、压实区段、检测区段）、八流程（施工测量、地基处理、分层填土、摊铺整平、洒水晾晒、碾压密实、检测签证、路基修整）的施工工艺组织施工，严格控制填筑层厚度，纵向、水平分层填筑。

进入路堤填筑实施阶段，主要按照四区段的思路组织施工。路堤填筑前预先规划好作业程序和各种机械作业路线。

不同土质的填料应分层填筑，且应尽量减少不同土质填料层的交替变换，填筑时挂线控制虚铺厚度，每种填料层总厚度不得大于30cm。摊铺时，应做成向路基两侧2%的横坡，以利排水。

填方断面边坡线按每侧超填宽度30～50cm进行控制，以保证边坡压实密度。为保证断面几何尺寸准确无误，直线段边桩设置间距20m，曲线段边桩设置间距10m。每隔20～50m用标杆和红色施工线绳做成标准几何断面。

填土区段按照网格化布料，根据每层松铺厚度按不超过30cm、每车土方量、路基断面宽度等确定布料时每车土的间距，撒白灰方格网标出填料的卸车位置，派专人负责统一指挥卸置填料。

用推土机或平地机摊铺平整，使填层在纵向和横向平顺均匀，以保证压路机碾压轮表面能基本均匀接触层面进行压实，达到最佳碾压效果。

推土机摊铺平整的同时，应对路肩进行初步压实，保证压路机进行压实时，压到路肩而不致滑坡。

初压工序之后用平地机精平，局部凹坑采用人工修整。路基填料最小强度和压实度要求见表1.1-1。

摊铺完毕，及时检测摊铺层含水率。当填料含水率在最佳含水率±2%时，用压路机碾压一次，以暴露填筑面的潜在不平整，并用平地机对填筑层进行初平和整形,然后进行碾压工序。若含水率过小,用喷管式洒水车补充洒水;若含水率过大,则晾晒至含水率符合要求后再碾压。

路基填料最小强度和压实度要求 表 1.1-1

项目分类	路床顶面以下深度（m）	填料最小强度（CBR）	压实度（%）	填料最大粒径（mm）
填方路基零填及挖方路基	0～0.3	8	≥96	100
	0.3～0.8	5	≥96	100
上路堤	0.8～1.5	4	≥94	150
下路堤	1.5 以下	3	≥93	150

碾压施工顺序:推土机推平—平地机整平—压路机静压—压路机振压至合格—压路机静压收光。振动压路机按试验段确定的工艺参数进行碾压。前后相邻两区段纵向重叠 2m,上下两层接头处错开 3m,达到无漏压,无死角,确保碾压均匀。碾压完再用平地机精平一次,使每层压实面有 2% 的路拱横坡且平整,无积水,无明显碾压轮迹,无显著的局部凸凹。

碾压按照初压、复压、终压三步骤进行。碾压时先边后中,在碾压过程中始终保持压路机行驶方向的直线性,转向要平稳。初压宜低速,复压宜中速,终压应快速。

压路机纵向进退错行进行碾压,相邻两行碾压轮迹至少重叠 30cm,保证不漏压。

含水率适宜的填料应及时碾压,防止松散填料在空气中暴露时间过长,导致含水率损失难以压实。含水率不适宜时填料应进行调整处理后方可碾压。

在填筑过程中应进行沉降观测,严格控制填筑速率,确保路基安全稳定。

每层碾压完毕用设计文件或验收标准规定方法进行检测,达到设计要求后,经监理工程师检查签认后再进行下一层填筑。

⑤铺设土工格栅(若设计未要求时减少此道工序)

土工格栅采用高强合成涤纶纤维格栅,并在挖方侧采用 ϕ10mm 钢筋锚钉梅花形进行有效锚固,土工格栅铺设宽度为路基宽度,长度为挖填各 4.0m。对于部分陡坎可适当增加土工格栅层数;土工格栅铺筑时要求面层平整,土工格栅尽量张紧、平顺,采用绑扎连接,横向搭接宽度为 30cm,纵向搭接宽度为 50cm;紧贴下承层,不许有硬物突出。

铺完检查合格后,及时填筑填料,土工格栅上的填土采用轻型推土机,严禁直接在其上转弯倒车。路基填筑时,格栅铺设和路基土填筑交替进行,压实顺序从格栅靠近锚钉一端开始,逐步碾压至格栅尾部。土工格栅上第一遍摊土采用人工进行,避免机械碾压破坏,填土适当偏厚一些。

⑥路基整形与边坡压实

路基整修应在路基工程陆续完毕、所有排水构造物已经完成并在回填之后进行。整形前应恢复各项标桩,并按设计图纸要求检查路基的中线位置、宽度、纵横坡、边坡及相应的高程。

带线控制边坡坡度,直线段每隔20m设置一道坡度标志线,曲线段每隔10m设置一道坡度标志线,并用坡度尺实时检测实际坡度。

两侧超填的宽度应予切除,采用挖掘机和人工联合整形。

⑦路堑开挖至零填时的施工

此时应尽快进行施工,如不能连续进行,应在路床底面以上预留30cm厚的保护层,在路床基底压实前迅速挖除。填挖结合部应在路堑端挖台阶与填方路堤相衔接,台阶宽度不宜小于压路机碾压宽度,路床顶面衔接长度不宜小于5m。路基填挖方段最后一层施工应加密中线桩和高程桩,一般为每10m设一组,并采取人工拉线撒白灰点的方式指导平地机作业,反复刮平。

(4)重点路基工程施工方案

重点路基工程开工后,优先安排桥台、涵洞基础和地基加固工程的施工,为路基填筑创造条件和争取时间;地基处理分区作业,全面铺开,挡土墙紧跟;路基填筑时,需根据功效及工期计划,组织足够的作业班组,按"三阶段、四区段、八流程"施工程序组织流水作业;同时加强沉降变形观测和评估。

施工中需重点抓好地基处理施工进度和填料组织工作,特别是填料需要远距离运输和填料需要改良的地段,同时要高度重视冬季和雨季对路基工程填筑施工工期的影响。

(5)路基土石方调配方案

路基工程施工本着"质量合格、经济合理、少占耕地、保护环境"的原则选定填料,做好土石方调配方案。

为提高施工质量和减少公路建设对环境的影响,路基土石方均采用机械化施工。

(6)填方路堤工后沉降过大或不均匀沉陷及处理

①原因:软土地基路段路堤填土速度过快;使用不适宜的填料又未采取相应的改良措施或措施不到位;不同土类的填料混填或分段填筑形成抗水性、压缩性的变异;填挖交界或非全宽填筑或分段填筑时,交接面未作妥善处置形成的沉降差;施工中不注意路基排水,遇雨浸泡路基,后续施工中又未能及时复压;路堤填

料含水率控制不严,填土压实度达不到要求;分层填土碾压时压实层厚度偏厚,压实质量差;分层填土未经初步找平,压实不均匀;巨粒土或粗粒土中所含漂石粒径过大难以压实均匀;高塑性黏性土填筑路堤工序不连续,造成工后压实度下降。

②防治措施:必须根据《公路路基施工技术规范》(JTG F10—2006)和设计要求的规定程序施工。对于地下水的埋置深度和地面水对填方路基的稳定性及施工影响,施工前应根据设计进行补充调查,并采取相应的隔水、疏水措施。无论采用何种处理方法,都应按设计要求先开沟排水,再清表整平原地面,做好填前压实,并整出一定的横坡度。所有用于地基处理的材料,都必须按规范和设计要求的质量指标采购、堆放和使用。堆载预压时间越长,工后沉降就越小。沉降后应及时补方,一次补方厚度不应超过一层填筑的厚度,并适当压实。严禁在预压期不补填,而在预压后期,或在路面施工时一次补填的做法,以免工后再度产生过大的沉降。对于路堤施工的安全稳定,位移的观测比沉降观测更重要。施工时必须按规定埋设位移观测桩,并坚持正常观测记录。细粒土(含粉土、黏性土等)易受降雨及气温等的综合影响,在施工组织设计中应合理安排工期,组织连续施工,雨后必须复压,过冬要注意覆盖,后续施工前必须复验。路基施工过程中,应针对不同性质的填料及碾压工具性能选用不同的压实厚度,如轻型钢轮压路机适用于各种填料的预压整平,重型钢轮压路机适用于细粒土、砂类土和砾石土,重型轮胎压路机适用于各类土。填料的含水率对压实效果影响极大,施工前应根据标准击实试验取得的数据,按照施工气候条件及试压结果作出适当调整。采用粗粒或巨粒土填筑路基,应根据压实机械的性能合理确定分层压实厚度,并需对最大粒径加以控制。一般路床下层最大粒径以不大于压实层厚的2/3为宜,超过限定粒径的巨粒料应在出料场前加以剔除,路床最上层填料应控制粒径小于10cm,以利于路床顶面平整度的控制。

1.1.4 质量控制

(1)实测项目

质量控制实测项目见表1.1-2。

(2)外观鉴定

①路基表面平整,边线直顺,曲线圆滑。

②路基边坡坡面平顺、稳定,不得亏坡,曲线圆滑。

③取土坑、弃土场、护坡道、碎落台的位置适当,外形整齐、美观,防止水土流失。

土方路基实测项目 表 1.1-2

项次	检查项目			规定值或允许偏差	检查方法和频率
1	压实度	零填及挖方(m)	0～0.30		按《公路工程质量检验评定标准》(JTG F80/1—2004)附录B检查。 密度法:每200m每压实层检测4处
			0～0.80	≥96%	
		填方(m)	0～0.80	≥96%	
			0.80～1.50	≥94%	
			>1.50	≥96%	
2	弯沉(0.01mm)			不大于设计要求值	按《公路工程质量检验评定标准》(JTG F80/1—2004)附录I检查
3	纵断高程(mm)			+10,-15	水准仪:每200m测4断面
4	中线偏位(mm)			50	经纬仪:每200m测4点,弯道加HY、YH两点
5	宽度(mm)			不小于设计值	
6	平整度(mm)			15	3m直尺:每200m测2处×10尺
7	横坡(%)			±0.3	水准仪:每200m测4断面
8	边坡			不陡于设计值	尺量:每200m测4处

1.2 路床整修施工工法

1.2.1 适用范围

江西省新建或改扩建高速公路路床修整和验收交工。

1.2.2 工艺流程

路床质量指标较路基指标更加严格,其中,平整度要求不大于15mm,实测弯沉代表值不大于设计值,纵断面高程要求不大于+10mm、-15mm。这三项指标比较难以控制,用路基的一般施工方法,不容易达到规范标准,需要组织专门的作业力量和工序进行整修。

根据路床施工特点,组成一个专门的作业队,配置适当的管理人员、辅助工人、机械和仪器,选择优质适宜的路床填料,在较短的范围组织路床修整。通过灰点法和挂线法加密控制,按照先厚再薄的原则精细整平,严格控制各工序,边施工边跟踪检测和控制，达到指标要求。自检合格，逐级报验交工。

(1)准备工作

①取得控制数据。根据批准的技术方案和实际情况，编制初步的路床整修方案，按整修方案组织首段路床施工，取得路床修整控制数据(合理工作段长度、松铺系数、施工机械组合、压实遍数、挂线控制偏差值、施工周期等)，进行首段工程总结，收集测量试验数据，整理，总结，为精细控制提供参考。

②技术交底。按照批准的技术方案，编制施工作业指导书，依照程序进行两级技术交底，一级对技术、试验、检测、管理人员，作业负责人，现场技术员；一级对现场工班长、操作人员。

③施工放样。用全站仪和水准仪，测放出施工段落中桩及边桩位置，桩距10～20m(直线段15～20m，曲线段10～15m)。复测断面高程及宽度。

④开工前检查，包括：人员、机械、材料、方案与交底、相关条件等。

(2)含水率检测

先检测路床填料的含水率，按最佳含水率+2%控制。当实际含水率偏高时进行翻晒，当实际含水率偏低时，采用洒水车进行补水。设实测含水率 w_0、最佳含水率 w_0、需要补充水分的质量 $M_{水}=(w_0-w_0)\times M/(1+w_0)$，洒水车补水，专人负责指挥，简单拌和，保证水分均匀。

(3)打网格备料

根据首段施工总结获得的数据，提取施工参数，按压实厚度20cm+1cm计算用料量进行备料。具体水泥用量计算如下：

路基平均宽度×压实厚度×施工段长度×土的最大干密度×标准压实度=水泥用量(注：宽度应考虑施工加宽部分)。

根据现场施工段落及路基宽度，按照每车平均装运量，计算方格面积，撒石灰线方格，人工指挥定点卸料。

(4)测放控制桩和灰点

按照实测下承层高程，每10m设一个断面，按每个断面6个控制点，确定点位，按照松铺系数计算高程，放出整平标准灰点，人工配合平地机进行摊铺整平。

用单钢轮压路机稳压一遍后，二次测放控制灰点，按照首段实测同步数据控制，人工挂线检查横坡、高程、平整度，发现明显偏差，人工配合平地机找平。

(5)整平及碾压

用单钢轮压路机二次稳压1遍后，按照灰点，用平地机精细整平，人工辅助平整。随后用单钢轮压路机第三次稳压1遍后，测量、检查高程、横坡度、平整度、宽度等外观指标，根据首段实践数据，按略高于设计高程(2～3cm)掌握，对偏差明显部分再次修整。符合要求后，采用22t振动压路机（掺灰处理层用铁三轮压路机）碾压，碾压次序应从低侧开始，首压重轮应压一半路肩。重轮每次重叠1/2轮，逐次压向高的一侧，重轮压完全宽为一遍。压实机具和组合遍数参考首段实践数据，压至3～6遍，达到无轮迹时，进行压实度检测，达到96%压实度后，停止碾压。

(6)成型、验收

碾压成型后，再次恢复路基中桩、边线，测量高程、平整度，自检压实度、厚度、路基宽度、偏位等指标，最后进行弯沉检测。符合要求后，按监理程序报验；验收合格后，填写资料，向业主和质监局报验。验收完成后，封闭重型交通，雨天禁止一切车辆通行，雨后天晴晾干后，及时进行复压，直到移交路面施工为止。

(7)局部返修

如果弯沉检测局部不合格，对局部进行返修。按照路面修补方法整齐开槽，开挖深度根据弯沉检测数据和现场开挖情况确定。

如果挖出的填料含水率大或有不合适的填料，采取换填路床填料或掺灰加固方法处治。再按照路床施工控制方法，组织返工，并按程序检测。掺灰处治掺入5%～6%的水泥，路拌法施工，分层限时完成。随后进行封闭养生10d。

返修次序：当处治厚度为路床顶面下20cm时，单层一次施工。当处治厚度为路床顶面下40cm范围时，应分两层、半幅，顺序施工，先用挖掘机配合装载机将路床顶面下20cm土方挖开，转运至另半幅，而后施工路床顶面下20～40cm范围。施工完下层后，连续进行上层施工。

1.2.3 操作要点

(1)按照试验段总结的数据，准确计算备土数量，现场实际用量比准确量略大。

(2)高程是路床整修控制的重点，按照先高后低的原则，先按照高1～2cm控制松铺厚度和整平，碾压后，如果高程偏高，最后用灰点法再次放标准高点，人工指挥平地机进行精确刮平。不得在碾压之后光面薄层贴补。

(3)如碾压过程中发现表层水分散失过多，干燥松散，在碾压的同时，可人工配合用喷壶局部补水。

(4)如果局部修整，采用上下两层连续施工的方法，下层表面指标可不做精确控制，而顶面各项指标必须按照上述工艺进行严格控制。依据试验段取得的经验数据，现场用水准仪、测绳、平整度尺在正式碾压前，进行覆盖检查，发现偏差及时、迅速进行人工辅助找补。

(5)如果采用掺水泥处治的方法,在掺水泥之前,必须对路床土体含水率进行测定,接近要求时,再组织布灰。初级拌和两遍0.5h,二次拌和1h,同时进行掺灰量试验,平整0.5h,同时人工找补,碾压1~2h,碾压最后一遍时,进行压实度检验30min。控制掺水泥之后,拌和、平整、碾压总施工作业时间在4h之内。

(6)可以在最后一层路床施工前进行弯沉自检,如果指标超过设计,提前进行局部返修,节约成本,提高施工效率。

(7)制订雨季和高温季节施工应急方案。

1.2.4 质量控制

依据《公路工程质量检验评定标准》(JTG F80/1—2004)的规定,路床交工验收的实测项目包括:压实度、弯沉、纵断高程、中线偏位、宽度、平整度、横坡、边坡和路基外观质量鉴定,具体指标如表1.2-1。

路床交工验收实测项目 表1.2-1

项次	检查项目	规定值或允许偏差	检查方法和频率
1	压实度	≥96	每200m每压实层测4处
2	弯沉值(0.01mm)	180(0.01mm)	按《公路工程质量检验评定标准》(JTG F80/1—2004)要求检查
3	纵断面高程(mm)	10,-15	水准仪每200m测4断面
4	中线偏位(mm)	50	全站仪每200m测4断面,弯道加HY、YH两点
5	宽度	不小于设计值	用尺量每200m测4处

路床施工质量保证措施为:

(1)完善质量保证体系,落实质量责任制。项目经理部应成立以项目经理为总负责,以总工程师为首,各专业工程师和施工队技术负责人为成员的质量管理小组,并深入施工现场对施工过程进行控制和监督,及时解决存在的问题。

(2)按照质量创优划分单元和质量创优目标的要求,将质量创优目标和责任落实到具体施工人员身上,将质量管理责任分解到每个部门、每个班组和每个岗位。

(3)对参与工程施工的各种人员进行技术交底,进一步明确各工序的质量要求和质量目标,提出水泥土处治层施工的质量控制要点和控制手段,对实施的各工序明确数据标准和检测手段,确保施工质量。

(4)在施工质量控制过程中,项目经理部应提出质量五保证、四提高、三落实、二控制、一否决的质量管理思路。通过在施工过程中明确相关质量责任人,落实岗位责任制,按照“谁管理谁负责,谁施工谁保证”质量管理原则,全面落实质量责任制,实行质量动态管理,全过程、全方位的进行质量管理。

(5)施工放样及高程控制由项目经理部测量工程师及施工队测量员二级控制完成,确保施工时的高程、厚度、横坡、中线等达到要求。

(6)加强检测、加大检测频率。技术、试验人员深入施工现场及时跟踪检测各项指标,特别是做好碾压前含水率、水泥剂量和碾压时压实度的检测,保证施工质量,确保一次报检合格。

1.3 路堑明盖板边沟施工工法

1.3.1 适用范围

新建高速公路和各级公路路堑明边沟、暗边沟工程,以及类似的排水工程设施。

1.3.2 工艺流程

施工准备→定位放线→基础开挖→整平夯实→安装透水管→碎石盲沟→立基础模板→浇筑基础混凝土→立墙身模板→浇筑墙身混凝土→拆除模板→检查验收。

1.3.3 操作要点

(1)施工准备

①技术资料准备。施工前熟悉施工图纸,掌握各类边沟工程主体的结构形式、所在位置和地基地质情况及水文等相关资料,根据图纸设计要求对边沟进行现场放样并复核确定是否与现场地形相符合。与桥涵、线外排水系统平顺衔接,以形成完整的排水系统。经确认无误后报验测量工程师复查。

②施工材料准备。砂石料等原材料的质量直接影响混凝土的强度,如果混凝土的强度达不到规定要求,将无法保证边沟的相对整体性。因此,施工所需的材料需提前进场且要通过检测取得合格证明。

③施工主要机械。主要施工机械见表1.3-1。

④施工人员配备。施工人员配备见表1.3-2。

主要施工机械　　表 1.3-1

序　号	机械名称	型　号	数　量
1	挖掘机	220	2 台
2	平板振动机		2 台
3	振动棒	50mm	4 套
4	模板		40m
5	混凝土运输车		2 台
6	运输车		4 台
7	发电机	50kW	2 台
8	电夯		3 台

施工人员配备　　表 1.3-2

序　号	机械名称	型　号	数　量
1	挖掘机	220	2 台
2	振动棒	50	4 套
3	模板		40m
4	混凝土运输车		2 台
5	运输车		4 台
6	发电机	125kW	2 台
7	电夯		3 台

(2)定位放线

边沟放样应该分段进行,按照设计图纸利用控制网测放边沟的纵向中心线,设置护桩(每 20m 一个控制点,曲线半径较大的段落相应加密),并采取措施保护好桩点。再根据中心线用白石灰撒出基础线,确定开挖边线。

边沟高程的确定对边沟排水质量的影响:高速公路边沟是高速公路的主要排水途径,有将高速公路上发生的水迅速排入地方水系使路基免于浸泡的作用。如果边沟的底高程和上口高程选择不当而造成局部边沟积水、高速公路两侧地方水倒灌入边沟等现象,则边沟的作用等于零。

放样一般以两个结构物之间的长度为一段落,以确保边沟、排水沟与结构物的进出水口顺利连接。

(3)基础开挖

基坑开挖根据土质情况,可采用机械开挖和人工开挖配合完成,也可采用人工开挖成型。如采用机械开挖,应防止超挖,应留出 5~10cm 的富余,由人工修整成型,确保边沟平整、稳定,严禁贴坡。基坑开挖后,需进行沟底高程复测。

基坑开挖土方应堆置在与路堑边坡顶一侧并予以夯实或运出场外，禁止堆放在水沟外侧，影响场地的外观及排水效果，或回流影响正常排水。

(4)边沟底板施工

边沟底板模板支设，根据控制点在边沟基坑底部放出边沟底板外边线，沿边线支设模板，边沟底板模板采用木模板，模板支设完成后在模板外侧进行加固。

边沟底板采用C20混凝土浇筑，坍落度宜控制在140～160mm，混凝土拌和时应掺入防冻剂，浇筑时应该设流槽使混凝土由混凝土运输车缓慢流入模板内，减小混凝土对模板的冲击，混凝土振捣时要均匀，振捣棒与模板应保持10～20cm间距，以免振捣棒接触模板使模板变形。振捣完成后派专人进行收面。

(5)边沟墙身施工

边沟底板混凝土浇筑完成后，在底板上弹出边沟侧墙的内外边线，然后沿边线支设模板，用对拉螺栓固定，同时在内侧设置斜撑加固。

边沟底板采用C20混凝土浇筑，混凝土拌和时应掺入防冻剂，坍落度宜控制在140～160mm。浇筑时应该设流槽使混凝土由混凝土运输车缓慢流入模板内，减小混凝土对模板的冲击，混凝土振捣时要均匀，严禁漏振过振现象，振捣棒不宜距模板太近，避免振捣棒接触模板使模板变形，振捣完成后派专人对侧墙顶进行收面。

拆模养生。如气温较低，在边沟混凝土浇筑施工完成后，应立即用毡布进行覆盖，在第2天即可拆除模板进行养生，养生采用毡布和土工布覆盖养生，一般养生周期为7d。

(6)边沟预制钢筋混凝土盖板施工

施工工艺为：钢筋加工→模板支设→混凝土浇筑→拆模养生。

钢筋制作按照施工图纸设计下料。规格为4ϕ16mm单根长104cm、12ϕ8mm单根长45cm，下料完成后运至现场进行钢筋网片绑扎，盖板保护层为2cm，用塑料垫块或预制垫块进行撑垫。

预制盖板混凝土设计强度为C30，坍落度宜控制在14～16mm，浇筑时应先把模板内清扫干净，然后用平板整捣器进行整捣，最后人工收面。

在混凝土浇筑完成第2天进行模板拆除工作，模板拆除时应轻缓进行，避免发生棱角掉落现象，模板拆除后洒水养生，养生周期一般为7d。

预制钢筋混凝土边沟盖板采用自卸吊车进行运输安装，人工进行调整，在安装边沟盖板时应先在边沟壁上垫1cm厚M7.5砂浆进行调平。

1.3.4 质量控制

(1)现浇混凝土边沟施工时要控制好边沟的平面位置、断面尺寸及基底高程，严格按照施工设计图施工。

(2)现浇混凝土边沟模板支设过程中,支撑系统要牢固,不可将斜撑设置在另一侧已浇筑的沟身上部。

(3)现浇混凝土边沟在混凝土浇筑时,振捣要均匀,且不可长时间在同一位置振捣;另外,注意将漏在路面上的混凝土及时清理、冲洗干净,严禁污染路面。

(4)在沟身模板拆除时要轻慢进行,避免损坏边沟棱角,模板拆除后及时用毡布或土工布覆盖养生。

(5)钢筋混凝土预制盖板施工时控制好保护层厚度、混凝土坍落度;另外,振捣要密实,收面要光滑平整。

(6)边沟盖板在安装时应用砂浆将混凝土边沟壁顶垫平;平交道铺装层施工时应先将盖板顶面拉毛,施工完成后及时覆盖养生,在混凝土强度达到80%之后方放行。

1.4 混凝土预制块排水沟预制施工工法

1.4.1 适用范围

本工法适用于新建高速公路和各级公路圬工边沟、排水沟、急流槽工程施工,以及排水工程维修施工。

1.4.2 工艺流程

工艺流程见图1.4-1。

1.4.3 操作要点

(1)清洗模具

小型预制构件的模板,应采用有足够刚度的优质工程塑料定型模板,预先订制采购。新模板应首先用洗涤剂清洗,再投入使用。使用过的模板应首先用高压水枪清理模板内的混凝土残渣,然后放入稀释盐酸水中浸泡,清洗时注意戴防护手套;最后放在清水中清洗干净,并晾干备用。在干净备用的模具边上贴胶带,防止浇筑时混凝土浆污染模具难以清理。清洗后的模板应保证无油污、无破损、无附着残渣、无明显变形、内面无磨损。

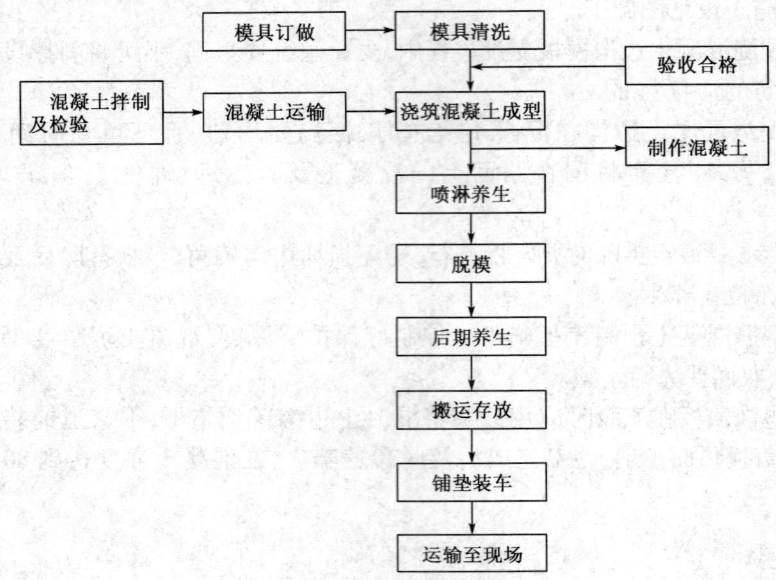

图 1.4-1　预制工艺流程图

(2)拌制混凝土

预制场拌和机须预先经过计量标定合格。按照试验室提供的施工配合比试拌混凝土,制作试件和首批预制件,在规定龄期强度指标达到要求后,开始批量生产。拌制预制用混凝土,严格控制配料称量,根据实测原材料含水率,适时调整用水量。由于运输距离短,要按照试拌的标准时间要求,充分保证搅拌时间。

(3)振捣浇筑成型

①用小型混凝土运输车将混凝土运输至浇筑生产区。浇筑混凝土前,试验人员进行混凝土和易性和坍落度检验,指标合格后,将混凝土倒在预先制作的混凝土堆放槽内,下铺钢板,保证混凝土不受污染。

②混凝土振捣采用专用的振动平台,将塑模放置在振动平台上,人工铲混凝土入模,加盖后,开动振动台振捣,边振捣,边添加混凝土,直到混凝土停止下沉,无气泡,泛浆,表面基本平坦为止。用木抹收外露面。施工中,专人严格掌握振动时间(通过首件工程确定振动合理时间),或在振动台上安装时间继电器,自动控制振捣时间。

③振捣好的预制块,用手推车运至养护区,用土工布进行覆盖,终凝前避免扰动。

(4)定时喷淋养生

为保证养护效果,减轻人工劳动量,在养生区内设计简易自动喷淋系统,配置专职养护人员。喷淋系统一端连接水池和增压泵,另一端连接喷头。根据场地大小设置多个自动喷淋接头,通过旋转喷淋达到混凝土养护效果。根据气温情况,浇筑完成运至养护区,达到终凝时间后,进行覆盖喷水养生,喷淋间歇时间根据天气和环境情况而定,一般为0.5~1h,可采用电铃提醒时间控制,专人负责进行养生喷水,养护时间一般不少于7d。

(5)脱模架拆模

通过同步养生试件测定,混凝土达到设计强度的75%时方可脱模。脱模时应采用专用的脱模架,要轻搬轻放,防止发生碰撞出现缺棱掉角损伤。

(6)成品构件存放

为防止预制模板变形,保证成品存放安全,养生和存放区域地坪事先用混凝土硬化,并精细抹平。小型预制构件集中存放,同种构件存放一处。

(7)运输与装卸

成品预制构件使用平板运输汽车运往工地。在装车时用薄木板隔离预制块,并直立摆放,防止在汽车运输时混凝土构件折断或相互磕碰,造成损坏。运输至现场,人工配合小型机具卸车,并在施工现场直立摆放,禁止人工抛卸或倾卸。

1.4.4 质量控制

(1)基本控制程序

施工单位按照要求,建立质量保证体系,设立完整的质量管理部门,配备相应的技术、质检、试验、测量专业人员,完善质量管理制度,执行监理工作程序。在整修施工过程中,按照批准的方案组织施工,工序自检合格后,按照监理程序向监理工程师报检、签认后,进入下道工序。

(2)施工质量标准

排水沟预制件质量标准执行《公路工程质量检验评定标准》(JTG F80/1—2004)中"混凝土小构件预制"质量评定标准,具体指标如表1.4-1所示。

混凝土小型构件实测项目 表1.4-1

<table>
<tr><th>项次</th><th colspan="2">检查项目</th><th>允许偏差</th><th colspan="2">检查方法和频率</th><th>权值</th></tr>
<tr><td>1△</td><td colspan="2">混凝土强度(MPa)</td><td>在合格标准内</td><td colspan="2">按JTG F80/1—2004附录D检查</td><td>3</td></tr>
<tr><td rowspan="2">2△</td><td rowspan="2">断面尺寸(mm)</td><td>≤80</td><td>±5</td><td rowspan="2">尺量2处</td><td rowspan="3">按构件总数的30%</td><td rowspan="2">2</td></tr>
<tr><td>>80</td><td>±10</td></tr>
<tr><td>3</td><td colspan="2">长度(mm)</td><td>+5,10</td><td>尺量</td><td>1</td></tr>
</table>

浆砌排水沟施工质量标准执行《公路路基施工技术规范》(JTG F10—2006)、《公路工程质量检验评定标准》(JTG F80/1—2004),具体指标如表1.4-2所示。

浆砌排水沟实测项目 表1.4-2

项次	检查项目	规定值或允许偏差	检查方法和频率	权值
1	砂浆强度(MPa)	在合格标准内	按JTG F80/1—2004附录F检查	3
2	轴线偏位(mm)	50	经纬仪或尺量:每200m测5处	1
3	沟底高程(mm)	±15	水准仪:每200m测5点	2
4	墙面直顺度(mm)或坡度	30或符合设计要求	20m拉线、坡度尺:每200m测2处	1
5	断面尺寸(mm)	±30	尺量:每200m测2处	2
6	铺砌厚度(mm)	不小于设计	尺量:每200m测2处	1
7	基础垫层宽(mm)	不小于设计	尺量:每200m测2处	1

(3)质量保证措施

建立质量管理部门,明确各部门职责。质检部负责工程施工工序检测和质量监督管理工作;各施工队安排专职质检员,负责各施工队工程质量的日常检测工作。试验室负责各种标准试验、工艺试验、工程材料的材质检验和试验,施工过程中的工程质量检验和试验;工程部负责技术交底,施工组织,技术方案执行,技术资料管理;测量组负责施工测量放样和复核,参加质量验收评定。

实行首件工程审批制度。对预制和浆砌安装两个阶段,分别执行首件工程制,按照报批的方案,组织标准化施工,总结相关数据和经验,并据此编写施工技术专项方案。

编制报批专项技术方案和开工报告,针对预制和浆砌安装两个关键工序,编写详细的作业指导书,开工前进行分级技术交底,执行施工技术方案、施工工艺及专项作业指导意见。

各项工程施工前,充分做好施工前的各项准备,包括技术、设备、材料、人员及现场准备,推行标准化作业,并认真做好施工过程的原始记录,并进行归档整理,以便进行施工质量分析。

施工中执行质量检验制度,及时对各种工程材料进行检验和试验,确保用于工程实体的材料质量;完善各工序和分项工程开工申请和检查验收手续。按试验规程要求,及时完成各种标准试验、过程试验。质检工程师对施工工序、过程及分项工程的质量进行检验,按监理程序报请并配合监理工程师对工程质量进行抽检和复查;最后按规范对已完工程,进行质量检验评定。

在施工全过程中严把审图、测量、试验“三关”。首先,对图纸进行会审、复核,明确设计意图,澄清疑问;第二,严格执行测量规程和测量双检复核制度,采用高精度的全站仪及水准仪跟踪测量,确保高程和定位准确;第三,由工地试验室精心设计选用配合比,严格执行监理程序和试验检测规程,按频率要求试验检测,及时纠正偏差,保证每道工序的产品合格。

配合推广应用新技术、新工艺、新设备、新材料,开展 QC 小组技术攻关活动,通过技术攻关,补充完善施工工艺细节和质量控制方法。

建立工程质量奖惩制度,进行全员质量意识教育和制度交底,明确各层面和各工序质量责任人,并进行定期检查考评,奖优罚劣。

1.5 钢筋混凝土盖板涵施工标准工法

1.5.1 适用范围

本工法适用于江西省高速公路建设项目钢筋混凝土盖板涵洞施工。

1.5.2 工艺流程

工艺流程见图 1.5-1。

1.5.3 操作要点

(1)施工准备

组织有关管理和工程技术人员仔细阅读招标文件、施工设计图,领会设计意图;编写施工作业指导书;项目经理部总工对涵洞所有参建人员进行详细的技术交底,明确施工各道工序、工艺流程及施工质量检验控制标准。

施工前对施工区域的水系、人流及道路进行调查,作出合理临时分流方案和具体措施。以施工期间不妨碍当地居民日常生活和农业生产为原则。

对现场工程测量控制点进行复核,保证能满足涵洞施工精度要求,不满足者需要重新测量计算或加密控制点。

相关的工程技术人员、专业工人进场。

根据现场施工要求,安排性能好且适用的机械设备进场,以保证涵洞施工正常进行。

混凝土配合比设计时,应充分考虑外观质量能达到清水混凝土的要求;批准的混凝土配合比其 28d 强度能满足设计要求;钢筋、水泥、砂以及碎石等材料经监理工程师抽检合格。

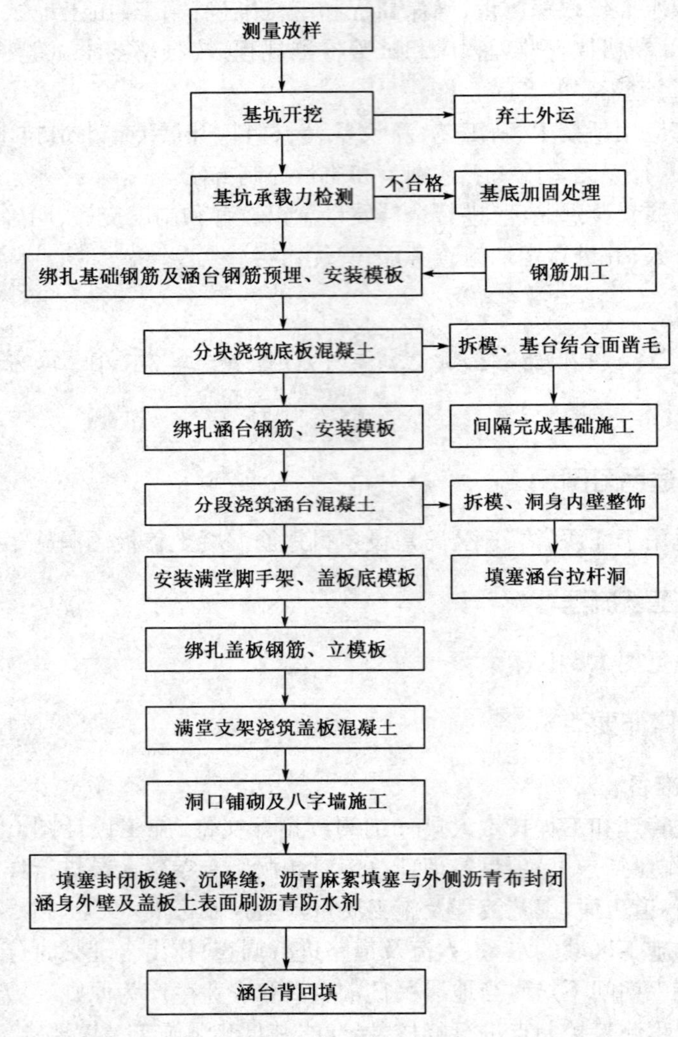

图 1.5-1　工艺流程

按照施工设计图相关内容做好钢材、水泥、地材等的准备工作。

配置足够数量面积较大（不小于 $1m^2$）的、厚度不小于 6mm 的大块钢模板；足够数量的脚手架钢管、顶托和底托，质量合格，并经过监理工程师检查准入。

（2）施工主要程序

①涵洞基础

根据盖板涵设计图纸准确放出盖板涵纵、横轴线的控制桩位及基础的边界桩并埋设护桩，用石灰在地面标注结构尺寸，并根据现场情况按最小坡率（1∶0.5）放出开挖线，采用机械、人工配合作业。开挖过程中，依据土层情况适当放缓边坡，保持边坡稳定。基坑开挖的土方及时外运。

为避免基底扰动而减弱其承载力，基坑开挖至接近基底高程时，保留10～20cm，在基础施工前由人工清底至设计高程。基坑按基础平面尺寸四周每边增设50～80cm工作面。基坑底要设置排水沟、集水井，井的边宽为60～80cm，深度为80cm左右，排水沟、集水井应设在基坑范围以外，用水泵将水抽出坑外。

根据盖板涵基底设计承载力要求现场检测基底承载力（表1.5-1），检测合格方可进行基础施工。

基坑检查项目 表1.5-1

项次	检查内容		规定值或允许偏差	检查方法
1	平面位置（mm）		+200	用全站仪检测
2	基底高程（mm）	土质	±50	用水准仪测量5～8点
		石质	+50，-200	
3	基坑尺寸（mm）		不小于图纸尺寸	用尺量
4	基底承载力（kPa）		不小于图纸设计	轻型触探仪检测
5	基坑排水等		现场查看是否积水及排水情况	

基坑开挖完成后，及时进行安全防护，采用钢管围栏并四周围安全网，网高1～1.2m。安全警示牌设置在路口及基坑边，以提醒施工人员注意安全，防止发生安全事故。

②钢筋加工及绑扎

主筋连接采用焊接或机械连接，焊接使用J502焊条。

所有钢筋的截断及弯制工作均在工地工场内进行。

钢筋应按图纸所示的形状进行弯制，所有钢筋均应冷弯，部分埋置于混凝土内的钢筋，不得就地弯曲。

主钢筋的弯曲及弯钩应按图纸的规定执行，图纸无规定时按技术规范的规定执行。

箍筋的端部应按图纸规定设弯钩，并符合《道路工程制图标准》（GB 50162—92）的规定。弯钩直线段长度，一般结构不宜小于5d，抗震结构不应小于10d（d为钢筋直径）。

钢筋用平板车运至现场，按照钢筋型号、部位分类装车，根据现场施工部位，将需要的钢筋运输至工地。

钢筋绑扎采用18～22号扎丝，按照钢筋交叉点顺、反向间隔绑扎，上下两层钢筋之间架立钢筋与主筋采用点焊连接。沉降缝处钢筋不连续。

按照设计要求，进行涵台钢筋预埋。

③立基础模板

按照设计要求进行涵洞底板分节，并按设计要求设置沉降缝，沉降缝宽度控制在2cm。基础模板采用大块钢模板拼装，拼装前应对模板进行打磨除锈，用2m直尺检查模板的平整度及外观，模板表面必须洁净、平整、光滑，表面平整。模板脱模剂采用优质脱模剂，严禁使用废机油，保证拆模后混凝土外观质量。

模板架立高程正确，模板面垂直。按设计每隔4～6m设一道沉降缝，沉降缝处两端面应竖直、平整，上下不得交错。填缝料应具有弹性和不透水性，并应填塞紧密。沉降缝宽度应符合设计规定。基础混凝土浇筑前，应对模板、支架、钢筋和预埋件进行检查，并且做好记录，合格后方可浇筑混凝土。

采用分层浇筑，每层厚度不超过30cm，大致水平，分层振捣。使用插入式振捣器时，移动间距不超过作用半径的1.5倍，插入下层混凝土5～10cm，并离模板边缘5～10cm；对每一振动部位，必须振动到该部位混凝土密实为止。密实的标志是混凝土停止下沉，不再冒出气泡，表面呈现平坦、泛浆。施工时严格控制模板变形量，保证外形尺寸顺直美观，并派专人在模板四周观察，防止跑浆、胀模。混凝土浇筑工作宜连续进行，一次浇完。分离式基础应按图纸要求浇筑涵洞内混凝土铺砌。

混凝土施工完成后，根据气温及时进行养护。当混凝土强度达到2.5MPa时，才开始拆模。基础模板拆除完后，用土工布将混凝土外露面包裹继续进行养护。凿毛基础与涵台结合部并用净水冲洗干净，为下道涵台施工做准备。

④涵台施工

涵台施工同基础一样分节段间隔进行，应保证涵台沉降缝与基础沉降缝一致垂直贯通。用仪器将涵台的四条控制线准确放样，并用墨斗在混凝土基础顶面弹出清晰墨线。

施工前调直预留涵台钢筋，清除干净钢筋上的污垢；需接长的钢筋按规范要求进行接长，保证钢筋的间距均匀，内外侧钢筋间距符合设计要求，整体性能好。钢筋绑扎完成后用水泥垫块控制保护层厚度，注意控制涵台钢筋保护层厚度满足设计要求。

暗涵（跨径5～6m）支座处按照设计要求设置锚筋。

⑤涵台模板安装

涵台模板采用大块钢模拼接，减少接缝。模板制作必须保证其刚度、平整度。

钢模板使用前要先进行检查验收;根据涵台模板先在场外试拼装,以相邻两块模板错台小于等于2mm为标准。涵台内侧及外侧相对应模板进行编号,在钢模上计算好的位置设置对拉孔,孔径视对拉杆直径而定,钻孔完成后使用磨光机对模板进行逐一打磨除锈处理,使模板平整光滑,无锈蚀、毛刺;打磨完成后,均匀涂刷脱模剂。模板安装之前对基础顶面杂物再一次清理,用高压气流吹去碎屑尘埃。同时对墙身边线进行测量复核,墙身模板先安装内侧模板就位,就位后模板下口对准墙身放样线逐层校正,逐层加固,安装时必须注意模板的垂直度和平整度。内侧模板固定就位后再安装外侧墙身模板,外侧模板以内侧模板为准进行固定。墙身每侧模板采用分段分层拼装,模板在现场安装时临时拼装成面,为了保证不漏浆、模板稳固,两模板之间拼缝采用在一侧模板侧面粘贴双面胶条进行密封,模板与模板之间利用螺栓连接,封头模板采用钢模板,保证封头模板与涵台钢模接缝密实、棱角顺直。

涵台模板与基础接触部位抹砂浆封闭模板与基础之间的空隙,保证模板不漏浆且稳固。

立模完成后依据模板验收标准进行模板检查和测量。

⑥混凝土浇筑

插入式振捣棒振捣时移动间距不超过振捣棒作用半径的1.5倍;插入下层混凝土50~100mm;每一处振动完毕后应边振动边慢慢提出振捣棒,提出时避免振捣棒碰撞模板、涵台钢筋。对每一处振动部位,必须使该部位混凝土密实,振捣至混凝土停止下沉,表面不冒气泡且呈现平坦、泛浆为止,同时控制振捣频率,避免漏振、过振现象。混凝土浇筑过程中设专人查看模板,防止模板出现异常情况。

混凝土的浇筑应连续进行,如因特殊情况必须间断时,其间断时间应小于前层混凝土的初凝时间。

顶层混凝土浇筑完成初凝后,进行人工收浆抹面。

混凝土强度能保证其表面及棱角不因拆除模板而受损坏时方可拆除侧模。为了减少模板施工过程中的拼接次数,避免因模板拼接不到位影响混凝土外观质量,涵洞施工第一节台身时将模板拼接成型,拆模时先松动、拆除模板本身加固用的对拉螺栓,使模板与混凝土面分离,然后将模板移动到下一节涵台的施工部位。

模板拆除后为保证下一段施工时不对已完成结构实体造成污染,在模板支立加固前对已完成的结构进行保护,采用塑料薄膜或土工布将已完成结构在接头位置50~100cm范围内包裹保护,施工结束后再将外露塑料薄膜或土工布清除。

涵台施工结束后,模板拆除时,先拆除模板本身加固用的对拉螺栓,使模板与混凝土面分离,再用吊车将模板整块移到场外拆开。这样可以防止模板倒塌和物体坠落砸伤他人。

混凝土浇筑完成后,应在收浆后尽快予以覆盖和洒水养护。模板拆除后用土工布全部覆盖进行养护。混凝土养护时间不小于7d,可根据空气的湿度、温度以及水泥品种适当延长养护时间。

⑦沉降缝施工

在涵台隔节施工完成后,进行空格节施工时与基础一样在涵台横向接触面按设计要求设置2.0cm厚的沉降缝。

⑧盖板

本项目钢筋混凝土盖板涵均为单孔装配式钢筋混凝土盖板。跨度2~4m为实心混凝土盖板,跨径5~6m通道涵为空心钢筋混凝土盖板。盖板施工可采取预制方式,也可采取现浇方式进行浇筑,但是必须按照空心板设计图纸尺寸要求施工。

现浇方式施工:依据钢筋混凝土盖板及施工荷载计算在涵洞内的基础底板上搭设满堂脚手架,立杆及水平横杆间距依据设计方案进行布置,保证满堂脚手架稳定牢固,变形量在允许范围内。在立杆顶安放升降丝杆,用于调整模板高度和卸落模板,在升降丝的托盘上布设纵横向分布方木,底层与立杆间距一致,方木上铺设底板钢模,精确测量高程并作调整调平后,除锈并涂脱模剂。

钢筋吊装前,在台帽位置铺设两层油毛毡。

涵洞盖板底模铺设完成经监理工程师验收合格后绑扎盖板钢筋,盖板钢筋可成片绑扎后安装。绑扎时钢筋间距要正确、均匀,确保钢筋保护层厚度,钢筋焊接接头错开布置,两接头间距不小于50cm。钢筋交叉点用铁丝绑扎结实,必要时,可用点焊焊实。盖板钢筋设置预制垫块,垫块呈梅花形布置,间距1m×1m。垫块与钢筋绑扎紧,并相互错开。

每块盖板钢筋的数量、规格、弯制和绑扎成型后的几何尺寸必须符合设计和规范要求。

混凝土浇筑捣固采用插入式振捣棒与平板振动器联合作业,保证盖板混凝土密实平整。

混凝土强度达到2.5MPa且其棱角不因拆模而受破坏时方可进行侧模的拆除。

底部模板在混凝土强度达到设计强度的85%以上时,方可拆除。

拆模中要注意安全,由专人负责,统一指挥。

盖板与台背结合处的塑料泡沫板用铁丝全部抠出,采用M30砂浆填塞顶紧。

混凝土浇筑完成后,待表面收浆抹平后尽快对混凝土进行养生,顶面用土工布全面覆盖,养生不少于7d。

(暗涵)空心盖板预制:空心盖板应在预制场或现场设置的制梁台上进行浇筑;空心盖板依据设计要求配置钢筋和设置企口槽;留置空心的形状和位置几何尺寸必须符合设计要求。

空心板吊装:空心板养生混凝土强度达到设计强度的70%后方可移梁,达到设计强度的100%后方可吊梁安装;可采用钢丝绳吊运,空心板堆放时应采用两点搁置;预制板吊装就位后,调整板端间隙和锚栓位置,使空心板放置平顺,受力均匀;M30水泥砂浆填实两端间隙;依据设计要求铺设10cm厚C40钢筋混凝土铺装层。

1.5.4 质量控制

满足国家及相关行业颁布的规范及标准、施工图设计文件和项目合同文件的要求。

1.6 台背回填施工标准工法

1.6.1 适用范围

本工法适用于江西省高速公路建设项目台背回填的施工。

1.6.2 工艺流程

工艺流程见图1.6-1。

1.6.3 操作要点

(1)施工准备

桥涵结构物应先于该桥涵所处路段路基施工,桥涵两侧路堤填筑应先于台背回填施工。

桥涵两侧路基施工应预留台背回填倒直角梯形空间。台背填土顺路线方向长度,应自台背起,顶面不小于桥(涵)台背填土高度加2m,底面不小于2m。

涵洞完成后,当涵洞砌体砂浆或混凝土强度达到设计强度的75%时,方可进行回填土。

按照路基施工要求,配备土方机械作业。

应选择渗水性强,最大粒径为10cm的砾类土、砂类土或碎石,作为台背填土。

土工格栅(填高大于6m的填土路堤采用)采用高强合成涤纶纤维格栅,其网格尺寸为24.5mm×24.5mm,断裂强度径向不小于80kN/m,纬向不小于50kN/m,延伸率不大于10%。

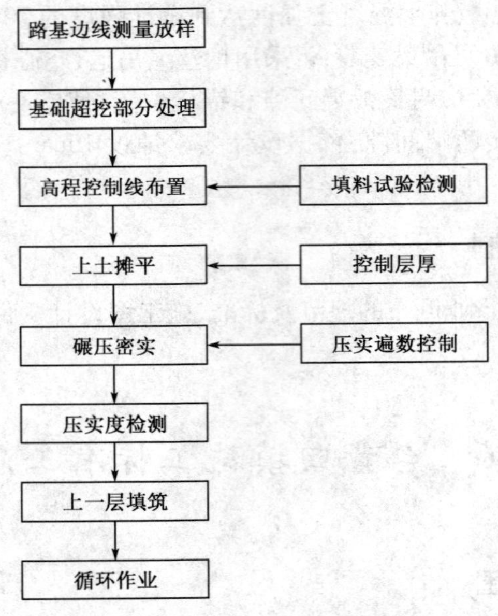

图1.6-1 工艺流程

(2)施工要点

填土及碾压。将台背基底施工时留下的杂物、积水清理干净后,开始分层填土。每层应摊铺同一类土,而且要摊铺均匀。回填的分层厚度宜为10~20cm,进行碾压试验,以压实度96%为标准,求得实际摊铺标准厚度。采用压路机进行碾压施工,底层采取静压,中上层桥台根部6m范围内仍采用静压,离开桥台6m以上方可采取振动碾压。台背填土全高度的压实度要求不小于96%。

土工合成材料处治。高度6m以上的台背回填,依据设计要求可采用土工格栅进行填土作业,以增加台背填土的整体强度,减少路基填土不均匀沉降。土工格栅铺设施工应尽量张紧,纵向摊铺,并采用绑扎连接,搭接长度不小于15cm。格栅位于台帽部分时,靠台背的格栅一端应以M12膨胀螺栓及扁钢压紧固定。格栅位于台帽以下部分时,靠台背的格栅一端应采用反包形式进行端部处理。最底层格栅与上一层格栅间距1m,再上层格栅每层间距0.8m。

台背路基斜坡设置台阶。依据设计和技术规范,台背回填相邻的路基高大于6m的斜坡应挖成2m宽,高0.8m的台阶;小于6m的斜坡挖成1~2m宽,高0.8m

的台阶。

碾压。分层压实,每层表面平整,呈4%路拱,以利施工阶段排水。用光轮压路机低速对死角进行静压,沿横断面方向贴近台根,沿中心线方向贴近翼墙根,不断变换方向反复碾压,增加碾压遍数。局部用压路机压不到的地方,分层用冲击夯夯实。填筑前,用红漆在桥(涵)台背左、中、右分别标明压实分层标记及填筑层数编号,以免超填。

1.6.4 质量控制

严格控制填土的含水率,禁止填筑含水率偏大的土类。含水率偏小的可适当洒水,保证压实度能达到96%。

应分层填筑压实,每层松铺厚度不宜大于试验最佳填厚。

压实度要求从填方基底或涵洞顶部至路床顶面均为96%。检测时每50m^{2}检验1个点,不足50m^{2}至少检验1点,每点都应合格。不符合以上规定要返工碾压。

实测项目见表1.6-1。

台背填土实测项目 表1.6-1

实 测 项 目	规定值或允许偏差(高速、一级公路)	检查方法和频率
压实度(%)	96	按(JTG F80/1—2004)附录B检查,每50m^{2}每压实层至少检查1点
外观鉴定	填土表面平整,边线直顺;边坡坡面平顺稳定,不得亏坡,曲线圆滑	目测

保证体系:项目经理部设立完整有效的质量保证体系,项目经理对工程质量负总责;建立在总工程师领导下的试验、测量、质检三位一体的技术质量保证体系。

交底制度:由项目总工程师组织专业工程师,按照技术规范要求,对班组质检员进行上岗教育、培训。对分项工程各施工工序制定严格的施工技术规范,以确保各个环节的工程质量。对于每道工序施工前必须进行技术交底,使每位员工明确自身的工作内容和工作要求。

质量检查制度:严格执行工程质量"自检、互检、专检"相结合的工程质量检查管理制度。设立专职质量检查工程师和质检员;凡应检查的工序,必须经检查签认合格后才能转入下道工序施工。

质量责任制度:项目部与路基土方与路基防护施工作业班组签订质量、安全责任书。对违反操作规定、程序,使用不合格材料,影响工程质量的,坚决返工。

认真实行资料归档制度:及时、完整、如实地填写施工原始记录、试验数据、分项工程自查数据等质量保证资料,并进行整理分析,提交真实、系统的施工资料和图表。

1.7 安全保证及环境保护

1.7.1 安全保证

(1)安全规程及规定

执行《公路工程施工安全技术规程》(JTJ 076—95)和项目办有关安全生产管理文件的有关规定。

(2)施工安全文明技术措施

①施工现场的布置符合防火、防爆、防洪、防雷电等安全要求。施工现场的生产、生活办公用房,仓库、材料堆放场、停车场、修理场等按批准的总平面布置图进行布置。

②现场道路平整、坚实、保持畅通。危险地点悬挂按照《安全色》(GB 2893—2008)和《安全标志及其使用导则》(GB 2894—2008)规定的标牌;夜间行人经过的井、坑、洞设盖板和红灯示警;施工现场设置大幅安全宣传标语。

③施工现场主出入口或适当位置设置大型工程概况牌、施工平面布置图、安全标准及保证措施、质量标准及保证措施、环境保护与文明施工措施牌。

④公路沿线醒目位置埋设临时公里桩及百米桩,公里桩及百米桩的桩体大小需适宜。

(3)施工机械的安全文明技术措施

①各种机械操作人员和车辆驾驶员均应取得操作合格证,不准操作与证不相符的机械,不准将机械设备交给无本机操作证的人员操作,对机械操作人员建立档案,由专人管理。

②驾驶室或操作室保持整洁,严禁存放易燃、易爆物品。向机械加油时严禁烟火。

③严禁机械带病运转或超负荷运转。机械设备在施工现场停放时,选择安全的停放地点,夜间有专人看管。

④定期组织机电设备、车辆安全大检查,制订防范措施,防止机械事故发生。

1.7.2 环境保护

(1)现场环保措施

①施工前制订相应的预防水土污染和水土流失措施,散体物料运输应严格执

行有关要求，运输车及作业场地及时清除和冲洗，以保证车辆和场地清洁。

②施工场地和各种临时设施要尽量远离居民区，施工便道应及时修整并洒水降尘。施工中加强洒水，减少扬尘污染。

③认真做好油库的安全防火管理工作，防止油料溢漏污染环境。

④施工区和生活区的废弃物要及时处理，运到指定地点弃置，污水要妥善处理，以免影响环境卫生和污染水源。

⑤工程完工后，及时拆除工地机械检修临时工棚、安全防护设施和其他临时设施，并将工地及周围环境清理整洁，做到工完、料清、场地净。

(2)环保技术措施

①对于路基填方区能用作边坡种植的地表土方，清理后在路基两侧临时堆放成堆，以便复垦绿化时使用。表土堆放底宽3.5m、上宽2.0m、堆高2.0m，用挖掘机整理成型，堆放平顺，不影响边沟及便道的施工。

②根据边坡培土数量预留一定的表土，在路基填筑到一定高度刷坡后，机械结合人工将两侧的地表土培填在填方路基的边坡上，用作边坡的种植土使用。

③路基挖方的地表土清理后同样整齐地堆放在适当区域，在填方路基填筑一定高度边坡刷完后，运至填方路基将其培填于边坡上作为种植土使用。这样既解决了路基清表土的堆放环保问题，同样对边坡绿化也很有益处。

(3)废弃土处理

①弃土堆应堆置整齐、稳定，排水畅通，避免对土堆周围的建筑物、排水及其他设施产生干扰或损坏，避免对环境造成污染。

②弃土不得占用耕地。

③不得向水库、湖泊弃土。禁止在贴近桥墩台、涵洞口处弃土。

④弃土应按图纸要求进行压实，且应按图纸要求及时完成弃土场的结构防护和排水工程。

⑤对弃土场进行绿化，以保障生态环境不受破坏。

(4)路基地表水环保技术措施

路基两侧及表土堆放场周围临时设置排水沟，临时排水系统应与永久性排水设施相结合统筹考虑，并且与周围水系连通。经常派人对排水沟进行清理，确保水沟畅通，施工场地排水不得排入农田、耕地和鱼塘，以防止污染自然水源。

(5)线外取土坑处理

①将弃土回填到线外取土场并进行植被绿化。

②直接对线外取土场进行绿化，美化环境。

第2章

桥 梁 工 程

编写依据为:《公路桥涵施工技术规范》(JTG/T F50—2011)、《公路工程质量检验评定标准》(JTG F80/1—2004)、《公路桥涵钢结构及木结构设计规范》(JTJ 025—86)、《钢结构设计规范》(GB 50017—2003)、《滚轧直螺纹钢筋连接接头》(JG 163—2004)、《钢筋机械连接通用技术规程》(JGJ 107—2003)、《钢筋焊接及验收规程》(JGJ 18—2003)、《钢筋混凝土用钢筋焊网》(GB/T 1499.3—2002)、《公路钢筋混凝土及预应力混凝土桥涵设计规范》(JTG D62—2004)、《公路桥涵地基与基础设计规范》(JTG D63—2007)、《公路桥涵养护规范》(JTG H11—2004)、《工程测量规范》(GB 50026—2007)、《混凝土结构工程施工质量验收规范》(GB50204—2002)、《公路工程集料试验规程》(JTG E42—2005)、《公路工程水泥及水泥混凝土试验规程》(JTG E30—2005)、《公路工程施工安全技术规程》(JTJ 076—95)和江西省有关建设项目施工图纸及文件。

2.1 钢筋加工施工标准工法

2.1.1 适用范围

本工法适用于江西省高速公路建设项目的钢筋施工。

2.1.2 工艺流程

钢筋加工厂建设,钢筋加工,钢筋安装。

2.1.3 操作要点

(1)钢筋加工厂建设

钢筋加工厂作为大型临时设施之一,在项目开工之初就被纳入临建规划方案内,结合项目其他场站建设综合规划,合理布局,以满足施工现场加工要求为准则,同时兼顾项目建设标准化要求。

(2)钢筋加工

①对于采用传统工艺加工的钢筋,应加强规范施工管理。

②积极引进国内外先进的钢筋加工设备和技术,以提高钢筋生产和安装效率,减少了施工人数,降低了工人的劳动强度。

③转变观念,革新管理模式,实施标段钢筋集中加工管理,成立专业的钢筋加工班组,负责整个标段钢筋构件的加工制作,从项目管理上实现了重大突破,减少了设备、人员投入,确保了施工过程控制。

(3)钢筋安装

推广新施工工艺,提升骨架结构钢筋施工质量。桩基钢筋笼加工、预制梁场钢筋骨架绑扎,均在定型胎具上完成。利用型钢等材料根据骨架结构设计胎具,精确确定主筋、箍筋间距及数量,在绑扎安装时,作业工人不需要进行测量放样,只需将各种型号钢筋按设计结构进行排放、绑扎即可完成。成型后利用大型起吊设备(如吊车、龙门)整体吊装转移或入模,该工艺的推广大大提高了施工效率,确保了施工质量及精度,同时简化了检验程序。

2.1.4 质量控制

(1)钢筋加工厂建设

①场地搭设彩钢桁架顶棚,并采用C20混凝土硬化,厚度不小于10cm。

②分区明确,包括原材料存放区、原材料加工区、半成品加工区、半成品存放区四个区域,在原材料堆放区设置20cm×30cm混凝土钢筋堆放台座,确保原材料下部悬空满足要求。

③各种设备按照生产需要合理有序摆放,在配电箱、乙炔瓶和用电设备旁放置消防设备。

④标识标志清晰醒目,场内安放安全警示牌、生产工艺流程图、技术要求、质量控制标准、安全操作规程和钢筋构件大样图等标识标牌。

(2)钢筋加工

严格按照规范和设计图纸,选择符合技术要求的钢筋原材料,并确保钢筋的加工尺寸和质量。

(3)钢筋安装

对结构外露钢筋进行规范化的防锈处理。为确保工程实体质量,加强成品及半成品保护,项目要求对施工完成的钢筋混凝土结构外露钢筋进行涂刷水泥净浆防护。

2.2 钢筋保护层及层间距施工标准工法

2.2.1 适用范围

本工法适用于江西省高速公路建设项目的钢筋安装、浇筑混凝土施工。

2.2.2 工艺流程

校正结构钢筋位置(测量放样)→主筋安装→水平筋、构造筋安装→设置钢筋定距框→绑扎箍筋→绑扎保护层垫块→模板安装→混凝土浇筑。

2.2.3 操作要点

(1)测量放样

测量放样主要针对结构预埋钢筋。钢筋预埋必须放样,以确保预埋位置的准确性。测量放样的准确性是钢筋保护层厚度的保证措施。

(2)钢筋制作

钢筋制作精度直接影响钢筋的安装,特别是对于梁体腹板钢筋、水平勾筋等定型钢筋,必须严格控制其加工尺寸,其加工尺寸的偏差均直接影响钢筋保护层的厚度以及层间距。人工制作钢筋一般采用限位装置、胎模胎卡具等手段来控制精度,这种方式会受操作人员施工水平和工作态度的影响;数码控制自动制作钢筋精度高,但是成本也成倍提高。

(3)钢筋安装

钢筋保护层和层间距的控制环节主要在于钢筋安装,钢筋保护层主要采用定位框和保护层垫块的方式保证;层间距主要用水平勾筋(蹬筋、撑筋)保证。

定位框根据主受力钢筋的直径、布置密度以及钢筋骨架的尺寸来布置,一般采用 $\phi12 \sim \phi25$mm 钢筋制作,布置间距为 1.5 ~ 4m。定位框的作用是固定钢筋骨架的结构尺寸、形状。

钢筋保护层垫块安装一般根据钢筋骨架的刚度、类型确定,例如钢筋笼的截面尺寸一般很小,刚度比较大,其安装可以每 2m 环向安装 4 个;承台钢筋构造筋,属于面钢筋,安装数量可以适当增加,符合规范规定为每平方米不少于 4 个;对于某些特殊部位钢筋垫块使用数量肯定会比规范规定值更多,比如梁体倒角部位的钢筋。钢筋垫块安装宜采用梅花形布置。

水平勾筋(蹬筋、撑筋)的主要作用是保证层钢筋的间距和连接各层钢筋骨架,使其成为整体,确保结构的整体受力。安装过程注意其图纸构造要求,若无构造要求,宜按与主筋或水平筋呈 45°角交叉安装,其弯勾应勾在主筋或水平筋的外侧并用扎丝绑扎牢固。

钢筋连接、安装必须牢固,必须能保证合模、吊装以及混凝土浇筑过程不脱落、不变形。

(4)模板安装

模板安装过程易对已成型的钢筋骨架造成破坏,所以模板安装过程宜缓慢进行,避免模板吊装过程碰撞钢筋骨架而导致钢筋骨架变形,从而影响钢筋保护层以及钢筋层间距的准确定位。

(5)混凝土浇筑

混凝土浇筑对钢筋保护层的影响主要有:混凝土振捣过程操作工人踩踏钢筋骨架而导致钢筋骨架变形;混凝土振捣导致钢筋脱落、变形。

对于混凝土振捣操作中工人踩踏钢筋骨架而导致钢筋骨架变形的应对措施:

①可以购买长导线振捣器,尽量避免操作手钻进钢筋骨架中振捣。

②在需要人工振捣的部位,用粗钢筋与主受力钢筋连接,形成操作手的落脚点。

对于混凝土振捣导致钢筋脱落、变形时,应加强混凝土振捣作业技术交底,尽量保证振捣棒与钢筋骨架的直接接触。

2.2.4 质量控制

(1)加强过程控制。施工过程严格按照相应规范、标准、图纸进行控制。

(2)工后抽样检查。可以采用无破损检测方法对施工完成的部位进行保护层厚度和钢筋数量的抽样检查。

2.3 钻孔灌注桩施工标准工法

2.3.1 适用范围

本工法适用于江西省高速公路建设项目的钻孔灌注桩施工。

2.3.2 工艺流程

工艺流程分为如图 2.3-1 所示的施工准备工艺流程和如图 2.3-2 所示的施工阶段工艺流程。

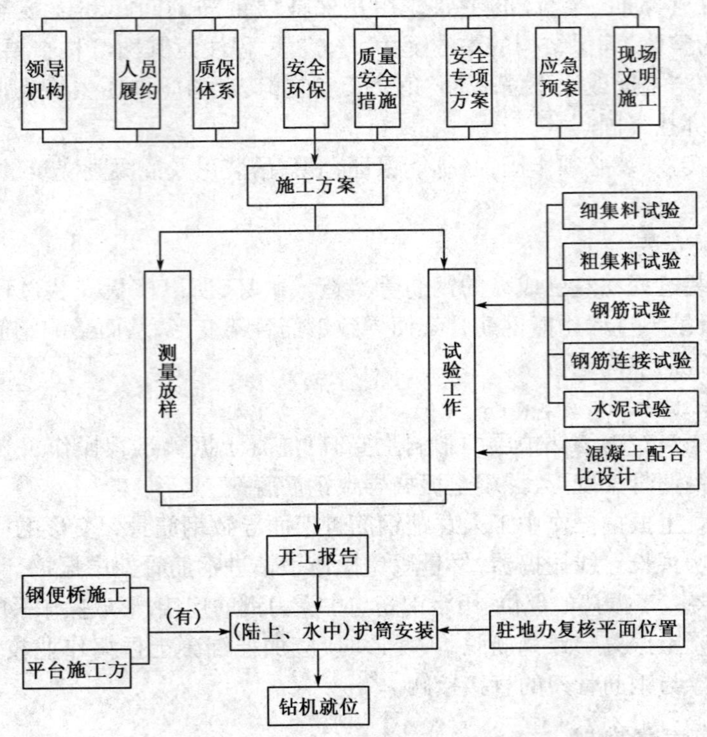

图 2.3-1 施工准备工艺流程

2.3.3 操作要点

(1)准备阶段

按照"集中领导、分工明确、务实高效、利于协调"的原则,建立"首件示范制"组织机构。

(2)机械设备

根据施工地质条件及合同文件承诺,在保证钻孔灌注桩质量的前提下,合理选用钻机机型及其配套机电设备(表 2.3-1)。各类机械设备要求完好率 100% ,施工过程中应经常进行机械设备的检查、验证、维修、保养,确保机械设备运行正常。

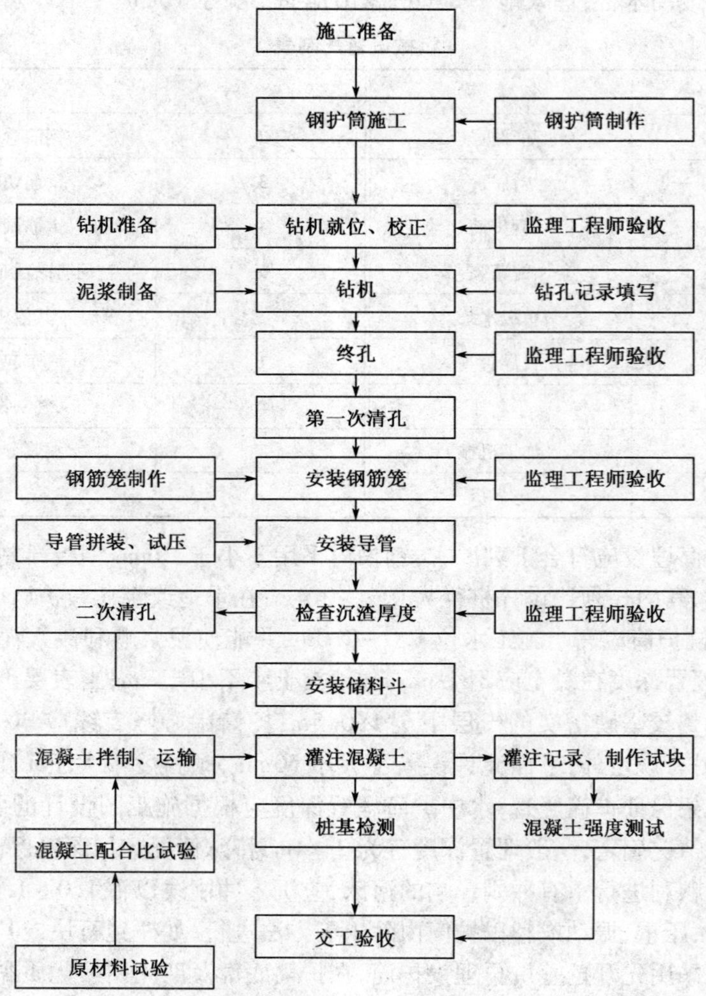

图 2.3-2　施工阶段工艺流程

(3)护筒安置

①钢护筒埋设施工时要求竖直、定位准确,顶面位置偏差不大于5cm,倾斜度不大于1%;护筒顶面宜高出施工水位或地下水位2.0m。若设计另有要求,必须满足设计要求并应严格保持护筒的垂直度。

测量组利用控制网现场放出桩位中心,并拉十字交叉线引出四个方向的护桩,并采取措施保护护桩。护桩距护筒不小于2m,且护桩不少于4个,护桩宜采用混凝土预制桩或用木桩，埋入地下 50cm，露出地面不少于 10cm。

机械设备配制表　　　　表 2.3-1

序　号	名　称	序　号	名　称
一	基础机具	2	钢筋弯曲机
1	钻机	3	钢筋切断机
2	钢护筒	4	钢筋调直机
3	泥浆泵	5	钢筋镦粗车丝设备
4	单级水泵	三	其他机具
5	导管	1	汽车起重机
6	下料斗	2	气割设备
二	加工机械	3	泥浆分离器
1	电焊机		

②钢护筒埋设应符合下列要求：钢护筒采用不小于 10mm 钢板卷制成型，设置上下加劲环，其内径须比设计桩径大 0.2～0.4m；在旱地或筑岛墩护筒应高出地面 0.3m，水中桩护筒应高出施工水位 1.0～2.0m，并能使泥浆顺利流入泥浆池中；岸滩上，护筒埋置深度在黏土应不小于 1m，砂类土应不小于 2m；当表层土松软时，宜将护筒埋置到较坚硬密实的土层中至少 0.5m；护筒中心竖直线应与桩中心线重合，除图纸另有规定外，平面允许误差不大于 50mm，倾斜度不大于 1/100，应有强劲的导向框架保证护筒竖直；水中护筒埋置深度应根据施工图设计的要求或桩位的水文地质情况确定，一般埋置深度宜为 2～4m，特殊情况应加深以保证钻进和混凝土灌注的顺利进行。有冲刷影响的河床，应沉入冲刷线以下 1.0～1.5m；下沉护筒可用锤击、压重、振动或辅以护筒内除土等方法进行，如碰到石块或其他障碍物，护筒埋设可采用先开挖基坑再埋设护筒，在护筒底部及四周回填优质黏土，并分层夯实，且护筒上不允许承受外力，以免造成孔口的坍塌；针对不同的水深和水文地质情况设置牢靠的钻孔平台，平台应具有抗风、抗浪和稳定等性能。平台连接系杆要牢固，严禁船舶碰撞平台和钢护筒，夜间应开启平台首尾示警灯，四周设置救生圈。

③水中护筒安置应按经审批后的钢便桥、作业平台专项施工方案组织实施，先以起始平台为依托，利用悬臂导向架沉放首个钢护筒，再依次以首个钢护筒为依托沉放剩余钢护筒。同时，要求严格按照项目招标文件技术规范对钢护筒施沉有关规定执行。

(4)钻机就位

钻孔时钻机摆放采用跳桩法施工,确实无法错开时,则要等到相邻钻孔桩混凝土灌注24h以后方可施钻,避免扰动相邻已施工完毕的桩基混凝土。

(5)墩位场地进行平整后,实施钻机就位,钻机应垫平稳并使钻头中心对准钻孔桩(护筒)中心位置,使钻孔过程中不产生位移或沉降;在钻进过程中应经常检查钻头偏位情况,以控制桩位的准确性。在钻进过程中经常检查钻头直径,钻头直径小于桩径15mm应及时补焊。

(6)钻机就位后应检查调试,并察看钢丝绳、孔内水位等情况。对于回旋钻机应合理选用钻杆、配重钻头,钻杆、钻头在安装前应进行长度、直径丈量、编号、记录并标记,开机试转正常后即可钻进。

(7)泥浆制备

①泥浆在钻孔过程中起护壁和悬浮钻渣的作用。本桥桩基砂类土、卵石土相对较厚,宜采用优质黏土造浆护壁。

②不同地层下泥浆的性能指标应符合表2.3-2的要求。

施工过程中不同地层下泥浆的性能指标表　　表2.3-2

地质情况	泥浆指标							
	密度(g/cm^3)	黏度(s)	胶体率(%)	失水率(mL/30min)	含砂率(%)	泥皮厚(mm/30min)	静切力(Pa)	酸碱度(pH)
亚砂土	1.20~1.45	19~28	≥96	≤15	≤4	≤2	3~5	9~11
淤泥质亚黏土	1.20~1.35	19~28	≥96	≤15	≤4	≤2	3~5	9~11
黏土	1.06~1.10	18~28	≥95	≤20	≤4	≤3	1~2.5	9~11
亚黏土	1.06~1.10	18~28	≥95	≤20	≤4	≤3	1~2.5	9~11
粉质黏土	1.06~1.10	18~28	≥95	≤20	≤4	≤3	1~2.5	9~11
细砂	1.20~1.45	18~28	≥95	≤20	≤4	≤3	1~2.5	9~11
黏土、亚黏土	1.06~1.10	18~28	≥95	≤20	≤4	≤3	1~2.5	9~11

③水上泥浆池制备以不污染江湖水系为先决条件,既可用深护筒交替轮换、用溜槽将泥浆送至正钻进的钢护筒内;也可用自制钢箱代替泥浆池;两者的规模大小均应满足钻进的循环泥浆与终灌时的浮渣和泥浆不外溢为前提,严禁污染环境。

(8)材料准备

砂、碎石应提供自检认证、抽检试验且经驻地办独立抽检认可;钢材、水泥、粉煤灰、外加剂等应有材质证明、合格证、出厂证等资料及自检、抽检试验资料；报总监办中心试验室备案。

施工单位报送混凝土配合比设计，驻地办进行验证试验，报总监办批复。

承包人应严格按照经总监办批准的配合比指导施工，施工中可根据砂石材料情况调整施工配合比，但该施工配合比应得到驻地办试验工程师审批。

(9)技术交底

①项目部在开工前，应组织技术管理人员根据施工图设计，编制钻孔桩作业指导书；同时分级进行技术交底，明确施工与监理程序、工艺流程和技术标准、进度计划等。技术交底时应有监理人员参加。

②开钻前的技术交底：工程部应组织全体施工人员学习施工方案，明确该桩孔的设计目的与技术要求，对地质柱状图、开钻前护筒、钻机测量、复核、就位，泥浆制备、施工中突发事件紧急处理等事项进行交底；同时明确施工操作规程、规章和安全环保文明施工的具体要求。

③钻孔桩成孔后应及时进行成桩技术交底工作：重点对成孔验收标准，泥浆稠度、重度、含砂率进行检测，二次清孔后沉渣厚度的量测，钢筋、声测管连接，保护层厚度、混凝土浇筑等施工和检查注意事项进行交底。

④技术交底应纳入工程管理台账，要求有会议记录、签到表、技术交底等相关文字资料。

(10)钻孔灌注桩施工阶段

①钻机开孔

要求钻头中心线对准护筒中心点(即两轴护桩十字交叉中心点)，其偏差值小于20mm。

②钻进

旋转钻进法。首先将钻机调平并对准桩中心点，装上转盘，要求转盘中心同钻架上的起吊滑轮在同一铅垂线上，钻杆位置偏差不得大于2cm。钻进过程中要经常检查转盘，如有倾斜或位移，应及时纠正。初钻时先启动泥浆泵和转盘，使之空转一段时间，待泥浆输进孔内达到一定数量后方可开始钻进。接、卸钻杆的动作应迅速，要求尽快完成，以免停钻时间过长，增加孔底沉淀，甚至塌孔。开始钻进时，进尺应适当控制，在护筒刃脚处，应低挡慢速钻进，使刃脚处有坚固的泥皮护壁。钻至刃脚下1m后，可按土质以正常速度钻进。在黏质土中钻进，由于泥浆黏性大，钻锥所受阻力也大，易糊钻，宜选用尖底钻锥、中等转速、大泵量、稀泥浆钻进；在砂类土或软土层钻进时，易坍孔，宜选用平底钻锥、控制进尺、轻压、低挡慢速、大泵量、稠泥浆钻进；在低液限黏土或卵、砾石夹土层中钻进时，宜采用低挡慢速、优质泥浆、大泵量、两级钻进的方法钻进。采用反循环钻进，在接长钻杆时，法兰接头之间垫3～5mm厚的橡胶圈，拧紧螺栓，以防漏气、漏水；钻头插入距孔底20～30cm，注入泥浆，启动钻机时开始慢速钻进。在硬土钻进时，用一挡转速，自由进尺；在高液限黏土、含砂低液限黏土中钻进时，可用二、三挡转速，自由进尺；在砂类土或含少量卵石中钻进时，宜用一、二挡转速并控制进尺；在进入岩层后，必要时应根据地质情况增加配重，增强钻头的稳定性和钻进强度。

冲击钻孔法。开钻时应先在孔内灌注泥浆；如孔内有水，可直接投入黏土，用冲击锥以小冲程反复冲击造浆。开孔及整个钻进过程中，应始终保持孔内水位高出地下水位1.5～2.0m，并低于护筒顶面0.3m，掏渣后应及时补水。在淤泥层和黏土层冲击时，钻头应采用冲程(1.0～2.0m)冲击；在砂层冲击时，应添加小片石和黏土，采用小冲程(0.5～1.0m)反复冲击，以加强护壁；在漂石和硬岩层时可采用大冲程(2.0～4.0m)冲击。在石质地层中冲击时，如果从孔上浮出石子钻渣料径在5～8mm之间，表明泥浆浓度不够，可从制浆池抽取合格泥浆进入循环。冲击钻进时，操作手要随进尺快慢及时调整主钢丝绳，使钢丝绳在每次冲击过程中始终处于拉紧状态，既不能少放，也不能多放。否则，放少了，钻头落不到孔底，打空锤，不仅无法获得进尺反而可能造成钢丝绳中断、掉锤；放多了，钻头在落到孔底后会向孔壁倾斜，撞击孔壁造成扩孔。在任何情况下，最大冲程不宜超过6.0m。为正确提升钻头的冲程，应在钢丝绳上作长度标记。深水或地质条件较差的相邻桩孔，不得同时钻进。

③成孔与终孔

钻孔过程应用碳素水笔详细记录现场施工进展情况，包括时间、高程、挡位、钻头、进尺情况等。每钻进2m(接近设计终孔高程时，应每0.5m)或地层变化处，应在出渣口捞取钻渣样品，洗净后收进专用袋内保存，标明岩土类别和高程，以供确定终孔高程；如发现岩层与地质资料有明显差异应及时报告设计单位。钻孔灌注桩在成孔过程及终孔后，应对钻孔进行阶段性的成孔质量检查，孔深40m以上的必须采用专用检孔仪进行检验。受条件限制时，经驻地办批准，可使用特制钢筋笼检孔器进行检验，检孔器外径应不小于桩径，长度应不小于4倍桩径。终孔标与沉渣厚度的测量，必须对测绳用钢尺准确校核。测孔底高程时用尖砣，测沉淀时用平砣与尖砣对比测量，每孔沿孔周边测4处。

④清孔

清孔原则上采取二次清孔法，即成孔检查合格后立即进行第一次清孔，并清除护筒上的泥皮。钢筋笼安装到位后浇筑混凝土前再次检查沉渣厚度。二次清孔后经现场监理检查合格，立即灌注混凝土。

⑤钢筋制作安装

钢筋的验收及管理。钢筋应有出厂质量合格证明书。进场后按有关规定、批量、规格进行抽样检查,并出具试验报告。对于需要焊接的材料还应有焊接试验报告。经监理工程师检验合格后,该材料方可入库、登记、造册。不合格材料坚决清退出场。钢筋进库后须按不同钢种、等级、牌号、规格批号及生产厂家分别堆存,不得混堆,且应挂牌标识。钢筋在运输、储存过程中,应避免锈蚀和污染。钢筋宜堆置在仓库内;露天存放时,应垫高 30cm 以上并加遮盖。为减少主筋接头,除按有关规定(图纸所示尺寸)、规范加工制作外,应保证同一截面的钢筋接头数量不大于 50%,其余应尽量采用定尺料。

钢筋笼加工。按照施工图设计采用长线法在已硬化的场地上统一制作。钢筋笼应每隔 1~2m 设置加劲撑以防变形;加强箍肋必须设在主筋内侧,环形筋在主筋的外侧,并与主筋进行点焊而不是绑扎。

钢筋保护层。制作混凝土滚轮作为混凝土保护层定位器,按竖向 4m 间距沿钢筋笼周围上下相邻层错位布置。混凝土滚轮厚大于 3cm,半径等于保护层厚度。

钢筋连接。无论多少节钢筋笼置于孔中,都必须保持其中轴与设计孔桩中心轴线在同一垂直线上。除施工图设计另有规定外,主筋连接应选用加锁母型滚轧直螺纹钢筋连接,接头须按《滚轧直螺纹钢筋连接接头》(JG 163—2004)规定进行施工。机械套管(直螺纹)连接时,竖向主筋必须同步,同时要求同步拧紧套管(螺母);套管两端应与主筋上已标明的画线对齐,否则应重新调试。接头组装完成后,套筒每端不宜有一扣以上的完整丝扣外露。加锁母型接头的需有明显标记,以便检查进入套筒的丝头长度是否满足要求且应用扭力扳手校核,其扭紧力矩值应符合表 2.3-3、表 2.3-4 的规定。钢筋笼下放到位后要对其顶端进行定位,防止浇筑混凝土时发生偏移。

接头拧紧力矩值 表 2.3-3

钢筋直径(mm)	16	18	20	22	25~28	32	36~40
拧紧力矩(N·m)	118	145	177	216	275	314	343

接头组装时的最小扭矩值 表 2.3-4

钢筋直径(mm)	≤16	18~20	22~25	28~32	36~40
最小扭矩(N·m)	100	180	240	300	360

⑥埋设声测管

声测管按施工设计图规定制作,均匀牢固地布设在钢筋笼四周内侧。声测管底应高于钢筋笼底 5cm,避免声测管受伤。管底密封,管顶加盖,以防杂物落入,和钢筋笼一起入孔。选用声测管前应对声测管进行漏水检测，运输、安装、灌注中严防撞击与击打，以免损坏。

⑦混凝土灌注

在钻孔桩桩顶低于钻孔中水面时，漏斗底口应比水面高出 4 ~ 6m；在桩顶高于钻孔中水面时，漏斗底口应比桩顶高出 4 ~ 6m，以确保桩顶足够的压力，使混凝土达到密实。水下混凝土的强度、坍落度等应符合设计、规范要求。混凝土的生产能力应能满足桩孔在终凝时间之前灌注完毕。灌注时间不得长于首批混凝土初凝时间。对于灌注时间较长的桩，应对混凝土生产量和浇筑时间进行计算后，调整混凝土的初凝时间。灌注前，应检查拌和站、料场、浇灌现场的准备情况，确定各项工作就绪后，方可进行。首批混凝土采用拔塞法时，应在导管顶口设置隔离措施，避免混凝土在导管内与泥水直接接触，保证首批混凝土在导管内全断面将泥浆压出。首批混凝土灌入孔底后，立即测量孔内混凝土面高度，计算出导管内埋置深度。如符合要求，可正常灌注；如发现导管内进水，表明出现灌注事故，应立即进行处理。要加强灌注过程中混凝土面高度和混凝土灌注量的测量和记录工作，每一小时测一次，及时绘制成示意图，确保桩的灌注质量。在灌注快结束时，由于导管内混凝土高度减小，压力降低，而导管外的泥浆及所含渣土稠度增加，相对密度增大。在这种情况下，如出现混凝土顶升困难，可在孔内加水稀释泥浆，并掏出部分沉淀土，使灌注工作顺利进行。为确保桩顶混凝土质量，灌注后的桩基混凝土顶高程应比设计值高出 1.0m 以上。在拔出最后一段长导管时，拔管速度应缓慢，以防止桩顶沉淀的泥浆挤入导管下形成泥心。钢护筒拔出应采用四点吊位进行吊出，避免吊护筒时扰动混凝土，导致声测管位移，影响超声波检测。

2.3.4 质量控制

工程质量检验应符合附表 2.3-5 的规定。

钻孔灌注桩实测项目 表 2.3-5

<table>
<tr><th>项次</th><th colspan="3">检 查 项 目</th><th>规定值或允许偏差</th><th>检查方法和频率</th><th>权值</th></tr>
<tr><td>1△</td><td colspan="3">混凝土强度(MPa)</td><td>在合格标准内</td><td>按 JTG F80/1—2004 附录 D 检查</td><td>3</td></tr>
<tr><td rowspan="3">2△</td><td rowspan="3">桩位
(mm)</td><td colspan="2">群桩</td><td>100</td><td rowspan="3">全站仪或经纬度仪：每桩检查</td><td rowspan="3">2</td></tr>
<tr><td rowspan="2">排架桩</td><td>允许</td><td>50</td></tr>
<tr><td>极值</td><td>100</td></tr>
<tr><td>3△</td><td colspan="3">孔深(m)</td><td>不小于设计</td><td>测绳量：每桩测量</td><td>3</td></tr>
<tr><td>4△</td><td colspan="3">孔径(mm)</td><td>不小于设计</td><td>探孔器：每桩测量</td><td>3</td></tr>
</table>

续上表

项次	检 查 项 目		规定值或允许偏差	检查方法和频率	权值
5	钻孔倾斜度(mm)		1%桩长,且不大于500	用测壁(斜)仪或钻杆垂线法:每桩检查	1
6△	沉淀厚度(mm)	摩擦桩	符合设计规定,设计未规定时按施工规范要求	沉淀盒或标准测锤:每桩检查	2
		支承桩	不大于设计规定		
7	钢筋骨架底面高程(mm)		±50	水准仪:测每桩骨架顶面高程后反算	1

承包人应根据工程实际,合理制订进度计划。在施工期间应检查进度计划落实情况,发现问题应迅速调整,及时采取措施,以满足工期要求。

2.4 空心墩墩身施工标准工法

2.4.1 适用范围

本工法适用于江西省高速公路建设项目桥梁辅助墩、过渡墩施工。

2.4.2 工艺流程

工艺流程见图2.4-1。

2.4.3 操作要点

(1)墩身施工

①施工准备

墩身施工前,全面充分地做好各项准备工作,确保工、料、机的均衡。

确定墩身施工作业班组,检查班组各工种人员是否到位和操作水平,并对其进行技术和安全交底。

首先将每个墩的结构用材备齐。墩身施工时的各种辅助材料,如墩身模板、拉杆、内模支撑用材及混凝土保护层垫块等,均一一准备齐全。

吊装设备、混凝土施工设备等到位并经过施工调试。

②承台、墩身结合面凿毛

施工完毕的承台顶面与墩身交接面采用人工凿毛、高压气或高压水枪进行清洗混凝土表面的处理方法。

承台施工
承台墩身交界面凿毛
墩身标准段施工
劲性骨架制作
墩身劲性骨架安装
墩身钢筋绑扎
墩身外、内模安装加固
混凝土生产
混凝土浇筑
拆模养护
墩身顶段施工
墩身空心段填充
劲性骨架安装
墩身内、外模安装加固
混凝土生产
混凝土浇筑
拆模养护
24号墩系梁待24~25跨现浇梁施工完毕之后进行
墩身系梁施工
牛腿焊接
墩身系梁底模铺装
系梁钢筋绑扎
系梁侧模安装、加固
混凝土生产
混凝土浇筑
拆模养护
垫石施工

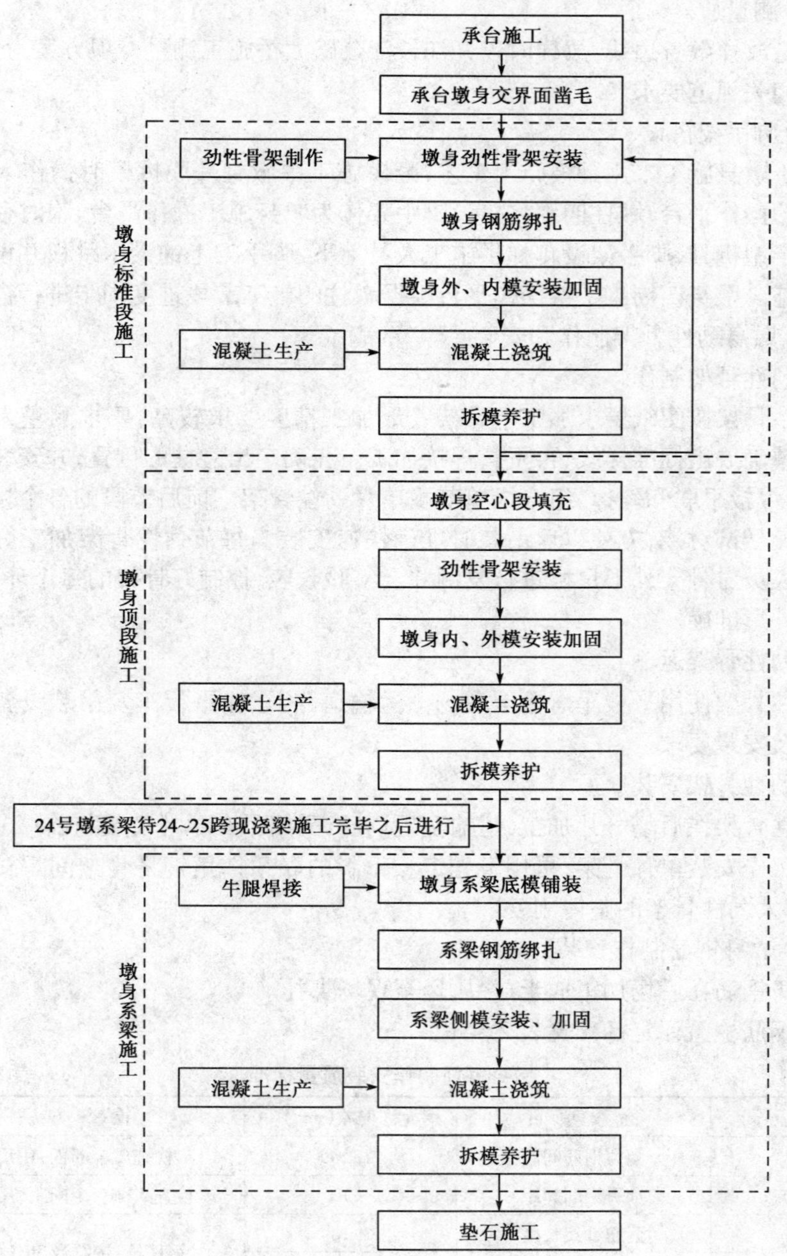

图2.4-1　施工流程图

(2)测量放样

测量放样墩身边线,放样时以九江长江公路大桥施工测量专项方案为依据,确保满足相关规范要求。

(3)脚手架搭设

由于墩身施工采用翻模施工工艺,翻模施工中墩身外膜拆模时操作人员需要有相应的操作平台,墩柱四周将搭设脚手架作为墩身施工操作平台,临时存放少量钢筋和小型机具,脚手架设爬梯供施工人员上下,脚手架上铺设木跳板并设置相应防护措施。墩身四周脚手架操作平台根据墩柱的施工节段进度同步进行搭设。

(4)墩身劲性骨架制作和安装

①劲性骨架制作

劲性骨架按图纸要求加工。骨架线形加工精度要求较高,要求测量人员先平整场地精确放出标准样线,再下料焊接加工。先确定出立柱的位置,并安装固定立柱,然后焊接平联和斜撑,组合成单节段单片劲性骨架。前后节段的各个接头位置要前后编号试对接,方便以后吊装时准确快速安装。每节劲性骨架加工好后都要由技术人员对骨架外形尺寸进行复测并会签验收表,控制好骨架的每个环节,确保墩柱的外形准确。

②劲性骨架运输

劲性骨架使用平板车运输至现场。运输道路、运输平板车及吊装设备均需满足运输及安装要求。

③劲性骨架安装

劲性骨架在后场分片加工,运输至现场后,采用吊车单片安装与前一节劲性骨架焊接。先安装单片骨架,再用事先定长下料的联系撑角钢将骨架间焊接连成整体,以增大劲性骨架的整体刚度。

(5)墩身钢筋制作安装

墩身钢筋在后场加工成半成品,运至现场绑扎。

①钢筋检验评定标准见表2.4-1。

墩身钢筋制作安装质量标准 表2.4-1

序号	检查项目	允许偏差(mm)	检查方法
1	受力钢筋间距	±20	检查2个断面,用尺量
2	水平钢筋间距	±10	检查5~10个间距,用尺量
3	钢筋骨架长度	±10	钢尺量:按总数30%抽查
4	钢筋骨架宽、高	±5	
5	保护层厚度	±5	沿周边检查8处,用尺量

②钢筋制作及运输

墩身主筋采用滚轧直螺纹接头连接，其他钢筋绑扎按规范进行焊接或搭接。钢筋的滚轧、套丝及螺纹套筒的一端套接均在后场完成，对于两端都滚轧、套丝的钢筋，一端套上螺纹套筒，另一端用塑料包裹套对端头进行保护，待钢筋运输到前场安装到位后利用管钳在安装现场完成连接。为了保证钢筋连接的顺利进行，加工好的钢筋在运输及吊装过程中要加强保护，尤其是钢筋外露螺纹及套筒内螺纹的保护。

③承台预埋筋施工

墩身钢筋预埋固定是在承台第二层，施工通过钢筋定位框架来实现的，墩身预埋钢筋前先在承台最顶层钢筋上用∟5 的角钢做成平面框架对墩身钢筋进行限位，再在框架上放出钢筋位置并按照嵌入承台深度焊接固定在承台顶层钢筋和架立筋上。钢筋接长错头按 $35d$（d 为钢筋直径）考虑，当墩身预埋钢筋与其他钢筋位置相冲突时，适当移动面层钢筋，保证预埋钢筋位置准确。

④钢筋安装

墩身分节段浇筑，每个节段浇筑高度为 6m。墩柱竖向钢筋主筋拟采用 9m 定尺，上下主筋竖向接头数量不大于同一断面钢筋总数量的 50%。上、下接头断面错开 1.5m。水平环向钢筋采用冷绑扎，搭接长度为 $35d$。钢筋绑扎时先接长内、外层主筋，接长时内、外层按同一方向同时进行。接长的钢筋定位于劲性挂架上。主筋接长完毕后，进行环向、水平分布钢筋绑扎，形成整体钢筋骨架。防裂钢筋网施工在水平分布钢筋绑扎后进行，钢筋网的搭接长度不应小于 $30d$。钢筋网保护层厚度不小于 20 mm。

⑤支座垫石预埋钢筋施工

墩身施工至顶节段时，绑扎钢筋完毕，合模、复核模板中轴线及角点合格之后，对支座垫石角点放样，最后将后场下料制作好的支座垫石钢筋预埋于墩顶。

（6）模板施工

①模板安装

模板在钢结构加工场加工，模板检查验收合格后运到施工现场。模板安装前先进行基顶找平，对模板面板进行清理，预先进行试拼。试拼时做好标记，打设定位销孔，以保证装配精度，减少错台，提高模板拼缝质量。

在承台顶面放出墩身角点，根据测量放出的角点，用墨斗弹出墩身轮廓双线，便于模板就位和复核模板偏位情况。

模板安装时先用履带吊将一块钢模板吊起，人工辅助将模板基本就位，再用撬棍对模板进行微调，保证模板底口与墩身边线一致，随后吊起另一块钢模板就位。

模板与模板之间用螺栓连接。

用垂球法检测模板垂直度,用钢卷尺检测模板内空及对角线,满足要求后拧紧连接螺栓和背带上的精轧螺纹钢拉杆。

第二节段模板由闲置的第三套标准段外膜和首节段底层标准段外膜拆除后就位于原首节段上层模板顶口。首节段上层标准段模板保持不动,作为第二节段外膜的支撑底座,第三至第六节段模板施工同第二节段。

墩身系梁模板以预埋牛腿作为支撑,牛腿上设置卸荷块,卸荷块上放置两条双拼作为主横梁,主横梁上中心距满铺纵向分配梁,分配梁上平铺墩身系梁底模。系梁两侧模就位于底模上,采用对拉杆对拉并加固于系梁底模上。

②模板固定

为防止作为下一节段模板施工的支撑底座模板下滑,每个节段的上层标准段模板位置均预埋锥形螺母及预埋筋抗滑。

模板采用精轧螺纹钢作为拉杆加固,拉杆外套 PVC 管以便拉杆拆除,拆除拉杆后的拉杆孔采用与墩身混凝土同强度的砂浆进行封堵,墩身外模四角采用精轧螺纹钢斜拉于外模围檩。

内模的对拉孔要认真放样,孔位应与外模相应孔位对准,以保证拉杆顺直。

③模板检查

两相邻模板之间空隙采用贴双面胶封堵,首模板底口与承台顶面之间的空隙用水泥砂浆堵塞,防止漏浆,尾节段模板安装完成后,测量检测模板顶面高程,并标记墩顶设计高程线于模板面。

定期对模板进行检查。对有问题的模板进行维修、校正;破损严重的进行更换。

④模板拆除

墩身混凝土强度达到 2.5MPa 以上时,拆除墩身模板。由于模板尺寸较大,模板拆除时注意磕碰。模板拆除完成后,应维修整理,分类妥善存放。

(7)墩身混凝土施工

①混凝土配合比设计

采用标号 C40 水泥混凝土,初凝时间为 6~8h;坍落度为 18~20cm;具有良好的流动性、和易性及可泵性。

②混凝土生产浇筑工艺

混凝土采用搅拌站供应,混凝土供应采用混凝土输送车运输至混凝土泵前进行浇筑。

③混凝土浇筑方法

混凝土浇筑采取水平分层浇筑,并严格控制分层厚度,层厚 30cm。

④混凝土顶面收面

每个节段墩身混凝土浇筑完后，进行混凝土顶面抹平，并对模板边缘进行压光处理，保证上下节段接缝平整。

⑤混凝土养护

墩身采用塑料薄膜、土工布包裹养护。待墩身浇筑节段初凝后，及时用塑料薄膜及土工布覆盖墩顶进行洒水保湿养护。空心实体墩拆模后，立即用塑料薄膜及土工布包裹覆盖空心墩进行养护，冬期必要时进行保温养护。

拆模后养护注意事项：清水镜面混凝土浇水养护的时间为14d；为满足清水镜面混凝土的外观质量要求，采用覆盖塑料薄膜的方法进行养护，保证混凝土在不失水的情况下得到充足的养护，同时薄膜布内有凝结水；自然养护混凝土时，每天观测大气气温和湿度并记录养护方式。

(8)填芯混凝土施工

处在水道中的墩，有防撞功能要求，故设计要求墩身内心填混凝土。填芯混凝土待墩身第五节段浇筑完毕强度达到2.5MPa之后施工，填芯混凝土强度等级为C20，采用混凝土泵车进行混凝土输送，混凝土采用50振捣棒进行振捣。

(9)重要预埋件施工

①墩身系梁底模牛腿预埋

墩顶系梁施工均采用墩身预埋牛腿作为底模和侧模的支撑。牛腿预埋于两墩之间，每墩2个。

②临时存梁台柱基座附墙预埋

水道中心墩墩身侧各预埋多个预埋件，该预埋件作为钢箱梁临时存梁台座平联附墙用。

③墩顶检修平台预埋

墩柱顶均设置检修平台，尾节段施工时均需对相应埋件进行对应位置预埋和加固。

④防雷接地预埋

墩防雷接地从桩基顶面向上引出，墩身施工时将露出于承台顶面的热镀锌扁钢继续接长上引直至墩顶，且露出于墩顶长度不小于90cm，热镀锌扁钢平面位置处于墩身两墩柱上下游侧，距墩身外壁20cm处，预埋时与墩身钢筋电焊、加固。热镀锌扁钢接长采用双面焊，且长度不小于$10d$。

(10)支座垫石

①凿毛

待墩身尾节段施工完毕，墩顶混凝土强度不小于2.5MPa时，将支座垫石区域墩顶混凝土凿毛处理，并采用高压气或高压水枪对凿毛的混凝土表面进行清洗。

②模板施工

支座垫石采用竹胶板为模板，立于支座垫石结构物边线并加固。

③支座螺栓孔预留

支座垫石浇筑前预埋不小于支座螺栓外径的PVC管，预埋深度不小于支座螺栓长度，且预埋位置对应支座螺栓位置。

④混凝土浇筑

支座垫石C50混凝土采用陆上搅拌站拌制，混凝土罐车运输至现场，通过漏斗布料，50振捣棒进行振捣。

2.4.4 质量控制

(1)严格依据设计图纸、施工规范和验收标准进行施工。

(2)钢筋加工安装允许偏差见表2.4-2。

钢筋加工安装允许偏差 表2.4-2

序号	名称		允许偏差(mm)	检验方法
1	受力钢筋间距		±20	每节段两个断面、尺量
2	箍筋、横向水平筋		±10	每节5~10个间距
3	钢筋保护层厚度	$c \geq 35$mm	+10、-5	尺量两端、中间各2处
		$25 < c < 35$mm	+5、-2	
		$c \leq 25$mm	+3、-1	

(3)模板安装允许偏差见表2.4-3。

模板安装允许偏差 表2.4-3

序号	项目	允许偏差(mm)
1	模板高程	±10
2	轴线偏差	±10
3	相临模板高低差	2
4	倾斜度	±0.3%或不大于20
5	全部对拉螺杆及紧固螺母	全部紧固，无滑丝、松动等
6	预埋件中心位置	3

(4)墩身质量检查项目见表2.4-4。

墩身质量检查项目　　表2.4-4

序　号	检查项目	规定值或允许偏差	检查方法和频率
1	混凝土强度(MPa)	在合格标准内	按JTG F80/1—2004附录D检查
2	断面尺寸(mm)	±20	检查三个断面
3	倾斜度(mm)	0.3%H且不大于20	垂线或经纬仪测两点
4	顶面高程(mm)	±10	水准仪测3处
5	轴线偏差(mm)	10	经纬仪纵横各两点
6	节段错台(mm)	5	尺量,每节段四处
7	大面积平整度(mm)	5	2m靠尺水平各一处
8	预埋件位置(mm)	10	尺量,每件

注:H为墩身高度。

(5)墩身外观质量控制措施

①模板的设计及加工制作

模板设计时,应保证模板的刚度,确保模板在使用期间的变形不影响混凝土外形尺寸及平整度。模板的加工制作应严格按照设计图进行,加工的模板要求板面平整,板间接缝严密、不漏浆,能可靠保证结构物外露面的美观,线条流畅。本项目执行模板准入制度,凡未经验收合格的模板,一律不准在本项目使用。

②模板安装

模板安装前,应仔细检查其表面是否干净,涂刷的脱模剂(或模板漆)是否均匀。模板的安装应严格按设计要求的顺序进行,对安装到位的模板固定牢靠,避免混凝土浇筑过程中模板移位;由于上节段、模板与下节段已浇混凝土面之间的接缝处理难度较大,为防止混凝土浇筑过程中漏浆,在施工缝处的下节段混凝土外表面上先粘贴一圈薄海绵条,关闭模板后,在模板下口与混凝土面接合处可用具有较强黏性、与混凝土颜色相近的橡胶泥进行填塞,同时将模板与模板之间的接缝也填塞严密。模板安装完成后,必须对其平面位置、顶部高程、节点连接及纵横向稳定性进行认真检查验收。

③脱模剂(或模板漆)的选用

同一标段必须使用同一类别的优质脱模剂(或模板漆),以保证混凝土脱模顺利且不影响混凝土外观质量。

④集料选用

水泥。对于现浇混凝土方量大、构件截面面积大的空心墩,应尽量选用中、低水化热水泥,以减少水化热,防止混凝土表面产生的细微裂缝。适当提高胶凝材料用量,使混凝土表面光洁且有光泽。

细集料。细集料应采用级配良好、质地坚硬、颗粒洁净的河砂,以中粗砂为宜。河砂偏细,容易造成混凝土和易性变差、易离析,使混凝土中的粗集料易堆集于外露面处而产生色斑、麻面等缺陷。因此宜选择同一砂场料,选定一种材料后不宜再更换,以保证成型混凝土外观颜色的一致。

粗集料。粗集料的颗粒级配应采用连续级配,在生产、采集、运输与存储过程中,严禁混入影响混凝土性能的有害物质。按品种规格分别堆放,不得混杂。在装卸及存储时,应采取措施,使集料颗粒级配均匀,并保持清洁。

混凝土拌和及施工。拌和楼使用电子秤计量,拌和楼应配备相应的打印设备,保证配料准确。确保搅拌时间,使混凝土搅拌均匀。严格控制出料混凝土的坍落度,保证混凝土的强度以及外观质量。混凝土在拌和过程中要严格控制配合比,出厂的成品混凝土应拌和均匀,颜色一致,不得有离析和泌水现象。严格按照施工规范技术要求,控制混凝土的坍落度等重要技术指标。混凝土浇筑时应严格按施工方案中确定的浇筑顺序进行施工。

(6)成品保护

墩身养护结束后,为保护好空心墩的外观质量,空心墩外表面采用塑料薄膜包裹进行保护。

2.5 薄壁墩施工标准工法

2.5.1 适用范围

本工法适用于江西省高速公路建设项目的薄壁墩施工。

2.5.2 工艺流程

工艺流程见图 2.5-1。

2.5.3 操作要点

(1)钢筋加工、安装

对高、宽、大的薄壁墩在钢筋安装时应设置劲性骨架,以增加抗风性能、钢筋骨架的稳定性、尺寸的准确性和可操作性。

钢筋依据设计图纸,在加工场弯制、矫直、除锈或加工至半成品后运到薄壁墩施工现场绑扎安装。

墩身主筋与主筋之间或墩身主筋与承台预埋筋之间应严格按规范要求进行连接，安装水平钢筋可采取绑扎与点焊结合的方式，以增强钢筋骨架的刚度。

钢筋绑扎成型后按要求设置高强砂浆垫块。

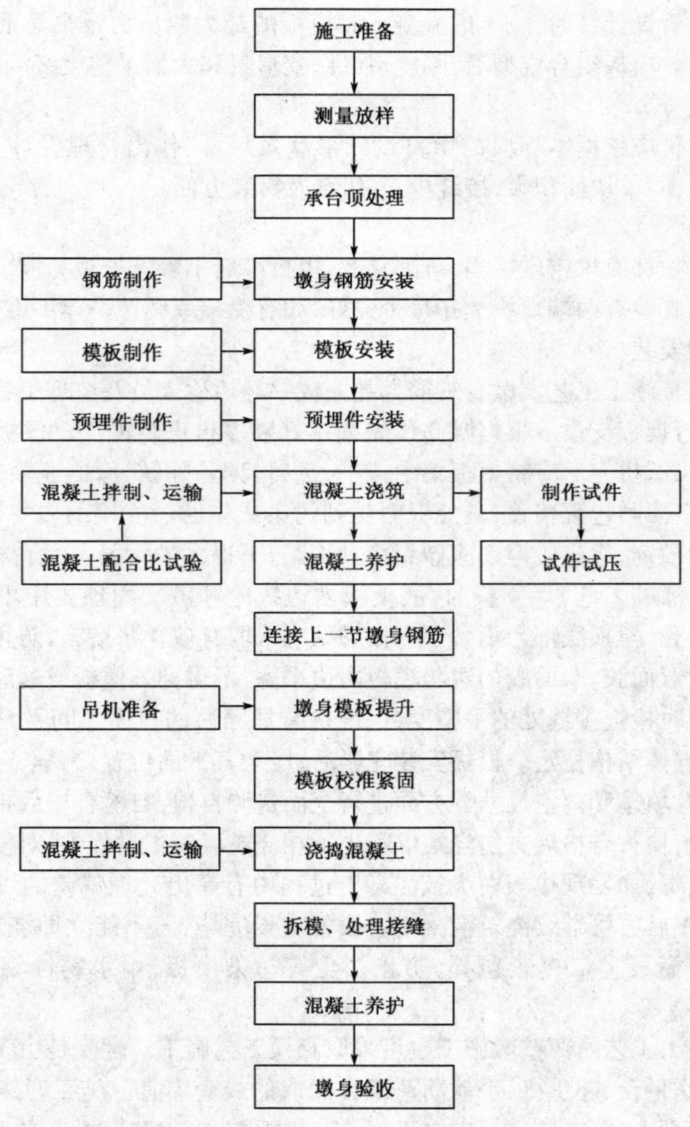

图2.5-1 工艺流程图

(2)模板制作及安装

模板根据墩高及墩身类型,由不同长度的若干节段进行组合搭配,并结合施工工艺进行模板分节段设计及订制。

①模板质量要求

面板在设计计算时,应考虑混凝土对模板的最大侧压力及泵送混凝土时对模板的冲击力。模板组合成型后,刚度、强度、变形量和大面平整度必须符合要求。

②模板分节

施工单位应依据本标段的墩身设计形状及尺寸,作出合理设计。设计原则:a. 通用性强;b. 单块面积大,接缝少;c. 组合及拆装方便。

③拉杆

模板对拉杆要求密度适当,排列整齐,以拆模后不影响外观为度。拉杆周转使用前必须认真检查两端螺纹丝扣是否完好,如有受损或锈蚀一律不准使用。

④模板安装

整体模板施工工艺。墩身钢筋绑扎完成并经质检人员及监理工程师验收合格后,方可进行模板支设。根据墩高预先编排好顺序再进行配模。模板在安装前必须进行试拼,试拼完后应将模板集中摊平,进行打磨、除锈、涂刷脱模剂;暂不使用时,需用塑料薄膜包裹覆盖,避免板面受到污染或生锈。立模前先将模板抛光,并涂刷优质脱模剂,涂刷脱模剂应做到薄且均匀,不得污染钢筋及承台混凝土(或采用涂刷模板漆的工艺)。立模时,底模板内边线应和墩底面预先用墨斗弹出的墩身轮廓线重合,模板底部与承台顶面接触处应采取有效止浆措施,防止漏浆。模板板缝间加设双面胶,双面胶的边与模板内边平齐,不得伸入模板或远离模板边。立模过程中随时检查接缝处的平整度,保证拼装加固后的板面之间平整,接缝严密,拼装牢固,整体结构稳定。模板安装完毕后,应对其平面位置、高程、竖直度及模板紧固、拉杆孔填塞和内空尺寸等方面进行全面量测自检,自检合格后报请监理工程师进行检验,检查合格后方能浇筑混凝土。在浇筑混凝土过程中,对模板实施监测并派专人负责,如发现模板在浇筑混凝土过程中有超出允许偏差的可能应及时进行纠正,纠正后方可继续浇筑混凝土。模板支设完毕,若不能立即浇筑混凝土,应用彩条布将模板上口裹紧包扎,防止灰尘等污染模板,雨水锈蚀钢筋或使模内积水。

翻模施工工艺。薄壁墩施工也可采取翻模工艺施工。翻模是由多节段大块钢模板、外工作平台、起重机、手动葫芦组合而成的成套模具。施工时第一节模板支立于承台顶面上,第二节模板支立于第一节模板上,第三节模板支立于第二节模板上,循环安装至设计高度。建议第一次浇筑 6m 高(每节 2m,视各施工单位实际情况而定)薄壁墩底节段混凝土,待混凝土浇筑完并终凝后,绑扎第四层钢筋。绑扎完毕后,利用塔式起重机和手动葫芦拆除第一节模板,并将其分别翻升至第四层,再绑扎第五层钢筋,拆除第二节模板,将其翻升之第五层。形成钢筋绑扎→拆模→翻升立模→测量定位→接长泵送管道→浇筑混凝土→养生→高程复核的循环作业,直至达到设计高度。

(3)混凝土拌制及浇筑

①混凝土原材料选用

严格按照《公路桥涵施工技术规范》(JTG/T F50—2011)关于配制混凝土用材料如水泥、细集料、粗集料、拌和用水和混合料的质量要求进行选用。

②优化混凝土的配合比设计

桥墩的混凝土配合比应采用通过各施工单位优化设计和线外试验取得的实际配比数据,在保证混凝土内在质量的同时,确保外观质量达到清水混凝土的要求。

③混凝土施工

混凝土拌制配料时,各种计量衡器应保证准确。对集料的含水率应进行检测,并及时调整集料和水的用量。混凝土搅拌时间经试验确定,操作时严格按设备出厂说明的规定和规范要求进行。

混凝土运输采用搅拌运输罐车,其运输能力按混凝土凝结速度和浇筑速度的需要进行配置,使浇筑工作不间断并使混凝土运到浇筑地点时仍保持良好的均匀性和规定的坍落度。采用泵送混凝土入模的,混凝土入模前,应由试验和现场技术人员对混凝土的坍落度和其他质量指标进行全过程控制,保证浇筑混凝土的质量。

混凝土振捣工艺应依据《公路桥涵施工技术规范》(JTG/T F50—2011)关于混凝土浇筑技术要求进行操作。

④混凝土养护

混凝土养护期间,应重点加强混凝土的湿度和温度控制,尽量减少表面混凝土的暴露时间,及时对混凝土暴露面进行紧密覆盖(可采用篷布、塑料布等进行覆盖),防止表面水分蒸发。

混凝土带模养护期间,应采取浇水或喷淋洒水等措施进行保湿养生,尤其应保证模板接缝处不至失水干燥。

混凝土拆模后,应对混凝土采用浇水或覆盖洒水等措施进行潮湿养护,也可在混凝土表面处于潮湿状态时,采用塑料薄膜包裹。期间塑料薄膜应完好无损,彼此搭接完整,并在墩顶置储水桶滴漏清水养护,定时给水桶补水。混凝土的包裹保湿养护时间一般为7d。

2.5.4 质量控制

质量控制参照本书2.4.4。

2.6 小型承台施工标准工法

2.6.1 适用范围

本工法适用于江西省高速公路建设项目的小型承台施工。

2.6.2 工艺流程

工艺流程见图2.6-1。

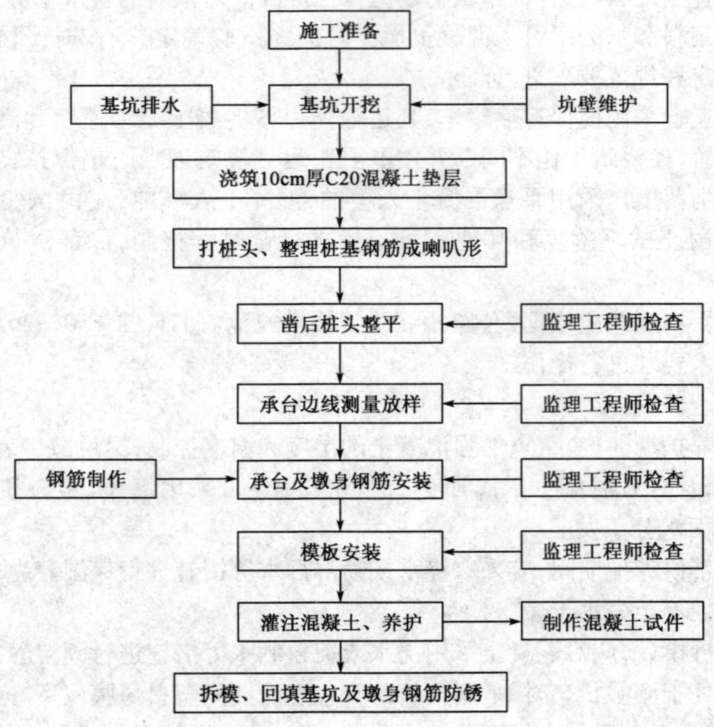

图2.6-1 承台施工工艺流程图

2.6.3 操作要点

(1)基坑开挖与防护

根据测量放样,采取机械为主,人工为辅的开挖方法。先初步放样,画出承台边界,用机械开挖,人工整理四壁及基底,基坑底尺寸应在承台的尺寸基础上每边放大100cm。基坑侧壁坡比根据地质情况和基坑深度确定。地质条件太差或受地形限制应采取特殊方法进行坑壁加固防护,如钢板桩或木桩。基坑坑壁坡度选择见表2.6-1。

基坑坑壁坡度选择 表2.6-1

坑壁土	坑壁坡度		
	基坑顶缘无载重	基坑顶缘有静载	基坑顶缘有动载
砂类土	1:1	1:1.25	1:1.5
碎石类土	1:0.75	1:1	1:1.25
黏性土、粉土	1:0.33	1:0.5	1:0.75
极软岩	1:0.25	1:0.33	1:0.67
软质岩	1:0	1:0.1	1:0.25
硬质岩	1:0	1:0	1:0

注:1.坑壁有不同土层时,边坡可分层选定,并酌留平台。
2.在山坡上开挖基坑,当地质不良时,应防止滑坍。
3.在既有建筑物旁开挖基坑时,应按设计文件的要求办理。

(2)挖出土方应堆出基坑口线外2m以外。

(3)基坑开挖前应根据实际地形情况,在周围开挖引水沟,将可能流向基坑的地表水引流走,基坑四周设置宽30cm、深30cm左右的汇水沟,至少在一个角处设置汇水井,及时将基坑内的水抽出,提供一个相对干燥的施工环境,同时也可以起到基坑边坡稳定的作用。

(4)坑底采取人工或小型机械压实,平整。

(5)浇筑10cm厚的C20素混凝土垫层(厚度视地质情况而定),对基坑底进行硬化,垫层尺寸较承台及桩基的平面尺寸每边大10cm。

(6)凿桩头

测定设计桩顶高程,接近设计桩顶高程30cm左右时采用人工凿除混凝土(按设计要求预留伸入承台的桩头)并找平桩顶。

(7)钢筋制作与安装

各类钢筋进场后进行质量检验,检验合格后按要求上覆下垫(垫高至少30cm

以上)。钢筋加工时,保证钢筋表面洁净,使用前应先将表面的油渍、漆皮、锈斑等清除干净。钢筋除锈采取人工用钢丝刷或电动钢丝轮方法进行。

钢筋加工弯曲成型前,应根据配料表要求长度分别截断,通常宜用钢筋切断机进行,钢筋的弯曲成型用弯曲机进行。

钢筋在加工场集中下料、加工、编号。钢筋焊接前,必须进行试焊,经过样件抗拉强度试验合格后方可正式施焊。钢筋制作过程中要预留好钢筋接头位置。接头焊缝的长度单面搭接不应小于 $10d$(d 为钢筋直径),双面搭接不应小于 $5d$。焊接保证钢筋接头在同一断面内(相邻焊接接头间距不小于 $35d$)的数量不能超过钢筋总量的 50%。搭接焊应先将钢筋预弯,使两钢筋的轴线位于同一直线上,用两点定位焊固定,双面焊缝长度不应小于 $5d$,单面焊缝长度不应小于 $10d$,焊缝宽度应大于等于 $0.7d$,焊缝高度不得小于 4mm。焊接时在钢筋一端引弧,并在搭接钢筋端头上收弧,弧坑应填满。

钢筋必须在钢筋加工场焊接完成,现场只进行绑扎。从钢筋加工车间用平板车运输钢筋至施工现场,并堆放在方木上,然后进行现场绑扎。承台钢筋安装应先安装底层钢筋网,然后安装侧面钢筋网及架立钢筋,再安装顶层钢筋网。当桩身钢筋与承台钢筋有抵触时,可适当调整承台底钢筋间距,但承台底钢筋网不得截断。

钢筋保护层垫块设置位置和数量应符合设计要求。当设计无具体要求时,构件侧面和底面的垫块数量不应少于 4 个/m^2。施工中应按设计要求严格控制钢筋保护层厚度。垫块要求采用高强混凝土制作,有效控制钢筋混凝土保护层的厚度;高强度,与混凝土黏结性好,保证不出现露筋现象;不脱落,不破碎,操作简便。

预埋墩身钢筋时,经测量在承台模板上施放墩身“十字中心线”,严格按中心线预埋墩身钢筋;在承台施工平台上按墩身中心线布置胎具,并在胎具上按设计图纸规定的主筋间距做好标记,预埋钢筋沿胎具布设。一方面能保证钢筋预埋准确,另一方面,浇注承台混凝土时,即使钢筋因混凝土冲击造成移位,也能及时恢复。

(8)模板制作与安装

根据承台的结构形式和数量综合考虑模板分块,采用大块钢模板(单块最短边不得小于 100cm)以期减少因模板接缝多易漏浆所产生的混凝土外观缺陷,面板壁厚不小于 6mm,边及横竖向焊接加强型钢以满足模板刚度要求。模板采用内撑外拉体系。

模板的组装焊接,宜采用组装胎具定位及合理的焊接顺序。

模板加工毛刺、焊渣要清理干净,除锈要彻底,防锈涂漆刷均匀。

模板加工要求各部位焊接牢固,焊缝尺寸符合要求,焊缝外形应光滑、均匀,不得有漏焊、焊穿、裂纹等缺陷,不得产生夹渣、咬肉、开焊、气孔等缺陷。

手工校正模板的变形时,不得碰伤其棱角,且板面不得留有锤痕。

模板使用前须进行现场组拼、编号,并检查合格。

模板安装前,应先除锈,并涂刷脱模剂。模板表面应无污物、砂浆及其他杂物,并应在使用前涂脱模剂。脱模剂应保证其易于脱模的性能,并使混凝土表面不变色。严禁使用废机油及其混合物等作为脱模剂,保证混凝土结构物外观色泽良好。模板与模板之间的接缝处应用胶皮或海绵填塞,防止漏浆。

支模前在底节模板底口抹砂浆找平层,以防模板底口漏浆,便于模板底口找平。同时应检查模板连接件是否牢固,检查钢筋是否有碍模板的安装。

建议采用锥头对拉螺杆加固钢模板,增强钢模整体刚度,防止跑模。

(9)混凝土浇筑与养护

混凝土运输宜采用混凝土运输车运送混凝土,以确保浇筑工作连续进行。不得采用机动翻斗车、手推车等工具长距离运输混凝土。对混凝土拌和物运输的基本要求是:不产生离析现象,保证规定的坍落度、含气量,在混凝土初凝之前能有充分时间进行浇筑和捣实。混凝土搅拌车运输、管道泵送运输质量保证措施及注意事项如下:

①保证混凝土在运输过程中保持均匀性,运到浇筑地点时不分层、不离析、不漏浆,并具有要求的坍落度和含气量等工作性能。当运至现场的混凝土发生离析现象时,应在浇筑前对混凝土进行二次搅拌,但不得再次加水。

②运输混凝土过程中,对运输设备采取保温隔热措施,防止局部混凝土温度升高(夏季)或受冻(冬季)。采取措施防止水分进入运输容器或蒸发,严禁在运输过程中向混凝土内加水。

③减少混凝土的转载次数和运输时间。从搅拌机卸出混凝土到混凝土浇筑完毕的延续时间以不影响混凝土的各项性能为限,运输时间一般不超过1h。

④当罐车到达浇筑现场时,使罐车高速旋转20~30s,再将混凝土拌和物喂入泵车料斗或混凝土料斗。

(10)承台混凝土浇筑及振捣

应沿承台长边两侧对称搭设溜槽,混凝土罐车直接对准溜槽放混凝土。溜槽底距混凝土浇筑面高差不允许大于2m(或采用其他能保证混凝土浇筑质量的方式)。当混凝土自由倾落高度超过2m时,采用串筒降低混凝土的下落速度,控制混凝土倾落范围,防止混凝土离析。

①混凝土应连续浇筑。为保证混凝土有足够的和易性,混凝土坍落度满足规范要求,混凝土应分层浇筑,每层宜控制在25~30cm,并应在混凝土初凝前浇筑完所有混凝土。

②混凝土采用插入式高频振动棒垂直点振方式振捣,振捣过程中应避免重复振捣,防止过振或欠振;应加强检查模板支撑的稳定性和接缝的密合程度,防止在振捣过程中产生漏浆。振捣混凝土时应符合下列规定:插入式振动器的移动间距不宜大于振动器作用半径的1.5倍,且插入下层混凝土内的深度宜为50~100mm,与侧模应保持50~100mm的距离。当振动完毕需变换振动棒在拌和物中的水平位置时,应边振动边竖向缓慢提出振动棒,不得将振动棒放在拌和物内平拖,不得用振动棒"驱赶"混凝土;应避免碰撞模板、钢筋及其他预埋部件;按事先规定的工艺路线和方式振捣混凝土,在混凝土浇筑过程中及时将浇筑的混凝土均匀振捣密实,不得随意加密振点或漏振,每点的振捣时间以混凝土不再沉落、表面泛浆或不冒大气泡为准,振捣延续时间宜为20~30s,避免过振;混凝土浇筑完成后,应及时修整、抹平混凝土裸露面,待定浆后视具体情况,必要时应多次收浆,确保不出现收缩裂纹;混凝土养护必须在其初凝后及时用土工布覆盖其表面,洒水养护,养护期间必须保证混凝土表面不干燥,养护时间不少于7d。

(11)模板拆除

承台侧模板应在混凝土强度能保证其表面及棱角不至于因拆模受损时,(一般在混凝土强度达到2.5MPa时)方可拆除。

模板拆除应按预先确定的顺序进行,应遵循先支后拆,后支先拆的顺序进行拆除模板。

拆除时严禁抛扔模板;拆除模板不许采用猛烈敲打后强扭等方法。

模板拆除后应及时进行维修整理,并分类妥善存放。模板拆除时要小心按顺序拆卸,防止撬坏模板和碰坏结构。

(12)墩身钢筋保护

当墩身混凝土不能及时浇筑时,应对其预留钢筋的表面进行短期防锈蚀,建议采取刷素水泥浆的方法。

(13)承台回填

承台施工完毕经监理工程师验收后应及时回填。基坑回填应前、后、左、右对称回填,回填土石应分层夯实,避免后期沉降积水。回填高程应加沉落量,并设排水坡。之后恢复原地表排水系统,若原地表排水不畅时,应视条件改建。多余废土应采取措施合理处置。

2.6.4 质量控制

(1)施工前组织技术人员、管理人员严格审核图纸,发现问题及时与工程师取得联系,待确认后再进行施工。

(2)严格施工前的技术交底制,对作业人员定期进行质量教育和考核,教育作业队人员应严格按设计及规范要求施工,确保工程质量。

(3)严格按设计图纸、施工技术规范和业主的有关规定办理。

(4)加强质量检查,进行开工前检查、施工中检查、隐蔽工程检查、定期质量检查。

(5)做到质量"三检制":自检、互检、交接检。

(6)坚持作业人员持证上岗制,挂牌上岗制。

(7)检测试验设备台账设专人管理。执行按周期检定制度,定期对设备进行检定,到期未检定的不准投入使用。

(8)每批进场水泥、钢材等主要材料,应向监理工程师提供供货附件,明确生产厂家,材料品种、型号、规格、数量,出厂日期及出厂合格证,检验、化验单据等,并按国家有关标准和材料使用要求,分项进行抽样检查试验,试验结果报监理工程师审核,作为确定使用依据。

(9)混凝土圬工所用中粗砂、碎石等地材应按工程勘察的地质资料与技术规范作相关试验,各项指标符合规定及设计要求并经监理工程师批准后方可使用。

(10)基坑开挖验收允许偏差见表2.6-2。

基坑开挖验收允许偏差 表2.6-2

项目		允许偏差(mm)	检验频率		检查方法
			范围	点数	
坑底高程	土方	±30	基坑内	5	用水准仪
	石方	±100		5	
轴线位移		50		2	经纬仪纵横各1点
基坑尺寸		不小于规定		4	用尺量每边各1点

(11)垫层验收允许偏差见表2.6-3。

垫层验收允许偏差 表2.6-3

项目	允许偏差(mm)	检查方法
垫层混凝土强度	在合格标准内	按水泥混凝土抗压强度评定
尺寸	±30	尺量
面层高程	±20	水准仪检查5处

(12)钢筋制作允许偏差见表2.6-4。

钢筋制作允许偏差 表 2.6-4

名称		单位	接头形式		
			帮条焊	搭接焊	坡口焊、窄间隙焊
棒体沿接头中心纵向偏移		mm	$0.3d$	—	—
接头处弯折角		(°)	3	3	3
接头处钢筋轴线位移		mm	$0.1d$	$0.1d$	$0.1d$
焊缝厚度		mm	$+0.05d \sim 0$	$+0.05d \sim 0$	—
焊缝宽度		mm	$+0.1d \sim 0$	$+0.1d \sim 0$	—
焊缝长度		mm	$-0.3d$	$-0.3d$	—
横向咬边深度		mm	0.5	0.5	0.5
在长 $2d$ 焊缝表面上的气孔和夹渣	数量	个	2	2	—
	面积	mm^2	6	6	—
在全部焊缝表面上的气孔和夹渣	数量	个	—	—	2
	面积	mm^2	—	—	6

注：d 为钢筋直径(mm)。

(13)钢筋安装允许偏差见表 2.6-5。

钢筋安装允许偏差 表 2.6-5

检查项目		允许偏差(mm)	检查方法和频率
受力钢筋间距	两排以上	±5	用尺量，每构件检查 2 断面
	同排	±10	
箍筋、横向水平箍筋间距		±20	用尺量，每构件检查 5 ~ 10 断面
钢筋骨架尺寸	长	±10	用尺量，每骨架抽查 30%
	宽、高或直径	±5	
钢筋网眼		±10	用尺量，抽查 3 个
保护层厚度		±10	用尺量，构件模板周边检查 8 处

(14)承台实测项目见表 2.6-6。

承台实测项目 表 2.6-6

项次	检查项目	允许偏差	检查方法和频率	权值
1	混凝土强度(MPa)	在合格标准内	按 JTG F80/1—204 附录 D 检查	3
2	尺寸(mm)	±30	尺量：长、宽、高各检查 2 点	1
3	顶面高程(mm)	±20	水准仪：检查 5 处	2
4	轴线偏位(mm)	15	全站仪或经纬仪：纵、横各检查 2 处	2

(15)外观鉴定。

混凝土表面平整,棱角平直,无明显施工接缝;蜂窝、麻面面积不得超过该面总面积的0.5%;混凝土表面出现非受力裂缝宽度超过设计规定或设计未规定时超过0.15mm必须处理。

若混凝土外观存有的缺陷面积较小且通过修饰不影响整体外观质量,其修饰方案必须报经监理工程师批准后方可施行,严禁承包人擅自随意涂抹粉饰。

2.7 主塔塔柱施工标准工法

2.7.1 适用范围

本工法适用于江西省高速公路建设项目的特大斜拉桥主塔塔柱工程施工。

2.7.2 工艺流程

施工准备→塔座施工→下塔柱(下横梁至塔座)施工→中、上塔柱施工→主塔塔冠施工。

2.7.3 操作要点

(1)施工准备

①技术准备

组织相关工程技术人员认真阅读招标技术文件、施工图纸,领会设计意图;编写施工组织设计和施工技术方案,并依据专家审查意见进行方案完善。

②关键施工设备准备

根据南北主塔结构高耸的特点和施工作业场地的条件选择施工关键设备和机具。

塔吊的选型。根据大桥索塔结构构造形式,结合桥位所处的地理环境及主桥的总体施工方案,索塔施工塔吊的选型及布置形式主要考虑以下几个因素:塔柱施工模板、爬架的空间尺寸及安装荷载的要求;钢锚梁的安装荷载要求;塔吊自身的拆除荷载及空间位置要求;方便塔柱施工材料的垂直运输;横梁支架的安装与拆除要求;施工电梯的安装荷载及平面位置影响;混凝土泵送部分设备荷载及平面位置影响;主梁施工部分设备及材料的垂直运输;主梁平面位置的影响;抗风性能等。

施工塔吊布置方案。为保证两个塔肢同时作业,结合索塔的结构布置形式,综合考虑南北主塔所处位置和环境工作条件等影响塔吊吊装作业的各种因素,进行布置安装。

混凝土输送泵。配备2~3台混凝土高压泵用于混凝土施工,混凝土泵管附着于塔柱内或外壁。

混凝土泵管布置方案。混凝土泵管的布置形式应满足塔柱混凝土的浇筑要求。为保证两塔肢平行作业互不干扰,沿两塔肢各布置一套混凝土泵管进行塔柱混凝土施工。混凝土泵管选用高压泵管,泵管从高压托泵处接出,经过水平管路到达两塔肢处,然后泵管分别沿两塔肢上升到塔柱混凝土施工处。为保证塔柱混凝土外观良好,采用泵管布置在塔柱内的方案,随塔柱浇筑增高,加装泵管并保证泵管固定牢固和拆装方便。在混凝土泵管的水平管和垂直管交接处设置混凝土液压控制截止阀,以便于混凝土堵管等事故的处理或泵管的清洗。收集清洗管路的残渣和污物,进行集中处理,防止污染。

液压爬模及模板设备。液压自爬摸系统,塔柱模板的结构布置形式,中、上塔柱为规则的变化段,采用定型或非定型自动液压爬模系统进行施工。液压爬模性能参数,本系统由大面积模板体系、爬升主体及钢结构工作平台构成,大面积模板体系通过钢梁结构与爬升主体相连,液压自动爬架设多个工作平台,平台之间采用固定扶梯相连,在同一平面上,平台间连成一条贯穿的通道,为防止火灾发生,在平台面上设置防火板或钢格栅。自动液压爬升模板应具备:木模板体系自重轻,刚度大,采用车间组拼,现场安装,利用爬架上设置的模板悬挂及纵、横向调节系统,效率高;爬架采用整体爬升,速度快,工人劳动强度低;采用高强度螺栓作为爬架附墙螺栓,安全性高。

施工电梯。为改善工人作业条件、提高工作效率在塔柱两侧各布置一台施工电梯,供施工人员上、下使用。施工电梯选型:施工电梯是索塔施工人员上下的主要交通工具,根据大桥主塔的构造形式,为保证施工电梯使用的安全性且能保证施工的需要,施工电梯拟采用斜爬式施工方案。施工电梯布置:索塔如采用H型结构,电梯布置在索塔的上下游侧,从塔座开始一直到塔顶,电梯倾斜角度与下塔柱为8.91°,与中上塔柱为3.89°,附着臂根据索塔施工分节和安全性、稳定性计算,按6.032m设置一层,局部进行加密,以避开分节缝。

③主要工程材料准备

混凝土配合比。塔柱混凝土配合比配制的混凝土应满足:较高的抗压或抗弯拉强度和弹性模量,较高的抗劈裂强度;高工作性能,满足混凝土浇筑成形的工艺条件;高耐久性,满足所处环境条件耐久性要求。

钢筋。依据设计图纸备足质量合格全部规格的钢筋。

钢绞线及锚具。依据设计图纸备足质量合格的下塔柱和锚固区的钢绞线及锚具。

(2)塔柱施工

主塔施工节段划分:根据索塔结构特点、实心段大体积混凝土温控设计计算要求、交会段变坡情况和上塔柱钢锚梁—混凝土接合段施工要求进行节段施工。

①施工测量放样

采用全站仪和水准仪在主塔承台上对塔座中心点及其他特征点的平面位置及高程进行复核,并用墨线将塔座的施工范围精确标识出来。

②钢筋绑扎

依据设计图纸和桥梁施工技术规范的规定进行钢筋加工下料和绑扎,钢筋直径 $d<25$mm 的钢筋采用焊接接长,$d\geqslant 25$mm 的钢筋应采用连接器接长。绑扎钢筋时,如塔座钢筋与承台预埋的塔柱主筋发生冲突,可适当调整塔座钢筋,以保证塔柱预埋钢筋位置准确。

③预埋劲性骨架

依据施工单位设计经过审批的劲性骨架设计进行加工制作成型,并与承台劲性骨架预埋件焊接牢固,经过测量放线位置进行正确埋置。埋置塔吊基座预埋件。凿毛承台与塔座结合面,并用清水冲洗干净。依据施工单位设计并经过审批的混凝土冷却水管进行加工制作成型,依据设计进行分层布置绑扎,并经过试水,保证循环管道水路畅通。

④模板架立

采用刚度大、变形小的定型钢模板,以保证有良好的混凝土外观。模板直接坐落在承台上,并与承台面结合密贴,防止漏浆。模板拼接采用胶带垫止浆。模板采用对拉螺杆和外加型钢支撑的方式进行整体固定,确保钢模稳定。钢筋与模板之间安置稳定的且尺寸合适的预制混凝土垫块,确保外层主筋中心线与模板之间保护层为 10 cm。采用钢管支架作为工人操作的脚手架,必须保证脚手架结构整体稳定、安全。

⑤混凝土配制与浇筑

塔座混凝土设计强度等级为 C40,采用经过验证批准的混凝土配合比进行拌和浇筑施工。料场备足各类合格集料,拌和楼计量准确,混凝土罐车数量足够,混凝土输送泵至少 3 台,其中 1 台备用。混凝土应采用水平分层、纵向分段进行浇筑,层厚控制在 30cm,下层混凝土初凝前及时浇筑上层混凝土。采用 ϕ50mm 插入式混凝土振动棒进行振捣,混凝土布料后及时跟进振捣,间距 60 ~ 70cm,深度保证插入下层混凝土 5 ~ 10cm。振捣作业时应集中精力观察该处混凝土情况,当其表面不再下沉且无气泡冒出，表面开始泛浆为止。加强边角部位混凝土的振捣，振捣全面，不漏振，不过振。

⑥拆模及混凝土养护

混凝土浇筑完毕，应在收浆后尽快予以覆盖洒水进行养护，必须经过 7d 左右的养护时间，混凝土强度达到 2.5MPa 才可拆除模板。

⑦塔座现浇混凝土升温控制

塔座混凝土浇筑完毕，及时开通冷却水对混凝土水化热进行控制，尽量降低温升。延缓升温速率，防止大体积现浇混凝土水化热对混凝土造成早期伤害。控制标准：浇筑温度≥5℃；内部最高温度≤55℃；混凝土最大内表温差≤25℃；工作中冷却水管入水口与出水口水温之差≤15℃；混凝土温峰过后，应当控制缓慢降温，通过保温措施，控制混凝土最大降温速率≤2.0℃/d，降温初期容许降温速率≤3.0℃/d。

(3)下塔柱(下横梁至塔座)施工

①依据设计图纸和规范要求进行钢筋绑扎及预应力套筒、锚垫钣、管道和其他预埋件安装和预埋。

②依据设计要求，劲性骨架由角钢制作，采取分榀分节段制作，现场用角钢将其连成整体。劲性骨架整体吊装，精确对位与预埋件焊接牢固。

③依据设计图纸要求在下塔柱实心段埋设冷却水管。

④塔柱采用 VISA 木面大模板体系，其主要由木面板、背楞、背部钢围檩三部分组成。模板分为标准模板和收分模板，模板的收分通过割除收分模板来完成，模板高为 4.50m。起步段模板拆安由塔吊完成。

⑤圆弧角模板和内模采用定型钢模和异型木模。

⑥塔柱混凝土采用 C50 高强混凝土，严格采用为本项目主塔专门进行的配合比试验和验证批准的混凝土配合比。

⑦采用验证过的各类集料、水泥、粉煤灰和外加剂依据配合比进行混凝土拌和。

⑧混凝土由陆上搅拌站供应，罐车运输，混凝土泵泵送，软管布料，串筒入仓。

⑨在主塔钢筋间距比较密的条件下，应结合外观质量、混凝土配合比进行混凝土浇筑工艺性试验，确定混凝土布料、混凝土浇筑分层厚度、振捣方式。

⑩冷却管在混凝土浇筑时即通水进行混凝土水化热吸收，连续 14d 通水降温，水管的冷水流速由现场温度监控情况进行调节控制。

(4)液压爬模施工

①液压爬模施工工艺

本工程爬模采用液压自动爬模系统。它由模板、爬升装置、移动模板支架、模板悬吊系统、外爬架、内爬架、固定支架、动力装置及管路系统等组成。

外模采用WISA板作面板、[8槽钢作分配梁,双拼[14作横向围檩。内模采用组合钢模,施工平台为满堂脚手架。随着塔柱截面不断变化,木模进行相应收分。

②爬模施工工艺操作要点

起始浇筑段中,按照设计位置埋设锚锥,并保证其位置准确;混凝土达到强度要求后拆模,以起始段中预埋的锚锥为支点进行系统拼装;调整模板位置,保证定位精度,进行浇筑工作并埋设锚锥;拆模时,操作动力装置控制器爬升轨道,使其上部与挂在预埋锚锥上的悬挂件固接,形成爬升轨道;操作动力装置控制器爬升爬架,带动系统爬升至下一工作节段;支模,并重复上述工作流程。

(5)混凝土浇筑完成后及时养护

夏季采用喷淋养护或喷液养护,冬季应采用保温措施。

(6)下塔柱基底部预应力管道穿束和预应力张拉

①依据设计对钢束下料,留足工作长度。

②在混凝土达到设计强度的90%后才可张拉预应力钢束。

③单端张拉,张拉控制力为782kN。

④张拉过程对张拉力和引伸量进行双控,引伸量的误差应控制在6%以内。

⑤采用真空压浆工艺,M50水泥浆进行管道罐浆堵孔、封锚。

(7)中、上塔柱施工

①施工流程见图2.7-1。

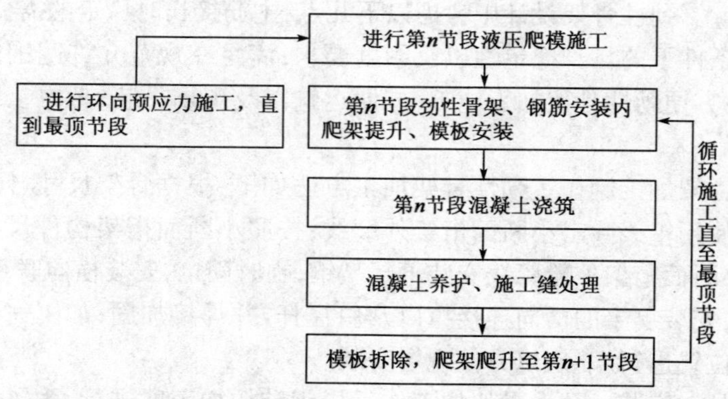

图2.7-1 施工流程图

②中、上塔柱外模与下塔柱相同。中、上塔柱内腔为单箱单室结构,结构尺寸随塔柱升高呈线性变化,内模采用内爬架模板,模板结构形式与外模一样。

③中、上塔柱也采用液压爬模施工。

(8)主塔塔冠施工

①塔冠为一个施工节段。

②在塔冠施工前一个节段预埋牛腿埋件。焊接牛腿,拆除爬架,搭设I25型钢作主梁,I16型钢作分配梁,在其上搭设脚手架施工平台。

③塔柱顺桥向内侧继续进行爬架爬升直至塔冠顶,除采用爬架施工一个内侧面外,其余三个面采用定型模板进行施工。

④先在地面将塔冠满堂支架分部分块分层采用木方料制作好,再吊装到塔顶平台上进行拼装紧固成牢固的满堂支架。内模板采用竹胶板依据塔冠设计形状进行安装。

⑤依据设计钢筋绑扎和埋设预埋件。

⑥混凝土浇筑。倾斜面混凝土浇筑作业采用双面模板法可以保证混凝土板达到内实外光的要求。施工中必须注意防止钢筋位移及混凝土浇筑不到位而造成的蜂窝。因无法观察到模板内混凝土的饱满度,可以敲击听音检查。可在板底采用附着式振捣器,使混凝土下淌充实。振捣时,采用ϕ33mm小振动棒,按序插振,防止漏插。对于死角部位可以采用板外振与人工插钎相结合。

⑦混凝土养护。采用覆盖喷淋进行混凝土养护。

(9)主塔塔柱施工控制技术要点

①劲性骨架设计。为满足倾斜塔柱钢筋及钢构件定位的需要和施工段的风力稳定,根据塔柱结构特点,塔柱施工时需设置劲性骨架,劲性骨架在塔柱开工前需进行专项设计。劲性骨架设计中考虑以下几点:主筋接长时稳定的需要;劲性骨架在倾斜工况条件下的自身稳定性以及刚度要求;满足在规范允许范围内精确定位钢筋的需要;方便劲性骨架加工施工;方便运输以及现场吊装;考虑上塔柱的钢锚梁安装定位。

②劲性骨架加工制作。劲性骨架加工方法如下:根据骨架尺寸、倾斜角度,在施工平台上使用墨线弹出小断面桁架外廓线;按照小断面桁架构件尺寸进行构件下料;按照小断面桁架外轮廓线安装下部型钢,临时固定,安装横向联系杆;安装上部立杆型钢,安装剩余的横向连接撑以及斜撑杆,并焊接加固;加工完成后按照劲性骨架安装位置进行编号,以方便现场安装。

③劲性骨架安装。劲性骨架加工在后场钢结构加工区进行,为了保证所加工小断面桁架的平面尺寸以及倾斜角度符合要求,在后场钢结构加工区使用型钢、钢板搭设一个水平度满足要求的小断面桁架加工的施工平台。劲性骨架标准节段加工高度为9.0m,部分节段加工高度根据施工节段高度进行适当调整。

④钢筋制作、运输。塔柱钢筋加工制作在后场钢筋加工车间进行,由于塔柱钢筋尺寸种类较多,因此,每节段钢筋加工完成后,按照钢筋的型号与种类分类堆放并编号,加工好的半成品钢筋运至塔柱钢筋现场临时堆放区。根据恶劣气象条件,为确保主塔施工安全,减小钢筋悬臂高度,也可以考虑4.5m长配料,以适应塔柱分节高度。

⑤钢筋接头。塔柱中主受力钢筋直径 $d=25$mm 以上采用滚轧螺纹连接工艺,其余依据桥梁施工技术规范进行焊接或绑扎。

⑥钢筋绑扎、固定。钢筋绑扎、固定总体施工顺序为,先安装并接长主筋,再安装环向水平筋,最后安装拉钩钢筋;主筋安装接长施工在劲性骨架安装到位后进行,并依托劲性骨架进行定位。主筋连接方法如下:用全站仪在已经接长的劲性骨架上测放出塔柱纵、横轴线,钢筋施工人员根据塔柱纵、横轴线,在劲性骨架上放出钢筋安装位置线,塔吊起吊主筋,将其与下节主筋对接,使用滚轧直螺纹接头将两根钢筋连接起来;再根据劲性骨架上放出主筋位置将主筋定位固定;环向水平筋采用塔吊分批吊放,人工绑扎固定,其位置应严格按照设计图纸进行操作,确保满足设计及规范规定。上塔柱水平筋安装时,由于部分钢筋需穿过钢锚梁,需注意与其位置调整一致。

⑦上塔柱拉索锚固区预应力施工。上塔柱拉索锚固区设纵、横及C形预应力钢束,预应力钢束采用钢绞线,采用两端施加预应力。

管道埋设原则。管道埋设的基本原则是严格按照设计施工图进行,波纹管为塑料材质,采用定位钢筋网片安装固定,普通钢筋与预应力钢筋相干扰时,可适当挪动普通钢筋;锚垫板与塑料波纹管连接严格按照设计要求进行,锚垫板与波纹管保持相互垂直,锚垫板中心线应与端部波纹管中心线在一条线上。连接后,外用宽胶带缠紧,锚垫板上的进、出浆孔必须在上方。波纹管控制点的安装偏差:垂直方向为±5mm,水平方向为±10mm;塑料波纹管接长要用专用配套的接头连接,凡是有连接的位置都要密封好,防止漏气、漏浆,波纹管布设要平顺,另外要注意,施工中要保护好波纹管以免遭破坏;在塑料波纹管内预埋白棕绳备用,两端留头放入过渡套筒内。

安装钢索防劈裂钢筋。混凝土浇捣前必须依据设计进行绑扎。

预应力筋的制作。钢束下料时必须按照设计施工图中的下料长度外加牵引头所耗的钢绞线长度(大约增加25cm),制作预应力筋,应采用砂轮切割机进行切割;钢绞线编束时,应逐根理顺,捆扎成束并编号,不得紊乱。

搭设施工操作平台。在塔柱模板拆除后,利用塔柱上留下的锥形螺母,用脚手管搭设施工平台,平台沿塔柱四周按宽2m,使用荷载500kg/m^{2}原则进行搭设;在放置水箱、真空泵、卷扬机、压浆机、搅拌机和堆放水泥的区域，要临时采取加强措施。

穿预应力钢束。通过塔柱上留下的锥形螺母，安装开口滑车和3t卷扬机，利用塑料波纹管内的白棕绳牵引出一根6″的钢丝绳，将钢丝绳一端与卷扬机连接，另一端与钢束前端的特制牵引头连接，启动卷扬机，前面拉、后面用人工往里送，将整束钢绞线从入口处拉到出口止。

张拉过程。在塔柱混凝土全部浇筑完毕，钢锚梁安装就位后，才可对锚固区预应力钢束张拉作业，上下游塔柱平行进行；同一拉束区，先张拉顺桥向预应力钢束并压浆，后张拉横桥向预应力钢束并压浆。顺横桥向预应力钢束应交替进行张拉。各预应力钢束均应两端对称张拉作业；预应力钢束控制应力，设计 $\sigma_k = 0.75 f_{pk} = 1\,395\text{MPa}$；张拉时采用控制张拉力和引伸量双控，引伸量实际伸长值与理论伸长值差应控制在±6%以内，断丝率不得超过规范要求；张拉程序，$0 \to 0.15\sigma_k$（初应力）$\to \sigma_k$（持荷2min锚固）。

锚头护理。预应力钢束张拉完毕，严禁撞击锚头，外露钢束一律采用砂轮机切割，锚头外留钢束长不小于3cm，也不得大于5cm 。

压浆。张拉24h内进行压浆，压浆采用真空压浆工艺。

封锚堵口。预应力张拉端槽口设置10cm×10cm的ϕ6mm封锚钢筋网。压浆完毕，外露钢束处理后应立即布筋，立模浇筑封锚混凝土。采用C50微膨胀混凝土进行封堵，要求色泽光洁度与塔柱一致。

⑧塔柱混凝土施工养护。塔柱混凝土浇筑工艺。由于主塔钢筋间距比较密，对混凝土布料、混凝土振捣质量都会产生较大的影响，因此在施工前，须结合外观质量、混凝土配合比进行混凝土浇筑工艺性试验，确定混凝土浇筑分层厚度、振捣方式；塔柱混凝土采用两台拖泵进行泵送，软管布料，振捣棒振捣；塔柱混凝土采用分层布料、分层振捣的施工方法。

⑨索塔混凝土养护。养护方法。塔柱混凝土为高强度、高性能混凝土，塔柱壁较厚，产生的水化热较高，而且桥位处受风影响大，使高塔混凝土养护增加了难度。为此，应针对不同的季节和不同的部位制订相应的养护方法，减少混凝土的收缩裂缝、温度裂缝以及干缩裂缝等，确保混凝土质量和耐久性；索塔混凝土在外界温度高于10℃时采用喷水覆盖保湿养护，低于10℃时采用覆盖保温养护，养护时间不小于8d；根据塔柱节段施工时间（一般为6～7d）和混凝土养护时间周期要求，考虑2个已浇混凝土节段须进行养护，高度为9.0m；整个索塔养护系统由供水系统、定时喷水装置组成，供水系统包括高压水泵、供水管路；喷水覆盖保湿养护（温度高于10℃时），在外界气温高于10℃时，拆模后在塔柱周围包裹一层土工布，用钢

筋固定在爬架内侧，然后每隔10min在土工布上喷水，在混凝土表面形成保湿层。若遇大风天气，水分发散较快，采用两层土工布或其他材料覆盖；覆盖保温养护（温度低于10℃时），在外界气温低于10℃时，拆模后在塔柱周围、模板四周包裹2～3层土工布，并用碘钨灯照射保温。

⑩混凝土冬季施工措施及塔柱大体积混凝土温控措施。

为不影响工程的施工进度，并保证混凝土施工质量，冬季混凝土施工采取措施如下：在搅拌站上设置加热装置，对搅拌水进行加热；混凝土浇筑完后，做好混凝土的保温养护工作；尽量减少夜间浇筑混凝土；在模板外增加珍珠棉保温层进行保温。

塔柱大体积混凝土温控措施。下塔柱实心段属大体积混凝土结构，为防止混凝土水化热温升而产生温度裂缝，保证大桥的长期安全使用，须对塔柱实心段进行温控设计及现场监控工作。温控设计采用专用大体积混凝土施工温度场和温度应力场分析程序，包对对温度场和温度应力场进行计算，得出防止产生有害温度裂缝的温控标准和温控措施。温控标准：夏季混凝土浇筑温度不大于28℃；混凝土内外温差小于25℃；冬季混凝土表面温度与气温之差应大于20℃；混凝土降温速率应控制在不大于2.5℃/d。大体积混凝土温控措施：选择级配良好的砂石料，掺入适量粉煤灰，降低水泥用量，以及优化混凝土配合比设计是降低混凝土内部水化热温升的重要环节；每次混凝土开盘之前，量测水泥、粉煤灰、砂、石和水的温度，计算其出机温度，并估算浇筑温度；混凝土浇筑间歇期除塔柱根部第一层外，均应控制在7d左右，最长不超过10d；根据混凝土内部温度分布特征，在塔柱实心段布置冷却水管，混凝土初凝后通水降温；大体积混凝土的保温和前期养护是温控工作的重要环节，为了塔柱实心段、中上塔柱交会段混凝土强度的正常增长和减少收缩裂缝，现场监控应十分重视混凝土的保温和养护工作。

2.7.4 质量控制

(1)质量标准

①严格控制塔柱施工倾斜度、高程和各断面尺寸

主塔倾斜度的误差不大于塔高的1/3 000，且不大于30mm；每一施工节段塔柱倾斜误差不大于该段的高度1/450，同时应避免塔柱成蛇形。

塔顶高程允许偏差10mm，斜拉索锚固点高程允许偏差±10mm，斜拉索锚具轴线偏差±5mm。

外轮廓尺寸允许偏差±20mm，壁厚允许偏差±5mm。

索塔的索道孔、锚梁位置及锚梁锚固面与水平面夹角均应控制准确，锚垫板与

索道孔必须互相垂直。

其他结构部位尺寸偏差应符合《公路桥涵施工技术规范》(JTG/T F50—2011)和《公路工程质量检验评定标准(第一册 土建工程)》(JTG F80/1—2004)。

②主要工程材料控制质量标准。

普通钢筋。采用 HRB335 钢筋 f_{sd} = 280 MPa,其技术标准应符合 GB/T 1499-2—2007 的要求;结构面层的防裂钢筋网应符合 GB/T 1499-3—2002 的规定。

预应力材料。采用低松弛高强钢绞线,公称直径为 15.20mm,抗拉标准强度值 f_{pk} = 1 860MPa,弹性模量 $E_s = 1.95 \times 10^5$MPa,松弛率≤3%,并符合 GB/T 5224—2003 的要求;采用与钢绞线和真空吸浆工艺相配套的锚具产品,应满足《预应力筋用锚具、夹具和连接器》(GB/T 14370—2007)和《公路桥梁预应力钢绞线用锚具、连接器试验方法及检验规程》(JT 329.2—97);采用塑料波纹管,满足《预应力混凝土桥梁塑料波纹管》(JT/T 529—2004)的要求;采用与钢绞线和真空吸浆工艺相适应的 C50 浆液,对预应力钢筋无腐蚀,并经过试验采用质量最优者。

水泥。尽量采用水化热较低的水泥,控制水泥细度及 C_3S 含量。采用符合要求的低碱含量(最大碱含量≤1.8kg/m^3)42.5 号以上的水泥。

粉煤灰。添加粉煤灰要求为Ⅰ级,细度≤12%、烧失量≤4%、需水量比≤95%、SO_3 含量≤3%、7d 和 28d 砂浆活性指数分别≥75 和≥85。

集料。各类集料应洁净、质地坚固、粒径形状良好、级配合格;粗集料堆积密度 >1 500kg/m^3;粗集料压碎值 <10%,吸水率 1%左右,强度应为混凝土强度的 1.5 ~2 倍;粗细集料组成应按连续密级配要求确定组成比例,以单位体积密度最大、孔隙率最小、混凝土和易性最好为控制目标。混凝土碎石粒径不大于 25mm。

混凝土外加剂。所选外加剂各项技术性能指标必须符合《混凝土外加剂》(GB 8076—1997)及相关标准。

塔柱混凝土配合比设计。塔柱及横梁混凝土均采用高性能混凝土,设计强度等级为 C50。上塔柱是钢混结合段,混凝土具有特殊性,特别是对钢锚梁与混凝土之间的连接性、耐久性以及混凝土防裂性能要进行试验与研究。

混凝土设计技术要求。配制 28d 强度 60MPa;3d 强度大于 90%;塔柱初凝时间 8 ~12h;塔柱终凝时间 14 ~18h;初始坍落度:100m 以下为 180 ~200mm(流动度 450 ~500mm),100 ~200m 之间为 200 ~210mm(流动度 500 ~550mm),200m 以上为 210 ~240(流动度 550 ~650mm),3h 后大于 160mm。

③钢筋制作安装标准和允许偏差

钢筋安装质量允许偏差见表 2.7-1。

钢筋安装质量允许偏差 表2.7-1

序号	项目	允许偏差(mm)	检验方法
1	受力钢筋间距	±20	每节段两个断面、尺量
2	箍筋、横向水平筋	0,-20	每节5~10个间距
3	设计钢筋保护层厚度	±10、	尺量两端、中间

直螺纹钢筋丝头加工检验标准见表2.7-2。

直螺纹钢筋丝头加工检验标准 表2.7-2

检验项目	检验工具	检验方法及要求
螺纹中径	检验螺母、螺纹环规(Z)	检验螺母应能拧入,螺纹环规拧入不得超过3扣
螺纹长度	直尺	用直尺量,螺纹长度不得小于规定值
螺纹牙形		目测法观测螺纹牙形不完整齿不超过1扣

下塔柱及拉索锚固区预应力束安装允许偏差见表2.7-3。

预应力束安装允许偏差 表2.7-3

项目		允许偏差(mm)
管道间距	同排	10
	上下层	10
管道坐标	横桥向	10
	纵桥向	10
	圆弧段	10

④模板制作安装标准和允许偏差

模板制作标准见表2.7-4。

模板制作标准 表2.7-4

项目	允许偏差(mm)
模板长度和宽度	±5
模板相邻两板表面高低差	3
模板表面最大的局部不平	1
拼合板中板间的缝隙宽度	2

模板安装标准见表2.7-5。

模板安装标准 表2.7-5

项目	允许偏差(mm)
模板高程	±10
模板内部尺寸	±20
轴线偏差	10
模板相邻两板表面高低差	2
模板表面平整	5
预埋件中心线位置	3

(2)塔柱施工内在质量及外观质量保证措施

①内在质量保证措施

钢筋制作与绑扎。塔柱钢筋必须具备材质报告及出厂合格证书,各种型号与设计相符;钢筋根据设计图要求进行配料计算,下发配料单,并严格加工,确保加工尺寸准确;钢筋施工时应先按照设计图进行放线,钢筋安装位置应准确,绑扎应牢固,绑扎铁丝头应向内弯折,并要求边绑扎、边检查、边清理,保证钢筋位置符合设计及规范要求;塔柱钢筋分段施工必须保证钢筋搭接长度(焊接时焊接长度)满足规范要求;钢筋保护层垫块应牢固地绑扎在外层钢筋上,注意保护层厚度满足设计要求,保护层垫块呈梅花形布置,其间距宜控制在50~80cm,塔柱内外壁的各种预埋件施工时必须保证位置准确,施工前须先按照设计图进行准确放线;塔柱各种预埋件必须采取有效固定措施,防止预埋筋(件)在塔柱混凝土浇筑过程中移位。

预埋件。预埋件主要包括爬梯预埋钢板、预留孔埋管、通气孔埋管、塔柱内排水系统固定预埋件,照明、监控、通信、强电及防雷系统等管线埋件的埋设应严格按照设计要求位置进行;预埋件加工应依据设计和施工方案设计图要求进行,埋设应整齐,埋件外露面应与周围的混凝土面齐平;施工用预埋件埋设的程序为:在钢筋骨架上测量放出预埋件的平面位置,放入预埋件,对于顶、底面的埋件,经精确定位后固定;对于侧面的预埋件,在模板安装就位后,将预埋件外露面顶紧模板面,经测量校核合格后固定。固定后的预埋件不允许随意踩踏、碰撞。

施工用的预埋件主要包括固定模板用的对拉螺杆和固定提升架的预埋螺栓、电梯底座及附墙支撑埋件、塔吊底座及附墙支撑埋件以及临时施工操作平台支撑预埋件等。固定模板用的对拉螺杆和固定提升架的预埋螺栓为特殊专用件,其预埋连接螺母和锥形套头应能取出;其他施工用的预埋件也应尽可能采用预埋螺母或采用预埋螺栓或连接器。

预埋螺栓(或预埋筋)固定时,应加设定位架,并将定位架与劲性骨架或主筋骨架焊接;对于预埋的PVC管,可在管的两端加设钢筋限位框进行固定,限位框与劲性骨架或主筋骨架焊接(PVC管用棉纱、胶带封堵封口)。

②外观质量保证措施

模板质量保证。塔柱模板设计时必须仔细校核面板、内外肋材料的变形,控制模板变形在规范要求范围内;塔柱模板加工制作必须满足有关规范要求;模板拉杆受力计算准确,拉杆选用满足强度要求,杜绝"爆模"现象发生。

模板吊装及转运。模板装转运过程中不得有尖锐的构件压在面板上或刮到面板,以免面板刮伤损坏;运输及安装过程中,轻起轻放。模板安装前,仔细检查其表面是否干净,涂抹的脱模剂是否均匀;吊装过程中注意对模板周边棱角的保护,不得破坏棱边棱角,以免相接后发生漏浆,线形被破坏等;装运时,模板起吊要均匀、平衡受力,堆放平稳并进行固定,以免滑落。

模板安装及拆除。模板安装时必须采取有效措施保证位置准确,模板支撑采取专用垫块;模板拉杆与预埋筋焊接必须满足规范要求,拉杆螺母须拧紧;拉杆采用锥形螺母固定,对拉拉杆的长度要和断面尺寸一致,在外螺母拧紧模板时必须检查模板内面断面尺寸,确保与设计尺寸相符。拉杆螺母拧得过紧,则造成内撑杆向外的力过大,易造成面板局部发生凹陷,因此模板断面尺寸控制到位后拧紧外螺母即可;拉杆螺母拧得过松,则造成塔身尺寸偏大,因此同样也要将丝口拧满;模板安装时,拼接的竖缝均需粘贴双面胶护缝以免向外渗浆,但胶带边口必须平于接缝边口线(否则混凝土会出现嵌缝的缺陷)或统一稍低于边口线且胶带必须拉顺直,确保接缝顺直良好。

施工中模板保护及拆模存放。混凝土浇筑过程中振捣棒不得接触到模板板面振捣,泵管等移动时也不能撞击到面板上,以防面板被破坏;浇筑完成后及时将模板外侧残余混凝土清除;模板拆除时,混凝土的抗压强度不得低于2.5MPa;模板拆除后及时对模板进行检查,发现问题需及时修补,如螺钉松动,面板局部受损、拉松,封堵螺钉眼的原子灰被破坏,棱角被破坏等,以免影响后续混凝土浇筑质量;拆下的模板应及时检查,清理模板表面,涂刷脱模剂后用塑料布覆盖保护;模板表面应避免重物碰撞和敲击,严禁用尖利的硬物刮刻木模表面;模板存放要整齐、平整、垫实,避免在其上堆积重材料。

③混凝土

混凝土拌和质量保证。每一次拌和的数量不得超过拌和机的允许容积;混凝土拌和前,先测定砂、石料的含水率,根据集料含水率计算混凝土拌和用水,同时相应调整配合比;拌和站计量器具按照规定定期校检,保证拌和材料称量结果的偏差满足技术规范要求;根据现场实际情况,当集料的含水率有明显变化时,应该增加测定次数,依据检测结果及时调整用水量和砂、石用量;混凝土拌和严格按照投料顺序施工,搅拌时间应满足规范要求;混凝土拌和物应均匀、颜色一致,不得有离析和泌水现象;在索塔正式施工前,做混凝土外观的对比观察试验,确定混凝土配合比、外加剂型号及掺量;用于浇筑塔柱混凝土的外加剂、集料、水泥等进行试验检测,通过试验确定最佳混凝土配合比,使其坍落度、黏稠度、初凝时间满足施工要求,同时为降低塔柱浇筑时的水化热,除水泥应选用低热或中热水泥外,在不降低混凝土强度等级的前提下,进行配合比试验,选用水泥用量少的混凝土配合比。

混凝土泵送质量保证。严格按照混凝土泵的操作要点进行操作;混凝土泵的性能应稳定,要能连续工作;输送管线宜直,弯管宜少,转弯应缓,接头应严密,沿管线应有冲洗用水,尤其是塔内,在泵送过程中,塔内泵管应利用埋件及手拉葫芦临时固定;泵送前应先用适量的、与混凝土内成分相同的水泥砂浆润湿输送管内壁;在泵送过程中,受料斗内应有足够的混凝土,以防止吸入空气而导致泵送困难或产生阻塞,并确保受料斗内不进水;混凝土泵管出料口应套接一定长度的软管,以方便混凝土布料;严禁质量不良的混凝土放入泵内,严禁随意往混凝土内加水;泵送应连续进行,发生中断时,应采用慢速间歇循环泵送或采用备用泵车进行浇筑。

混凝土浇筑质量保证。浇筑混凝土前,应对侧模支撑架、模板、钢筋(主要检查扎丝头是否靠上了模板)和预埋件进行检查,同时应对施工缝进行检查,检查结合面是否清理干净、是否充分湿润等,当检查符合要求后方可浇筑混凝土,在混凝土浇筑期间,也必须不断地检查观测支架、模板、钢筋和预埋件的稳固情况,还须检查钢筋的保护层情况,防止因钢筋松动、移位导致混凝土表面露筋而影响混凝土内在及外观质量;混凝土下落时采用溜筒减速,避免混凝土产生离析;按间距 1.5m 设置布料点,分层布料,严禁使用振捣棒赶料;混凝土分层间隔时间不宜长于 1h,以防止形成冷缝,特殊情况也不允许超过混凝土初凝时间;振捣时振捣棒应快速插入混凝土内部,振捣棒移动间距约 40cm,并应插入下层混凝土 10cm,同时保证振捣棒与侧模保持 50 ~ 100mm 的距离,振捣到混凝土开始泛浆和不冒气泡后缓慢提起振捣棒;混凝土浇筑过程中,观察模板与下节段混凝土面的贴紧情况,若出现漏浆,拉紧相应部位的对拉杆。接缝两侧的混凝土应充分振捣,使缝线饱满密实。

(3)夏、雨季施工质量保证措施

①对机电设备、钢结构、爬架模板等堆放场地采取防雨、防潮措施。

②与当地气象部门经常保持联系,随时获得气象资料,掌握年、月、日的降雨趋势,合理安排施工,尽量避免恶劣天气时施工。

③混凝土浇筑前及时检查砂石料的含水率以调整配合比,浇筑中遇雨天时搭设雨棚,防止雨水冲刷混凝土。

④加强混凝土养护工作。

(4)塔柱施工几何形状与高程保证措施

塔柱施工时,定期观测塔柱的变形,采集相关数据并进行计算分析,得出塔柱变形规律,为后续浇筑节段提出指导意见和施工调整数据,以保证塔柱的几何形状符合设计要求。

①在节段施工过程中,应根据塔柱混凝土收缩变形测量参数对索塔压缩变形进行分析计算,并设置相应的预抬量。

②在中上塔柱施工过程中,根据塔柱混凝土收缩、倾斜率变形测量参数计算每隔一定高度节段设置塔肢预偏量,使得塔柱钢筋混凝土在逐步凝固硬化过程中能产生变形回归到设计值。

③施工过程中,在塔柱设定的高度两塔肢之间安置临时水平横撑是保证塔柱横向设计倾斜率的关键设施,其施加的主动顶推力由施工监控单位指令给出。

水平横撑安装。水平横撑安装前,先用塔吊吊安钢管立柱,然后安装水平横撑。钢管立柱及水平撑根据塔吊的起吊能力进行分节吊装。立柱安装完成后安装水平横撑,水平横撑分两节进行吊装。首先将一侧内支撑外端与塔柱预埋件焊接,内端搁置在立柱牛腿上,然后吊装另一节水平撑,并与第一节之间采用法兰盘连接。连接完成后在横撑端部设置千斤顶施力系统,施力完成后,将此端与塔柱预埋件焊接成整体,拆除千斤顶。

水平横撑拆除。两塔肢施工完成后,便可拆除塔柱水平横撑,由于上横梁的遮挡,水平横撑拆除采用塔吊配以卷扬机拆除作业的方案。

水平横撑按照与安装相反的施工顺序进行拆除,即先拆水平平联、栏杆,后拆水平钢管,再拆除立柱支撑。

④塔柱工程测量

主塔塔柱施工测量是确保高耸塔柱几何尺寸的保证。主塔施工测量主要内容:塔柱劲性骨架定位、钢筋定位、模板定位及预埋件安装定位等。各部分结构的倾斜度、外形几何尺寸和平面位置高程满足规范及设计要求,以及与主塔柱互为一体的下横梁、中横梁、上横梁结构施工和塔柱内钢锚梁、索导管安装测量等。

测设及控制方法。设置于承台、下、中、上横梁以及塔顶等的塔中心点,采用全站仪双极坐标法测量,并采用 GPS 卫星定位静态测量校核,主塔中心点坐标测设是控制北主塔与南主塔桥轴线一致,主塔中心里程偏差符合设计及规范要求;主塔高程基准传递控制由承台上的高程基准向上传递至塔身、下横梁、桥面、中、上横梁,其传递方法拟采取以全站仪悬高测量和精密天顶测距法为主,以水准仪钢尺量距法和 GPS 卫星定位静态测量作为校核,下横梁施工完毕,可在下横梁顶布设施工加密控制点，根据测站仰角大小选择测站，布设于另外辅助墩、过渡墩、引桥墩施工加密控制点；塔柱施工测量控制首先进行劲性骨架定位，然后进行塔柱主筋边框架线放样，最后进行塔柱截面轴线点、角点放样及塔柱模板检查定位与预埋件安装定位，各种定位及放样以全站仪三维坐标法为主，辅以 GPS 卫星定位测量校核。

塔柱施工放样时，按设计及监控单位的指令数据设置塔柱预偏量。索塔施工过程中，按设计在索塔上埋设变形观测点，随时观测因基础变位、混凝土收缩、弹性压缩、徐变、风力及周围温度对索塔变形的影响；采用全站仪三维坐标法监测主塔变形，绘制主塔变形测量图；根据设计、监理及监控单位要求进行相应实时调整，以保证塔柱几何形状及空间位置符合设计及规范要求。

为实现全天候索塔几何测量控制，加快施工进度，中塔柱及以上拟采用观测爬架上安装的追踪棱镜方法进行索塔温差、风等引起的变形实时修正，从而实现索塔全天候精确几何测量控制。

主塔变形测量。主塔变形观测采用全站仪三维极坐标法，塔变形观测是测定主塔由于温差、风力、风向、振动等因素引起的偏移及变形摆动规律，频谱分析动态监测主塔变形，以便给主塔施工以及钢箱梁安装测量放样定位提供参考数据。

(5)塔柱成品保护

①不得用重物随便撞击及敲打混凝土面，尤其刚拆模的混凝土面。

②不得在混凝土表面乱写乱画，不得用尖利的硬物刮刻混凝土面，严禁用脏手或其他污物擦摸混凝土面。

③对于塔柱下部实心段，由于人员、施工设备及材料的影响，其混凝土外表面极易被污染，应采取措施重点防护，如实心段混凝土外表面用土工布或其他材料覆盖保护，人员上下、进出人孔的爬梯及混凝土泵管尽量不要靠近混凝土表面，钢材不要在塔肢附近堆存等。

④拆模后的混凝土表面若粘有浮灰及留有模板痕迹，应立即用细砂纸打磨，直到浮灰及模板痕迹清除干净、混凝土表面色泽一致为止。

⑤浇筑混凝土时，应采取措施防止浆液污染已浇混凝土面；预应力施工时，应采取必要的防护措施，并且不得使用破损的灌浆管、油管，管接头应密封，油泵、灌浆设备及千斤顶应完好，以防张拉和灌浆过程中水泥浆及液压油污染混凝土面。混凝土表面一旦出现浆液及其他污物，应立即清洗干净。

⑥应采取措施防止电梯、塔吊及其他机械设备用油污染混凝土面，易污染处应预先用麻袋、土工布或其他材料围护。

⑦塔吊和电梯附着、横梁支撑架、临时用爬梯及其他易锈蚀的铁件在使用期间应进行防锈处理，并定期进行检查。

⑧混凝土表面应经常检查,发现外观缺陷应及时处理。

⑨精心配制混凝土填补塔柱壁的预应力张拉孔洞,使得其色泽、平整度与塔柱一致。

2.8 深水桩基及水中承台施工标准工法

2.8.1 适用范围

本工法适用于江西省高速公路建设项目的深水桩基及水中承台施工。

2.8.2 工艺流程

(1)钢栈桥施工

钢栈桥设计→钢栈桥施工。

(2)深水桩基施工

施工准备→水中平台→钻机就位→泥浆制备→钻孔施工→检孔→清孔→钢筋笼安装→水下混凝土浇筑→桩基检验。

(3)水中承台施工

钢套箱设计→钢套箱拼装→钢套箱下放→钢套箱封底→水下封底混凝土浇筑→钢套箱抽水→承台钢筋混凝土施工。

2.8.3 操作要点

(1)钢栈桥施工

①钢栈桥设计。钢栈桥承担本标段施工的材料运输和施工通道功能,栈桥宜采用钢管桩基础,上构宜采用贝雷架和型钢面层,钢管桩顶宜采用工字钢做分配梁。

②钢栈桥施工。在后场先进行钢管桩、型钢、贝雷架配料,形成半成品,桥面板在后方加工成标准化模块,用挂车运送至前场拼装施工。钢管桩下沉采用悬打法施工,用履带吊车配合振桩锤施打钢管桩。履带吊停放在已施工完成的栈桥桥面,吊装悬臂导向支架,利用悬臂导向支架精确打入栈桥基础钢管桩,测量组确定桩位与桩的垂直度满足要求后,开动振桩锤振动,在振动过程中要不断地检测桩位与桩的垂直度,发现偏差要及时纠正。每根桩的下沉应一气呵成,中途不可有较长时间的停顿,以免桩周土扰动恢复造成沉桩困难。桩顶铺设好贝雷梁及桥面板后,履带

吊前移,进行插打下一跨钢管桩。按此方法,循序渐进地施工。

栈桥上部结构的安装采用履带吊进行架设。单跨栈桥上部结构安装完成后进行栈桥桥面系施工,用履带吊吊装桥面钢板,桥面板与纵梁接触点均要满焊,焊缝质量要满足要求,每块面板间设置 2cm 的伸缩缝,用于防止因温度变化而引起的桥面翘曲起伏。最后安装防滑钢筋、护栏立杆、护栏扶手和护栏钢筋以及涂刷油漆。

(2)深水桩基施工

①施工准备。施工图纸的会审,钻孔平台搭设,机械设备、材料的进场。组织施工人员对施工现场进行深入的调查和研究,收集与施工相关资料,采用合理的施工组织方法,使桩基施工保持连续、均衡、有节奏地进行。

②水中平台。平台基础采用临时钢管桩及钻孔桩钢护筒,钢管桩与护筒之间利用平联进行连接以增加平台整体稳定性,采用上层横联分配梁作为上部贝雷片的支撑结构。为增加平台钢管桩的整体稳定性,设置水平联系,并在水平联系内设置斜撑。平台主梁采用 450mm 标准花架连接的贝雷架,等间距布置。平台面板采用 10mm 厚花纹钢板铺设,面板接缝之间采用焊接。平台两侧护栏高 1.2m,间距 1.5m,设置两道,竖杆顶部及中间各一道。

③钻机就位。钻孔平台搭设完成后,旋挖钻机就位。钻机由栈桥驶入平台,应尽量使主机停放位于四个桩位中间,使荷载靠中,增强平台整体稳定性。将钻头对准桩位,复核无误后调整钻机垂直度。

④泥浆制备。泥浆可以防止孔壁坍塌、保持孔内压力、悬浮钻渣、冷却钻具、润滑钻头等,为此泥浆是保证孔壁稳定的重要因素。因此,调制出良好泥浆的各项性能指标尤为重要。施工过程中随时检测清孔后灌注混凝土时泥浆的各项性能指标,确保泥浆对孔壁的撑护作用,避免发生施工事故。

⑤钻孔施工。旋挖钻机采用筒式钻斗。钻机就位后,调整钻杆垂直度,注入调制好的泥浆,然后进行钻孔。当钻头下降到预定深度后,旋转钻斗并施加压力,将钻渣挤入钻斗内,仪表自动显示筒满时,钻斗底部关闭,提升钻斗将钻渣卸于堆放地点后运走。钻机施工过程中保证泥浆面始终高于护筒外水面高度 1m 左右,保证孔壁稳定性。通过钻斗的旋转、切削、提升、卸渣和泥浆护壁,反复循环直至成孔。钻进过程中,采用检测尺随时观测检查,调整和控制钻杆垂直度;边钻进边补充泥浆护壁。钻进过程中严格控制钻斗钻进、提升速度。旋挖钻机钻进过程中应严格控制钻进速度,避免钻进尺度较大,造成埋钻事故。若钻机升降钻斗时速度过快,钻斗外壁和孔壁之间的泥浆冲刷孔壁,再加上钻斗下部产生较大负压作用,造成孔壁颈缩、坍塌现象。所以钻斗提升时应严格控制其速度,经现场实践得知,钻

斗升降速度应保持在0.75～0.80m/s。

⑥检孔。终孔和清孔后，应进行孔位、孔深检验。孔径、孔形和倾斜度宜采用专用仪器测定，当缺乏专用仪器时，可采用外径为钻孔桩钢筋笼直径加100mm（不得大于钻头直径），长度为4～6倍外径的钢筋检孔器吊入钻孔内检测。

⑦清孔。钻孔达到设计深度，成孔质量检查后进行清孔，清孔利用旋挖钻机进行捞渣，清孔后沉渣厚度不得大于300mm，泥浆指标达到要求。

清孔时注意事项：在清孔排渣时，必须注意保持孔内水头，防止坍孔；无论采用何种方法清孔，清孔后应从孔底提出泥浆试样，进行性能指标试验，试验结果应符合设计要求；灌注水下混凝土前，孔底沉淀土厚度应符合设计要求；不得用加深钻孔深度的方式代替清孔。

⑧钢筋笼安装。采用履带吊下放钢筋笼。下放前检查钢筋笼垂直度，确保上、下节钢筋笼对接时中心线保持一致，主筋对位后先点焊连接固定，再进行连续焊。钢筋笼安装就位后立即将钢筋笼中4根加长主筋与钢护筒顶部固定，防止混凝土浇筑过程中钢筋骨架上浮。

⑨水下混凝土浇筑。混凝土拌和物运至灌注地点时，应检查其均匀性和坍落度等，如不符合要求，应进行第二次拌和，二次拌和后仍不符合要求时，不得使用。首批混凝土拌和物下落后，混凝土应连续灌注。在灌注过程中，应注意保持孔内水头。在灌注过程中，导管的埋置深度宜控制在2～6m。在灌注过程中，应经常测探孔内混凝土面的位置，及时调整导管埋深。灌注的桩顶高程应比设计高出一定高度，一般为0.5～1.0m，以保证混凝土强度，多余部分接桩前必须凿除，残余桩头应无松散层。在灌注将近结束时，应核对混凝土的灌入数量，以确定所测混凝土的灌注高度是否正确。在灌注过程中，应将孔内溢出的水或泥浆引流至适当地点处理，不得随意排放，污染环境及河流。

⑩桩基检验。

(3)水中承台施工

①钢套箱设计。

②钢套箱拼装。先拼装底板，后拼装侧板。拼装底板前，测量人员精确测量放样，首先在平台上放出承台轴线十字线，并根据承台尺寸放出承台边框线，然后按套箱的分块尺寸放出具体每块套箱的安装位置，并用油漆在平台上作出标识。底板拼装完成后与平台临时固定，然后拼装侧板，安装吊杆，吊杆底部采取竖向限位措施，防止吊杆落入水中。

③钢套箱下放。钢套箱拼装完毕后，安装吊杆及千斤顶。技术人员检查吊杆连接、承重梁安装位置、平整度，千斤顶及撑脚稳定性等，并做好检查记录，发现问

题及时处理,将安全隐患消除后方可进行下步操作。

安排施工人员就位,首先将套箱整体同步提升10cm,静止10min无异常后,施工人员到套箱底部将拼装平台(平联)割除后,通过千斤顶不断反复变换行程缓慢使钢套箱下放就位。注意下放过程中必须由专人统一指挥,确保各千斤顶操作人员施工协调,钢套箱四角均匀下放,从而确保各千斤顶和吊杆受力均匀。

下放设备为千斤顶及配套油泵。套箱下放过程中严密监控垂直度,可以利用4台千斤顶微调垂直度。下放就位后复核钢套箱的平面位置、高程以及垂直度,使其满足设计和规范要求。

④钢套箱封底。钢套箱封底是承台施工的关键点,封底成功与否直接决定着钢套箱施工的成败,因此应特别重视。

根据本桥的水文条件,封底混凝土均位于水面以下,故采用导管法浇筑水下混凝土。

在封底混凝土浇筑完成并达到设计强度的90%后,即可抽水,割除护筒、凿桩头、清理套箱内部杂物等,然后进行承台混凝土施工。

⑤水下封底混凝土浇筑。封底时,混凝土浇筑工艺按浇筑水下混凝土工艺进行,充分利用水下混凝土的扩散性,配合比采用桩基混凝土配合比,可掺加适量早强剂,以减少等强时间,节约工期。在套箱侧板上设置连通孔以保持套箱内外水头高度一致,以防套箱内外水压差对封底混凝土造成破坏。注意抽水前将连通孔封堵。导管底与底板距离控制在20cm左右,混凝土坍落度控制在18~20cm,首批时坍落度控制在16cm左右,以有利于埋管。在封底混凝土浇筑的过程中,派专人对混凝土的流动范围及浇筑高度进行检测,以为封底混凝土的灌注提供有力的数据。当某些封底区域(如护筒外侧四个角点)因混凝土的流动无法达到浇筑高度时,在该区域内设置导管,将导管插入已浇筑的混凝土内,然后利用潜水泵将导管内的水抽出,然后再往该导管内布料。

⑥钢套箱抽水。封底混凝土达到设计强度的90%以上,潜水员利用法兰盘封堵连通孔后,利用潜水泵进行套箱内抽水。在抽水过程中,派专人对套箱进行巡视检查,若有问题立即组织排除,确保抽水过程套箱的安全。

⑦承台钢筋混凝土施工。抽水完毕后,套箱内形成了干作业环境,为满足后续承台钢筋混凝土施工的要求,需做以下准备工作:按照设计要求割除钢护筒,凿除桩头,然后进行桩基声测管的灌浆,清理桩基预留钢筋上的污垢,进行表面除锈(若有),将桩基钢筋弯曲到设计位置;测量出整个封底混凝土顶面的高程,根据测量数据进行高凿低补,确保承台底面高程满足设计要求;对套箱内进行全面清理,提供承台钢筋混凝土施工的无水工作环境。

2.8.4 质量控制

(1)栈桥设计钢管桩数量较多,连接较多,以保证栈桥的稳定性。

(2)栈桥各构建加工必须保证质量,各种焊缝必须达到规范要求。钢管桩连接焊缝必须满足焊缝厚度≮8mm 的要求,同时在钢管桩接头外侧必须焊接 8 块连接钢板,具体见设计图。同时必须满足,同一个墩位的任意两根钢管桩接头不得在同一断面上,必须错开 2m 以上。

(3)所有与贝雷架连接的构件,不得焊接在贝雷架上,必须根据图纸采用相应的连接方式。

(4)钢管桩尽可能打入更深,如果超出设计,则按打入深度≮6m 控制,打入深度不能满足设计深度的,必须经过现场及工程部确认,再对方案进行适当调整后再进行施工。

(5)栈桥施工过程中,连接钢管桩的下层连接钢管或剪刀撑,必须尽量靠近施工时的水面。

(6)桥台采用扩大基础,尺寸为 5m×1.5m×1.5m,不设背墙,采用 1cm 厚钢板背靠栈桥贝雷架,焊接在桥台上,并与桥台适当斜拉,具体情况见设计图。

(7)栈桥设置纵坡为 1%,根据走访情况,禾水河在夏季洪水期间,河水可能漫过敦永公路,而栈桥最高处与敦永公路平齐,因此在洪水季节,栈桥上不得堆放任何材料及小型机具,各种标语、标牌等必须采用加高安装措施,不得直接安装在桥面护栏上。

(8)由于栈桥两侧边处于分配梁的悬臂上,在搭设钻孔平台及下放吊箱(或围堰)时,吊车不得横在栈桥上作业,防止栈桥倾覆;如果必须要横向作业,则需要对栈桥适当加固或者专门搭设引道。

2.9 盖梁施工标准工法

2.9.1 适用范围

本工法适用于江西省高速公路建设项目的盖梁施工。

2.9.2 工艺流程

施工准备→钢抱箍及托架安装→底模安装→钢筋加工及安装→侧模与端模安

装→混凝土浇筑→混凝土养护→模板的拆除→挡块及支座垫石施工。

2.9.3 操作要点

(1)施工准备

①技术准备

施工设计图纸及有关施工资料到位后,组织技术人员进行图纸复核,组织相关人员培训、学习相关技术规范及施工细则、设计文件,做好盖梁施工的技术准备工作,并且对技术人员进行技术交底。交底内容包括:施工方法、施工工艺、施工安全、机械使用等。

施工前必须进行盖梁浇筑支托系统及模板设计,包括抱箍尺寸、高强螺栓规格及紧固力矩、支承主梁、分配梁规格型号的选择,主要承重构造的强度、刚度验算,模板的刚度、拉杆强度及变形验算等。本标准所提供的模板结构除面板厚度外,均仅作参考。各标段应根据自身设计计算确定支托系统和模板结构。

②测量

墩柱混凝土浇筑完成,且混凝土强度达到设计强度的75%后,采用全站仪和水准仪分别放出盖梁中心和盖梁底高程,并报监理复核确认。然后根据盖梁边线和高程对墩柱顶进行凿毛处理。

(2)钢抱箍及托架安装

①钢抱箍安装

根据托架高度、分配梁高度、底模厚度计算出钢抱箍的位置,在墩柱上定好位置,汽车吊安装钢抱箍,钢抱箍内侧宜衬摩擦阻力较大的柔性材料,如橡胶垫等(浅色),以有效增大墩身与钢抱箍间的摩擦力,并避免钢抱箍与墩柱间的刚性接触,防止损伤混凝土表面。两个半圆钢抱箍采用高强螺栓连接,施工过程中,高强螺栓采用电动扳手按计算扭矩进行紧固,为保证螺栓紧固,在两个半圆之间设置10mm的缝。

②托架安装

钢抱箍顶设置工字钢作为纵梁,纵梁顶设置横向分配梁,承托盖梁混凝土的自重荷载与临时施工荷载。为了有效增大支架纵梁的刚度,每侧采用2根工字钢,以保证支架纵梁跨中和悬臂部分在承载条件下的变形较小。为保证两侧2根工字钢的横向稳定性,在跨中和两悬臂端设置3处槽钢进行横向连接。为方便落架,在钢抱箍顶面与工字钢纵梁之间设置2块对楔的钢锲块。若采用千斤顶落架,要设置必要的保护,确保稳定。

③荷载预压

钢抱箍及托架系统应通过荷载预压试验验证承载能力和刚度，由变形量确定预留拱度。荷载试验堆载重量不小于上部荷载的110%。

(3)底模安装

底模宜采用特制大钢模，底模落在分配梁上，盖梁悬出端底模下设三角支架支撑，三角架落在分配梁上。

(4)钢筋加工及安装

①钢筋进场及堆放的基本要求

钢筋运进现场后，必须严格按批次分不同的等级、牌号、规格、长度挂牌堆放，并注明数量，不得混淆。

钢筋应尽量堆入仓库或料棚内，条件不具备时，应选择地势较高、土质坚实、较为平坦的露天场地存放，在仓库或场地周围挖排水沟，以利泄水，堆放时钢筋按要求上覆下垫，以免机械损伤或受潮锈蚀破坏，使用前应将表面的油腻、漆皮、铁锈清除干净。

钢筋成品要按不同的工程部位、名称、分类标号顺序存放。同一项工程与同一构件的钢筋存放在一起，按号挂牌排列，牌上注明构件名称、部位、钢筋形式等。

②钢筋的加工

钢筋骨架片的加工。骨架片钢筋应按照设计图纸事先在钢筋加工场场地上放大样，按照大样图进行主筋下料，钢筋接长采用双面焊接，焊缝长度不小于$5d$。主筋下料完成后，根据图纸要求，焊接成骨架片，骨架片中层叠的钢筋之间焊缝不小于5cm，每隔2m设1道。

骨架片加工完成后，编号挂牌，分类堆放。

钢筋安装。盖梁钢筋可采用在加工场制作成型后整体吊装或骨架分片吊装再在底模上拼装成型的办法，两种方法均需制作专用吊具，吊具必须经专门设计并试吊。无论采用哪种方式，均不得随意切断主筋，如实在无法避免切断主筋，切断前应考虑有可行的连接方案。

(5)侧模与端模安装

侧模应采用特制钢模，面板厚度不小于6mm，肋板高为10cm，在肋板外设背带。在侧模外侧采用间距为1m的竖带，竖带高度应满足要求；在竖带上下各设一条拉杆，在竖带外设钢管斜撑，支撑在横梁上。端模应采用特制钢模，面板厚度不小于6mm，肋板高为10cm，在肋板外设背带。端模外侧由特制三角架背带支撑，空隙用楔子填塞。模板采用吊车进行安装，模板之间采用螺栓进行连接，安装好的模板应线形顺适，接头紧密平整，位置准确。侧模与底模之间采用侧包底方式，接触面用橡胶条密贴，防止漏浆。侧模之间采用泡沫胶带进行处理。为防止端模与侧模产生位移，在托架上设立支撑。采用调节三角支架角度的方式适应盖梁端模角度的变化。

模板安装的技术要求：模板、钢筋安装工作应配合进行，妨碍绑扎钢筋的模板应待钢筋安装完毕后安设，模板不应与脚手架连接（模板与脚手架整体设计时除外），避免引起模板变形；安装侧模板时，应防止模板位移和凸出。侧模板设拉杆固定；模板板面之间应平整，接缝严密，不漏浆，保证结构物外露面美观，线条流畅；模板安装完毕后，应对其平面位置、顶部高程、节点联系及纵横向稳定性进行检查，符合要求后方可浇筑混凝土。浇筑混凝土前，模板应涂刷脱模剂，外露面混凝土模板的脱模剂应采用同一品种，不得使用废机油等油料，且不得污染钢筋及混凝土的施工缝处，重复使用的模板、支架、拱架应经常检查、维修；浇筑混凝土时，发现模板有超过允许偏差变形值的可能时，应及时纠正。

工作平台与防护栏杆。工作平台设在分配梁悬出端，在横梁上铺设不小于3cm厚的木板，木板与横梁之间采用铁丝绑扎牢靠。工作平台栏杆可采用钢管搭设，在横梁上每隔2m设一道1.2m高的钢管立柱，竖向间隔0.5m设一道钢管立柱，钢管之间采用扣件连接。工作平台人行通道宽不少于80cm，栏杆外设置密目网。

（6）混凝土浇筑

①混凝土的拌制

严格按混凝土配合比拌制混凝土，混凝土搅拌完毕后，应检测混凝土拌和物的坍落度；浇筑过程中要严格控制混凝土的坍落度及和易性。

应检查混凝土拌和物的均匀性。混凝土拌和物应拌和均匀，颜色一致，不得有离析和泌水现象。

②混凝土的运输入模

混凝土由罐车运送至现场，放入料斗内，利用吊车将料斗吊至待浇筑位置入模或采用汽车泵泵送入模，出料口接近钢筋表面，避免出料入模高度较大引起混凝土发生离析。

③混凝土浇筑振捣

混凝土应按一定的厚度、顺序和方向分层浇筑，总体顺序是水平分层，斜向推进，在一侧墩柱顶合龙。应在下层混凝土初凝或能重塑前浇筑完上层混凝土。采用插入式振捣器振捣混凝土，每次移动间距不应超过振动器作用半径的1.5倍，与侧模应保持5~10cm的距离，插入下层混凝土5~10cm，振动完毕后应边振动边徐徐提出振动棒，应避免振动棒碰撞模板、钢筋及其他预埋件；振捣时“快插慢拔”至混凝土面不再下沉、不再溢出气泡、表面充分泛浆为准。振捣时尤其注意挡块部位和钢筋密集处的振捣。混凝土浇筑期间，应设专人检查支架、模板、钢筋和预埋件等稳固情况，当发现有松动、变形、移位时，应及时处理。相关技术人员及试验室人员也应全程旁站，严格控制混凝土质量。混凝土浇筑完成后，盖梁顶面按控制高程准确抹平，盖梁顶面应做二次压平收光处理，整个浇筑完成后迅速覆盖、养生。

混凝土浇筑注意事项：混凝土应连续浇筑，为保证混凝土有足够和易性，混凝土坍落度满足规范要求，混凝土应分层布料，每层宜控制在30cm左右，并应在混凝土初凝前浇筑完所有混凝土；施工时严格控制模板变形，准确控制外形尺寸，并派专人在四周观察，防止跑浆、胀模，以保持线形顺适。特别控制墩柱与盖梁结合部，防止漏浆，一旦有漏浆现象及时处理。

混凝土外观质量保证措施：为保证盖梁混凝土表面光泽及颜色一致，施工中将采用同一品牌的水泥及脱模剂；设专人检查墩柱与盖梁结合部的混凝土振捣，避免漏浆，当发现有漏浆现象时，及时处理。

另外，在施工中还应重视以下几点，即：严格控制砂、石、外掺剂的质量；严格控制混凝土的配制计量工作；严格控制混凝土的坍落度、和易性及搅拌时间；选用有经验的工人进行混凝土振捣，既防止欠振影响混凝土强度，表面出现气泡，又避免因过振而产生混凝土离析现象；严格进行混凝土的养生。

(7)混凝土养护

①混凝土浇筑完成后，在初凝后尽快予以覆盖和洒水养护，覆盖时不得损伤或污染混凝土的表面。

②当气温低于5℃时，应覆盖保温，不得向混凝土面上洒水。

③混凝土养护用水的条件与拌和用水相同。

④混凝土的洒水养护时间一般为7d，可根据空气的湿度、温度和水泥品种及掺用的外加剂等情况，酌情延长，每天洒水次数以能保持混凝土表面经常处于湿润状态为度。

⑤混凝土强度达到2.5MPa前，不得使其承受外荷载。

(8)模板的拆除

①侧模拆除：侧模拆除时间应根据气温及实际经验确定，一般在混凝土抗压强度达到2.5MPa，并能保证其表面及棱角不因拆除模板而受损后即可拆除。

②落架及拆除底模：当强度达到设计强度的85%且浇筑时间不少于7d后，方能进行落架及底模拆除，顺序是拆除钢锲块落架，拆除盖梁底模，拆除分配梁连接系，拆除纵梁，最后拆除钢抱箍。托架拆除后，在脚手架拆除前应进行墩柱表面清理，将浇筑盖梁时漏浆引起的表面污染清理干净。

(9)挡块及支座垫石施工

挡块与盖梁同期浇筑,支座垫石埋入盖梁内的钢筋在盖梁浇筑前安装到位,垫石混凝土在盖梁浇筑后二次浇筑。其方法是:根据测量人员提供的支座边线(四周弹墨线),支设垫石模板,并将垫石顶高程标记在模板上,对与盖梁混凝土连接面进行凿毛并用清水冲洗干净;垫石钢筋网片事先绑扎,模板立好后放入模内,各层网片之间用短钢筋焊接连接,以保证钢筋网间距,垫石上保护层应有足够的厚度,防止预埋钢板与垫石钢筋发生冲突;检查模板位置及钢筋绑扎无误后浇筑混凝土。浇筑时应严格控制垫石的顶面高程及平整度;拆模后用土工布覆盖洒水养生,养护时保持表面湿润,混凝土养护时间为7d。

2.9.4 质量控制

盖梁施工质量要求如表2.9-1~表2.9-3所示,支座垫石质量要求如表2.9-4所示。

盖梁施工质量要求 表2.9-1

项次	检查项目	规定值或允许偏差	检查方法和频率
1	混凝土强度(MPa)	在合格标准内	按JTG F80/1—2004附录D检查
2	断面尺寸(mm)	±20	尺量:检查3个断面
3	顶面高程(mm)	±10	水准仪:检查3~5点
4	轴线偏位(mm)	10	用全站仪:纵、横个测2点
5	支座垫石预留位置(mm)	10	尺量:每个

模板施工质量要求 表2.9-2

项目	允许偏差(mm)	项目	允许偏差(mm)
模板高程	+5、-0	模板相邻两板表面高低差	2
模板内部尺寸	±20		
轴线偏位	8	模板表面平整	5

钢筋加工质量控制指标 表2.9-3

序号	项目	允许偏差(mm)
1	同排受力筋间距	±10
2	箍筋、横向水平筋间距	±10
3	钢筋骨架长度	±10
4	钢筋骨架宽、高	±5
5	弯起筋位置	±20
6	保护层厚度	±10

支座垫石质量控制指标　　表 2.9-4

序　　号	项　　目	允许偏差(mm)
1	混凝土强度	设计强度之内
2	轴线偏位	5
3	断面尺寸	±5
4	顶面高程	±2
5	顶面四角高差	1
6	预埋件位置	5

2.10 支架现浇预应力混凝土箱梁施工标准工法

2.10.1 适用范围

本工法适用于江西省高速公路建设项目的支架现浇预应力混凝土箱梁施工。

2.10.2 工艺流程

工艺流程见图 2.10-1。

2.10.3 操作要点

(1)施工准备

相关工程技术人员仔细阅读施工设计图纸,领会设计意图;认真编写施工作业指导书;项目经理部对所有参建人员进行相应的技术交底,明确各部施工程序、工艺流程及质量检验控制标准。

(2)满堂支架

①地基回填和压实

对承台基坑、泥浆池和水塘淤泥进行彻底清理,然后用土进行分层回填碾压。一般采用与原地基土相同性质的土进行回填,个别软弱地基处填灰土或砂砾。地基土进行分层回填和压实,压实度应达93%。

桥台下溜坡及斜坡面地基处理。桥台下溜坡应放样后进行支架地基台阶开挖,分层填筑,每层厚度不能大于30cm,压路机配合人工夯实。要求支架钢管支撑在开挖台阶的根部。开挖完成后全断面砂浆抹面,以防止地表雨水对溜坡冲刷造成坡下地基失稳。

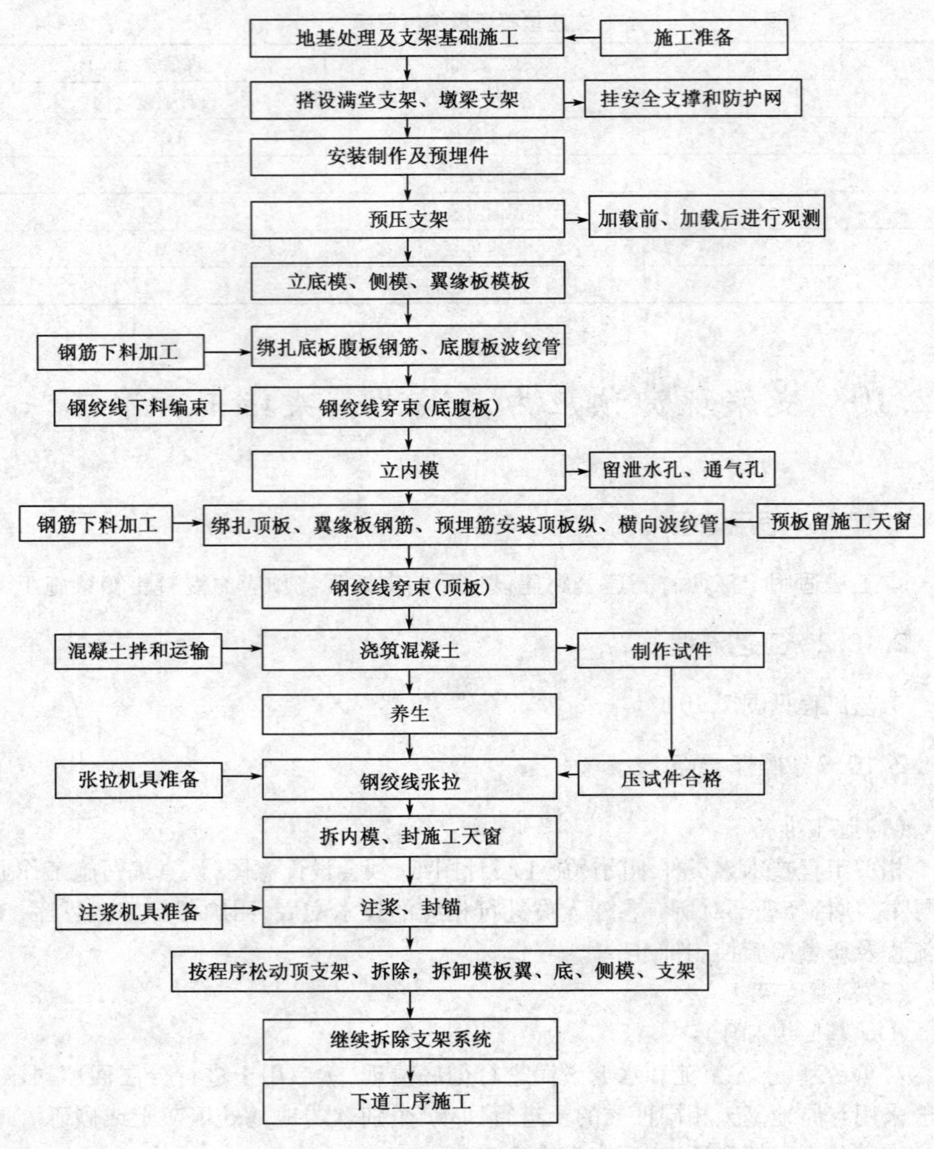

图 2.10-1　工艺流程

地基承载试验。对处理好的支架基础做承载试验。试验方法为:在认为比较软弱的地基土上画出 7.2m × 1.8m 的地块,按支架立柱间距做支撑加载平台。在加压前对平台的高程观测一次,然后用相应于 1.1 倍箱梁与支架自重的总荷载进行加压。在加压过程中平均每 2h 观测一次,连续 3 次观测在 24h 沉降量为小于

1mm 时即可确认达标。卸载后再对平台高程观测一次，从以上的观测资料中计算出地基的弹性变形及下沉量，以便计算出预拱度。

路幅全断面浇筑 15 ~ 20cm 厚、36 m 宽的 C20 混凝土垫层。混凝土顶面做出 2% 的双向或单向横坡。

支架地基排水。为使支架的基础不至于浸泡在水中而发生下沉，在支架的两侧设置排水沟，在沟底不影响路基填筑位置处选取位置设集水坑，以便排除积水。

②支架施工

满堂支架搭设。为确保施工安全，应对满堂支架施工方案的支架进行承载力验算，包括地基承载力验算，支架强度验算，支架整体刚度验算，支架稳定性验算。

③跨现有道路支架施工

跨现有道路满堂支架施工应视道路的交通量预留 1 ~ 2 个车辆通道，通道净宽 4.5m，净高 5.0m，以保证当地交通正常运行。

对跨越预留车辆通道的支架结构进行强度、刚度及稳定性计算。

④模板选用和安装

箱梁外模钢模板、箱梁内模采用组合模板，应保证模板的强度。为保证底板混凝土浇筑质量，在制作内模时，在顶板中间预留一道宽 25cm 的槽口，底板浇筑完一段后，再用模板将槽口封闭。

模板安装包括外模安装和内模安装。

⑤盆式橡胶支座安装

首先检测墩顶支承垫石高程、结构尺寸是否符合设计要求，两个方向的四角高差不大于 2mm；同时检查预埋螺栓孔位置是否正确。

支座安装前要仔细与设计核对支座类型，详细检查零部件有无丢失、损坏，橡胶块与底盆间有无压缩空气等。用酒精或丙酮仔细擦洗各相对滑动面，擦洗完毕在四氟板的储油槽内注满润滑剂，并保持清洁。支座的其他部位也应擦洗干净。

支座就位后，在地脚螺栓孔内，灌注高强度等级的混凝土（或砂浆），捣固密实。混凝土凝固后，拧紧地脚螺栓的螺母。

⑥钢筋加工安装

钢筋的下料。依据设计图纸中各种型号钢筋的设计长度，结合弯曲搭接长度下料；同时根据进场钢筋实际长度、同一型号钢筋的不同设计尺寸，钢筋接头在受拉区同一截面不超过 25%，受压区不超过总面积 50% 的标准，统筹考虑下料。

钢筋的弯曲成型。钢筋的弯曲均应在弯曲机操作平台上进行。根据不同的要求确定钢筋的板柱位置和板距。同一钢筋有几处弯曲时，按先弯中部再弯端部的顺序进行。对复杂的钢筋应进行试弯，经检验符合要求后方可进行批量生产。

钢筋连接。箱梁钢筋长度长、数量大，为保证钢筋连接质量，需对电焊工和丝扣加工工人进行岗前培训和考核，做到持证上岗。对每条焊缝进行检查，按现行《公路桥涵施工技术规范》(JTG/T F50—2011)规定频率取样检测。用槽钢限位法保证焊接后的钢筋轴线一致。骨架钢筋的焊接特别要注意其焊接中的变形和钢筋位置的准确。钢筋加工厂用混凝土制作一个骨架焊接平台，并预埋能够固定骨架的型钢，按骨架设计尺寸在平台上放大样。骨架焊接顺序应先点焊，宜由骨架的中间向两边对称进行，并应先焊下部后焊上部，每条焊缝应一次成功，相邻焊缝应对称跳焊，不可顺方向连续焊接。纵向通长钢筋 ϕ25mm 以上接头采用滚轧直螺纹连接接头，接头按《滚轧直螺纹钢筋连接接头》(JG 163—2004)规定进行作业。接头加固完成后，套筒每端不宜有一扣以上的完整丝扣外露。加锁母型接头的要有明显标记以便检查进入套筒的丝头长度是否满足要求，且采用扭力扳手校核，其扭紧力矩值必须符合规范要求。

钢筋的运输和吊装。骨架钢筋的运输，采用人力搬运和吊车吊装两种方法。人工搬运时钢筋长度不宜超过25m，以防在自重作用下钢筋变形；当高度较高时，使用吊车起吊骨架。吊车吊运骨架时为了防止骨架变形，在吊钩下设一根长 10 m 的扁担梁，扁担下设两个吊点，使用四点起吊骨架，扁担梁用不小于 E20a 槽钢制作。

箱梁钢筋绑扎成型顺序：横隔梁钢筋骨架—横隔梁箍筋—底板底层横向筋—底板底层纵向筋—底板上层纵向筋—底板上层横向筋—腹板箍筋—腹板内、外层水平分布筋—横隔梁水平分布筋—顶板和翼板底层横向筋—顶板和翼板底层纵向筋—顶板和翼板上上层纵向筋—顶板和翼板上层横向筋—部分预埋筋。

在模板上按设计提供各种型号钢筋的尺寸画线、编号，放样时应从中心线向两端量出。然后按照各种型号钢筋位置布料，其顺序为从里向外，从下向上，并按穿插就位的先后放置，避免散乱。

主筋接头不得设于受力不利位置(支点和跨中)，并使接头交错排列，受拉区同一机械或焊接接头范围内接头钢筋的面积不得超过该截面钢筋总面积的50%。

钢筋安装绑扎采用22 号铁丝，一面顺扣法，并在钢筋交叉处兜扣绑扎。绑扎后铁丝头弯向混凝土内侧，以保证绑扎质量。保护层使用点接触式塑料垫块，并根据钢筋的密集程度和变化施加，一般0.8m 加垫一块，并按梅花形交错布置。

预应力管道与钢筋发生冲突时，要适当调整钢筋，但钢筋只能弯曲不能切断。

伸缩缝和防撞护栏预埋钢筋应提前制作，绑扎过程中及时予以预埋，其位置要精确无误，同时按设计要求预留泄水孔位置。

预留施工天窗钢筋洞。每跨箱梁顶面设施工天窗，每跨 2 个，一端一个。施工天窗应设在受力最小处或征求设计单位意见。施工天窗大小以设计图纸为准。预留天窗位置的钢筋应依据设计图纸进行配置。

⑦预应力管道安装

箱梁纵横向预应力孔道采用波纹管成孔。安装时,波纹管方向与穿束方向一致。波纹管按设计要求先准确预埋在钢筋骨架上,为防止位置发生移动,浇筑混凝土时波纹管发生变形,影响穿束,定位筋间距在直线上为100cm,在曲线上为50cm布置。孔道由数根波纹管对接成型时,接头处由大一号波纹管作为接头管,重叠15~20cm用胶带封闭,避免浇筑混凝土时,浆液渗入。波纹管埋设时,靠近张拉端轴线应保证与锚垫板垂直。为方便压浆时排气和排水,在每条管道曲线顶点处设置排水孔,用PVC塑料管从波纹管开孔处延伸出来,相连处用胶带密封好。每片梁波纹管安装顺序为先下后上,先曲后直。波纹管应依据设计要求设置定位钢筋。在波纹管平弯处应设置侧向防崩钢筋。为了确保孔道畅通,应采取以下措施:在波纹管附近焊接钢筋时,对波纹管应加以防护;混凝土振捣人员应熟悉孔道位置,严禁振捣棒与波纹管接触,以免孔壁受伤,造成漏浆。

⑧混凝土施工

配合比的选定。选定配合比前,对粗细集料、水泥、拌和用水和外加剂原材料进行单项抽检试验,符合规范要求后方可使用。选定配合比时,不同的含砂率、水灰比、外加剂等进行多组设计比较,除满足混凝土强度和弹性模量要求外,还要确保混凝土浇筑顺利和外观质量,尽量减少表面气泡。根据箱梁钢筋较密、振捣难的特点,应控制好混凝土坍落度,并对粗细集料进行严格控制,保证粒径不超标。

混凝土拌和及运输。砂、碎石采用装载机上料,注意控制同一搅拌混凝土拌和物使用同一批次的砂石,以避免因砂石料的粒径、含水率的变化给混凝土质量造成影响。混凝土搅拌前检查砂、石的含水率,控制设计水灰比,确定现场最佳混凝土搅拌的施工配合比。材料的参配量控制偏差要求在±1%以内。混凝土搅拌时间要求在120s左右,以确保混凝土的各原材料充分搅拌均匀。混凝土搅拌罐车出场前应在拌和站现场少量放料取样检测混凝土坍落度及和易性,并记录。采用多台混凝土搅拌罐车运输,保证箱梁混凝土连续浇筑作业。

混凝土浇筑总体施工顺序。箱梁混凝土采用全断面一次浇筑成型。浇筑施工顺序为:按照低到高的原则,从箱梁一端向另一端进行,先从箱梁两腹板布料浇筑,即采用纵向分段,竖向水平分层的方式施工,一次浇筑成型。

混凝土的浇筑。浇筑混凝土采用混凝土泵车泵送入模。应控制出料管口高度距离浇筑面在2m以内,顺序从一端向另一端分层浇筑,每层厚度应控制在30cm左右,并派专人负责指挥布料。

混凝土的振捣。振捣应按混凝土的灌注速度及时进行。钢筋较密的腹板和横梁处使用30型振动棒振捣,其他部位采用50型振动棒振捣。使用50型插入式振动棒,应垂直、等距插入到另一层5~10cm,其间距应控制在25cm左右为宜;30型振捣棒振捣间距控制在20cm左右。振捣密实的标志:混凝土不再下沉,表面泛浆、无气泡冒出。振动器应尽量避免直接接触钢筋和模板。严禁漏振和过振。并防止振捣棒直接接触波纹管,以防漏浆,堵塞孔道。

混凝土浇筑过程中,派专人检查支架和模板,防止发生跑模、漏浆。

浇筑过程中的注意事项:防止内模上浮,为防止浇筑过程中内模上浮,浇筑时从两侧腹板均匀布料,高差不超过30cm;控制底板混凝土厚度,安装内模前,在底板钢筋上焊接ϕ12mm的钢筋作为底板厚度控制点,纵桥向每2 m一道,横桥向2道,底板浇筑过程中,安排专人对底板厚度进行检查,防止底板厚度超厚;控制底板混凝土浇筑质量,底板混凝土到内模压浆板边30cm位置时,停止从腹板布料,改为从内模顶预留的槽口布料,保证底板混凝土的粗集料均匀。

箱梁顶板表面质量控制。混凝土浇筑过程中配合人工找平,在混凝土收浆前进行抹平并拉毛,然后立即用塑料薄膜或湿润的麻袋片覆盖保护。避免出现混凝土表面干裂,防止混凝土过振,避免出现砂浆收缩裂纹。高程控制:顶板高程要求误差在±10 mm。采用挂线的方法控制顶板混凝土面高程符合设计要求。

⑨混凝土养护

混凝土浇筑完成,在初凝后尽快予以覆盖和洒水养护。混凝土面有模板覆盖时,应在养护期间经常使模板保持湿润。当气温低于5℃时,应覆盖多层膜保温,不得向混凝土面上洒水。混凝土养护用水与拌和用水相同。混凝土的洒水养护时间一般为7d,可根据空气的湿度、温度和水泥品种及掺用的外加剂等情况,酌情延长或缩短。每天洒水次数以能保持混凝土表面经常处于湿润状态为度。混凝土强度达到2.5MPa前,不得使其承受外荷载。

⑩预应力钢束张拉

依据设计,选用强度合适的钢绞线,并计算张拉控制应力$\delta_{con}=0.75f_{pk}$。

预应力筋下料、绑扎。钢绞线按设计图要求下料,下料长度应通过计算确定,计算时应考虑千斤顶需要的长度、弹性回缩值、锚具厚度及外露长度等因素。下料采用砂轮锯切割,在切口处两端20mm范围内用细铁丝绑扎牢固,以防止端部松散。钢绞线应梳整编束,每隔1.5m左右绑扎一道铁丝,使其成束顺直不扭转。编束后的钢绞线应顺直按编号分类存放。

锚具与连接器需符合设计及规范的要求,并选用与之匹配的张拉体系。

穿束。穿束前用压力水冲洗清除孔道内杂物,观测孔道有无串孔现象,再用空压机吹干孔道内水分。预应力束存储及搬运过程应无锈蚀、无损坏、无污染。穿束用人工进行；如人工穿束困难，可采用卷扬机牵引，后端用人工协助。

预应力张拉。采用张拉力和伸长量双控，待混凝土强度达到设计强度的90%以上时对箱梁有序施加预应力。张拉前必须调整好千斤顶的位置，使张拉力的作用线与张拉头孔道末端的切线重合，并垂直于锚垫板。总的张拉顺序为：先左右对称张拉腹板，再交替张拉顶底板钢束，均为单端张拉；各部位钢束的张拉按设计图纸规定的顺序进行。施加预应力：纵向钢束按照0→初始应力（15% σ_{con}）→100 % σ_{con}（持荷2min锚固）；桥面板横向钢束按照0→初始应力（10% σ_{con}）→100 % σ_{con}（持荷2min锚固）。钢绞线张拉伸长值与计算伸长值的差值应控制在6%以内，否则应查明原因采取措施调整后再继续张拉；锚固后夹片表面应平整，同束夹片外露量差不超过1mm。认真做好张拉记录和张拉过程中出现各种情况的原始记录。张拉千斤顶、油泵、油压表应配套标定（不大于6个月或200次为一个标定期），并做好标识，配套使用。张拉完成后，经检查人员确认，方可进行锚外钢绞线切割。钢绞线切割处距锚具30~35mm，采用砂轮机切割，防止对锚具造成损害。切割完成后对锚具和钢绞线进行防锈处理。

⑪压浆

水泥浆及拌和。采用通过试验确定的微膨胀剂作为外加剂。水泥浆拌和采用高速水泥净浆搅拌机，搅拌速度为1 400r/min，水泥浆的拌和应至少2min，直至达到均匀的稠度为止。一次投料不宜过多，满足40min使用即可，稠度控制在14~18s。

抽真空及压浆（建议）。两端抽真空管及灌浆管安装完毕后，关闭进浆管球阀，开启真空泵。当真空度达到并维持在-0.06~-0.1MPa时，启动压浆泵，打开压浆阀进行压浆，当排气管出浆稠度和灌入之前一样，停止压浆。

压浆顺序。纵向钢束压浆顺序：箱梁底板钢束—腹板钢束—顶板钢束。腹板钢束压浆顺序：由低向高依次压浆。

补压及稳压。真空泵停机后关闭出浆端球阀，灌浆机压力稳定在0.7 MPa进行稳压，补压稳压3min后关闭球阀。

封端。预应力孔道压浆完成后清除支承垫板及端面混凝土的污物，并将端面凿毛，进行梁端封锚钢筋网片的绑扎，支模加固牢靠并保证其角度及垂直度，然后再浇筑封端混凝土，控制封端混凝土其梁长偏差不超限，并做好封端混凝土养护工作。

⑫模板拆除及卸架

模板拆除：模板拆除的基本顺序为：端模—内模—侧模—底模。

外侧、内侧及端部的非承重模板拆除应在梁体混凝土强度达到 2.5MPa 并保证其表面及棱角不因拆除模板而受损坏；底模、翼板等承重模板拆除则根据混凝土强度确定，其拆除模板时的混凝土强度应大于设计值的 90%，混凝土龄期不少于 7d。拆模时梁体表面温度与环境温度之差不得大于 25℃，气温急剧变化时不脱模。模板拆下后，应及时清除模板表面和接缝处的残余灰浆并均匀涂刷隔离剂，修整后备用。

施工天窗洞恢复。采用同规格钢筋搭接好原被截断的钢筋，焊接长度符合规范及设计要求。安装吊模板，封堵四周缝隙以免漏浆。采用同强度并参配微膨胀剂混凝土进行天窗洞处桥面板浇筑填补，混凝土必须振捣密实，新旧混凝土接合良好，覆盖正常养护。

卸架。钢束张拉结束后即可进行卸架作业。

支架拆除整体顺序为：多跨连续箱梁，各跨箱梁应同时从中跨跨中向支座方向拆除支架。

支架拆除顺序：先拆除剪刀撑，松动顶托，落纵向工字钢、横向方木及竹胶模板，拆除水平杆（每层），拆除立杆、底托，清理场地。拆除时安排测量人员对梁体各跨特征点进行观测，高程变化量应在规定范围内及梁体没有混凝土裂缝。发现问题立即停止拆卸，分析原因进行处理。

⑬两次混凝土浇筑箱梁施工法。采取先浇筑底板的倒角、腹板及横梁部分，再浇筑底板混凝土，然后再绑扎顶板、翼板钢筋，立模对称浇筑腹板剩余部分和顶板翼板混凝土。钢筋绑扎、混凝土浇筑和施加预应力方法与一次浇筑基本相似，只是施工工艺顺序有差异，本工法不作赘述。

2.10.4 质量控制

（1）模板安装实测项目允许偏差见表 2.10-1。

模板安装实测项目允许偏差 表 2.10-1

检查项目	允许偏差（mm）	检查项目	允许偏差（mm）
模板高程	±10	模板表面平整度	2
模板内部尺寸	+5,0	预埋件中心线位置	3
轴线偏位	10	预留孔洞中心线位置	+10,0
模板相邻两板表面高差	2	支架纵轴的平面位置	30

（2）钢筋加工及安装。

①钢筋、焊条、机械接头等型号、规格和技术性能符合现行标准规定和设计

要求。

②受力钢筋同一截面的接头数量、搭接长度、焊接和机械接头质量符合桥梁施工技术规范要求。

③受力钢筋应平直，表面不得有裂纹及其他损伤。

④钢筋安装时，必须保证设计要求的钢筋规格和根数。

⑤钢筋位置允许偏差见表2.10-2。

钢筋位置允许偏差 表2.10-2

<table>
<tr><th>序号</th><th colspan="2">检 查 项 目</th><th>规定值或允许偏差</th><th>检查方法和频率</th></tr>
<tr><td rowspan="2">1</td><td rowspan="2">受力钢筋间距(mm)</td><td>两排以上排距</td><td>±5</td><td rowspan="2">尺量，每构件检查2个断面</td></tr>
<tr><td>同排梁、板</td><td>±10</td></tr>
<tr><td>2</td><td colspan="2">箍筋、横向水平钢筋、螺旋筋间距(mm)</td><td>±10</td><td>尺量，每构件检查5～10个间距</td></tr>
<tr><td rowspan="2">3</td><td rowspan="2">钢筋骨架尺寸(mm)</td><td>长</td><td>±10</td><td rowspan="2">尺量，按骨架总数30%抽查</td></tr>
<tr><td>宽、高或直径</td><td>±5</td></tr>
<tr><td>4</td><td colspan="2">弯起钢筋位置(mm)</td><td>±20</td><td>尺量，每骨架抽查30%</td></tr>
<tr><td>5</td><td colspan="2">保护层厚度(mm)</td><td>±5</td><td></td></tr>
</table>

⑥钢筋安装外观鉴定。钢筋表面无铁锈及焊渣；钢筋分布均匀，绑扎牢靠。多层钢筋网有足够的钢筋支撑，骨架的整体刚度好。

⑦预应力筋加工、锚具和张拉。基本要求：预应力筋的各项技术性能必须符合国家现行标准规定和设计要求。预应力束中的钢丝、钢绞线要梳理顺直，不得有缠绞、扭麻花现象，表面不应有损伤。钢绞线不允许断丝。预应力筋张拉时混凝土强度和龄期必须符合设计要求，严格按照设计规定的张拉顺序进行操作。制孔波纹管道要安装牢固，接头密合，弯曲圆顺。锚垫板平面要与孔道轴线垂直，螺旋筋安装居中。千斤顶、油表、钢尺等器具要经检验校正。锚具和连接器符合设计要求，按施工技术规范的要求经检验合格后方可使用。压浆工作在5℃以下进行时，要采取防冻或保温措施。孔道压浆的水泥浆性能和强度要符合施工技术规范要求，压浆时排气、排水孔要有水泥原浆溢出后方可封闭。按设计要求浇筑封锚混凝土。

⑧后张法实测项目见表2.10-3，预应力筋表面应保持清洁，不得有明显的锈迹。

⑨混凝土施工。基本要求：所用的水泥、砂、石、水、外掺剂及混合材料的标号和规格必须符合有关规范的要求，按规定的配合比施工。支架和模板强度、刚度、

稳定性满足施工技术规范的要求。预计支架变形及地基的下沉量满足施工后梁体设计高程的要求,必要时采取对支架预压的措施。梁(板)体不得出现露筋和空洞现象。预埋件的设置和固定满足设计和施工技术规范要求。

后张法实测项目　　表2.10-3

<table>
<tr><th>项次</th><th colspan="2">检 查 项 目</th><th>规定值或允许偏差</th><th>检查方法和频率</th></tr>
<tr><td rowspan="2">1</td><td rowspan="2">管道坐标(mm)</td><td>梁长方向</td><td>±30</td><td rowspan="2">尺量:抽查30%,每根查10个点</td></tr>
<tr><td>梁高方向</td><td>±10</td></tr>
<tr><td rowspan="2">2</td><td rowspan="2">管道间距(mm)</td><td>同排</td><td>10</td><td rowspan="2">尺量:抽查30%,每根查5个点</td></tr>
<tr><td>上下层</td><td>10</td></tr>
<tr><td>3</td><td colspan="2">张拉应力值</td><td>符合设计要求</td><td>查油表读数,全部</td></tr>
<tr><td>4</td><td colspan="2">张拉伸长率</td><td>符合设计规定,设计未规定时±6%</td><td>尺量:全部</td></tr>
<tr><td>5</td><td colspan="2">断丝滑丝数</td><td>每束1根,且每断面不超过钢丝总数的1%</td><td>目测:每束</td></tr>
</table>

⑩现浇梁(板)实测项目见表2.10-4。

现浇梁(板)实测项目　　表2.10-4

<table>
<tr><th>项次</th><th colspan="2">检 查 项 目</th><th>规定值或允许偏差</th><th>检查方法和频率</th></tr>
<tr><td>1</td><td colspan="2">混凝土强度(MPa)</td><td>在合格标准内</td><td>按JTG F80/1—2004附录D检查</td></tr>
<tr><td>2</td><td colspan="2">轴线偏位(mm)</td><td>10</td><td>全站仪:测量3处</td></tr>
<tr><td>3</td><td colspan="2">梁(板)顶面高程(mm)</td><td>±10</td><td>水准仪:检查3~5处</td></tr>
<tr><td rowspan="4">4</td><td rowspan="4">断面尺寸(mm)</td><td>高度</td><td>+5,-10</td><td rowspan="4">尺量:每跨检查1~3断面</td></tr>
<tr><td>顶宽</td><td>±30</td></tr>
<tr><td>箱梁底宽</td><td>±20</td></tr>
<tr><td>顶、底、腹板或梁肋厚</td><td>+10,0</td></tr>
<tr><td>5</td><td colspan="2">长度(mm)</td><td>+5,-10</td><td>尺量:每梁(板)</td></tr>
<tr><td>6</td><td colspan="2">横坡(%)</td><td>±0.15</td><td>水准仪:每跨查1~3处</td></tr>
<tr><td>7</td><td colspan="2">平整度(mm)</td><td>8</td><td>2m直尺:每侧面每10m梁长检测一处</td></tr>
</table>

⑪梁体混凝土外观检查。混凝土表面平整,颜色一致,无明显施工接缝。混凝土表面不得出现蜂窝、麻面,如出现必须修整。混凝土表面出现非受力裂缝,裂缝宽度超过设计规定或设计未规定时超过0.15mm必须处理。封端混凝土密实、规整。墩顶及梁体内的建筑垃圾、杂物、临时构件等清理干净。

⑫质量记录。包括原材料(水泥、砂、石、钢筋、外掺剂)进场复验报告,钢绞线、锚具复验报告,模板安装检查记录表,钢筋加工及安装检查记录表,混凝土浇筑记录表,混凝土强度报告,张拉原始记录表和压浆记录表,张拉设备检验报告,箱梁检查记录表,其他。上述各工序记录要求详细真实,作为发现异常情况处理问题的依据。

2.11 预应力混凝土小箱梁预制安装施工标准工法

2.11.1 适用范围

本工法适用于江西省高速公路建设项目的预应力混凝土小箱梁预制安装施工。

2.11.2 工艺流程

工艺流程见图2.11-1。

2.11.3 操作要点

(1)施工准备

①熟悉图纸,根据现场条件、小箱梁数量和工期确定梁场预制台座数量、存梁区大小,绘制详细的预制场施工布置平面图,包括养护用水管线、门式吊车及轨道、电缆的布置等均应详细标明。

②熟悉施工图纸各项要求、说明等,领会设计意图,掌握施工重点和难点。

③对所有参建人员进行技术交底,通过技术交底使得实施人员了解每道工序,掌握作业规程和熟悉质量验收标准。

(2)机械设备及原材料

①移动门吊

根据每片小箱梁自重设计龙门吊起重重量。

根据预制场宽度要求设置龙门吊跨径。

②张拉机具

根据设计张拉力的大小选择千斤顶的吨位、行程以及与之配套的高压油泵和油表等。

千斤顶与压力表应配套校验,以确定张拉力与压力表读数之间的关系曲线。所用压力表的精度不宜低于1.5级(建议采用0.5级)。

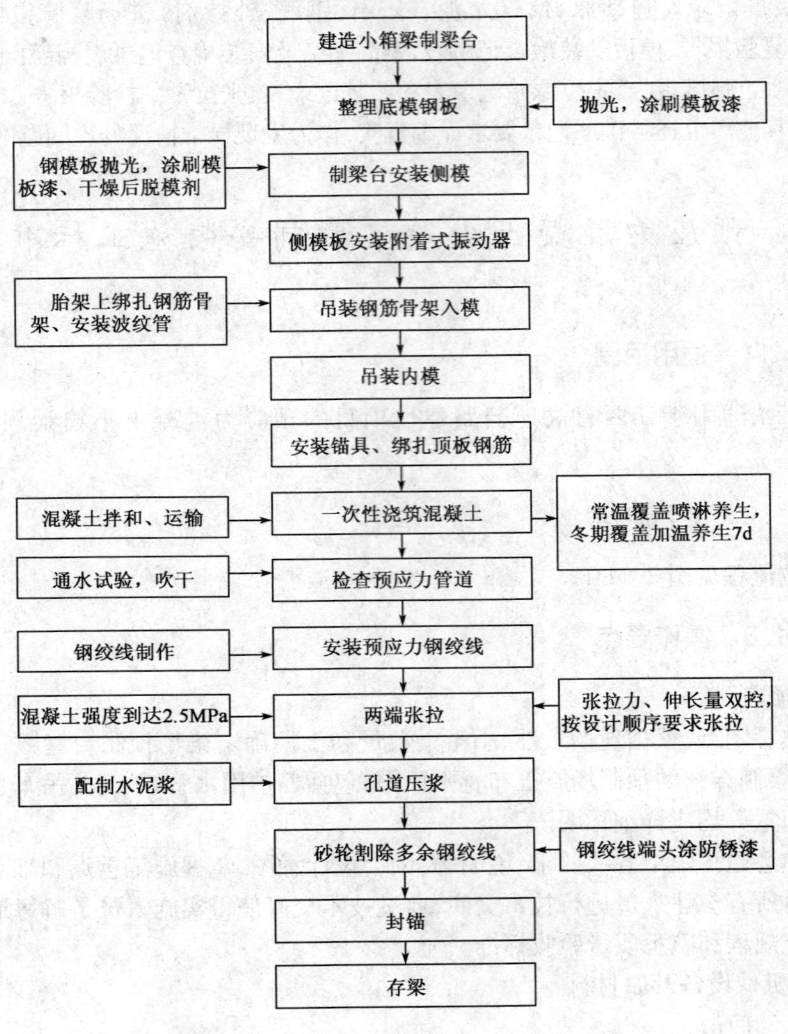

图 2.11-1　工艺流程

③振捣机具

应根据模板的整体刚度、钢板的厚度选用合适功率的附着式振捣器，可采用高频附着式振捣器。

插入式振捣器可采用 50 型振捣器配合 30 型使用。

④其他机具

钢筋加工，定型模板，混凝土拌和、运输、养生、压浆、安全防护设施，试验检测仪器准备等。

⑤钢材

进场钢筋、板材及其他型材的规格、质量和数量均需符合要求。预应力钢绞线应符合美国的ASTMA416—92标准和设计要求的低松弛预应力。搭设遮风避雨的库棚将钢材储存在内,现场堆放时应做到下垫上盖,避免污染和锈蚀。

锚夹具须经国家技术鉴定和产品鉴定,出厂前应由供方按规定进行检验并提供质量证明书。锚夹具须经过外观检查,不得有裂纹、伤痕、锈蚀,尺寸不得超过允许偏差。对锚具的强度、硬度、锚固能力等,应根据供货情况,按有关规定进行检验,符合要求后才能验收和使用。

⑥水泥、外掺剂,砂石原材料准备与混凝土配合比

通过线外试验选定外观质量好、工作性能佳的混凝土配合比。选定配合比前,对粗细集料、水泥、拌和用水和外加剂原材料进行单项抽检试验,符合规范要求后方可使用。对于进场的每批水泥、外加剂均要进行抽检。选定配合比时,不同的含砂率、水灰比、外加剂等进行多组设计比较,除满足混凝土强度和弹性模量要求外,还应满足混凝土浇捣工作性能和外观质量要求,尽量减少表面气泡。配合比须经监理工程师批准同意后使用。根据小箱梁钢筋较密、振动难的特点,应控制好混凝土坍落度,并对粗细集料进行严格控制,保证粒径不超标。

选用42.5以上级别水泥,各项质量技术指标均要求合格。对外掺剂粉煤灰等级的要求应严格按设计文件执行。砂、石等原材料均应经过严格的程序检验,碎石进场前必须水洗,以保证拌制的混凝土满足外观和强度指标要求。

(3)场地及预制台起重机械准备

①梁场布设

根据工程特点,结合现场实际,兼顾梁预制、运输、存储等因素合理布设梁场。

②预制梁台

预制梁台一般为C30钢筋混凝土结构,制梁台座基础地基承载力需满足小箱梁自重与施工荷载的要求,特别是两端基础应考虑张拉后梁的受力状态,必要时适当配设钢筋以满足承载力要求。

制梁台座底模采用8mm厚的钢板,在底模上 ϕ10mm × 15mm 的孔,采用塞焊将底模面板固定在制梁台座内预埋的[6.3槽钢上。使用 ϕ12mm 螺纹钢将其固定,ϕ12mm 螺纹钢间距为1m。底模外侧在混凝土梁台边缘的槽钢内镶嵌 ϕ5cm 橡胶棒,以防浇筑混凝土时漏浆。相邻梁台净间距为4.6m。台座两端吊梁点各设置1道孔,该处底板设置成活动底模,以方便穿索吊梁。

台座设置须考虑梁的起拱影响,应严格按设计要求设置反拱。

制梁场地需进行硬化处理，避免雨季施工场地泥泞影响施工。

起重门式吊机布设。在预制场内设活动门吊 2 台，顺梁场方向布设，用于箱梁钢筋的吊装施工及箱梁的吊运施工、预制梁施工、模板安装转运、浇筑混凝土等吊装施工。龙门在投入使用前，必须经过相关部门的安全鉴定。

(4)模板准备

模板均采用大块定型组合钢模板，模板设计分底模、外侧模、端模和内模四部分。结合工程结构特点、工期要求及工程数量，配备足够数量的模板。

(5)预制梁施工

①钢筋加工制作及绑扎

预制梁钢筋加工制作，在钢筋加工棚内进行。加工过程严格按设计图纸及规范要求进行。加工完成的半成品，按钢筋型号、构件编号分类存放，并设标识牌。钢筋绑扎在预制场内进行，在钢筋绑扎胎架上完成箱梁底、腹板钢筋和顶板钢筋的绑扎成型。

②预应力管道安装定位

在钢筋绑扎成型后安装预应力管道制孔，管道采用塑料波纹管。在进行管道安装前，根据设计要求计算预应力管道定位坐标。按照设计坐标进行定位钢筋的焊接。定位钢筋采用 ϕ8mm 圆钢，焊接成井字形，布设要求为：在预应力管道直线段，定位钢筋间距为 100cm，在圆曲线段定位钢筋间距为 50cm，定位钢筋与箱梁骨架钢筋点焊连接。定位钢筋完成后，进行波纹管管道安装，在波纹管管道安装时，严格按计算坐标控制，保证安装完成的管道圆滑、顺畅。在进行管道接长时，为保证管道在混凝土施工时不进浆，严格控制接头质量，接头管长度为 20cm，与两段管道确保紧密连接。

③钢筋骨架吊装

加工成型的钢筋骨架，检查合格验收后，利用两台龙门整体吊装至已安装好侧模的预制梁台座上，在吊装时应保证钢筋骨架整体不变形，采用扁担梁法进行吊装。吊装时对侧模板进行测量调整，保证骨架位置摆放间隙均匀，尺寸精确。

④模板安装

侧模安装。在制梁台上进行箱梁侧模、侧包底模的安装，在安装侧模板时，模板节段严格由跨中轴线向两侧安装。模板就位后，将底口与底模靠紧，调整模板角度，满足要求后将模板固定，夹紧制梁台防漏胶管。外模连接采用法兰螺栓连接，连接螺栓采用双螺母，并保证螺栓安装到位后，螺栓外露长度不小于 3 丝。外模安装完成后，检查模板骨架支撑，对支撑不实的部位利用钢板进行垫实。验收合格即可吊装钢筋骨架入内。

端头模板安装。钢筋骨架入模后即安装两端头模板，保证模板与底模垂直，并将预应力锚垫板紧固在端头板上，采用双面胶带粘贴在锚垫板管孔周围，使之不渗漏水泥浆。

内模安装。箱梁底、腹板钢筋绑扎，钢筋保护层调整完成后，进行箱梁内模安装，将抽拔式内模展开拼装好，并对内模板面进行清理及涂刷脱模剂，然后分两节吊装在钢筋骨架内。内模到位后，首先将内模连接成整体，采用千斤顶进行内模轴线及与底板、侧板距离调整。为保证结构壁厚，内膜与侧模以及底模之间设置钢筋支撑，腹板钢筋支撑沿梁长方向间距 150cm，梁高方向间距 40cm，按梅花形布置，底板内模支撑沿梁长方向间距 150cm，梁宽方向 30cm 同排布置。为保证箱梁混凝土表面无露筋现象，支撑钢筋两端设置专用混凝土垫块，垫块设预留孔，混凝土垫块与支撑钢筋连接成近似“哑铃”状，支撑钢筋与腹板、底板钢筋点焊，防止支撑钢筋脱落、倾倒。

顶板钢筋绑扎。内模安装并调整验收后即根据设计图纸进行顶板钢筋绑扎工序。顶板采取现场钢筋绑扎，尤其注意绑扎好梁顶的齿板钢筋。

保护层垫块设置。钢筋保护层垫块强度与箱梁实体的强度等级相同。按照梅花形布置，每平方米不少于 5 个，采用铁丝固定在箱梁的钢筋骨架上。

附着式振动器的布设。附着式振动器在距底板 30cm 和 50cm 处上下交叉布置于腹板之上，纵向间距为 2m。在两侧腹板上每侧布置多台附着式振动器，保证混凝土沿腹板能顺利到达底板，采用插入式振动棒将混凝土振捣密实。

⑤混凝土浇筑

小箱梁混凝土设计强度等级一般为 C50，在场内拌和站内拌和，通过混凝土运输罐车运至预制场内，利用活动龙门、吊斗进行浇筑。在进行箱梁混凝土施工前，必须完成混凝土配合比的设计及审批，并在施工前确定施工配合比，根据施工配合比进行混凝土的拌和。拌和楼混凝土的下料顺序为先向搅拌机投入细集料、水泥、矿物掺和料和专用复合外加剂，搅拌均匀后，再加入所需用水量，待砂浆充分搅拌后再投入粗集料，并继续搅拌至均匀为止。上述每一阶段的搅拌时间不少于 30s，总搅拌时间不宜少于 90s，也不宜超过 120s。

混凝土浇筑、振捣。预制小箱梁混凝土采用一次性连续灌注成型。灌注按照先底板后腹板再顶板的顺序，连续灌注时间不超过 6h。采用水平分层、斜向推进灌注工艺。施工中要求水泥混合料拌和物入模前含气量控制在 3% ~4%，入模温度控制在 32℃以下。在每次混凝土施工中应对坍落度、入模温度等指标进行控制，以保证混凝土耐久性指标的实现。混凝土振动捣实采用附着式振动和高频插入式振动器相配合的方法。灌筑底、腹板采用附着式振动器,辅以插入式振动棒。底板混凝土浇筑通过腹板往下布料,在内膜底板上预留10cm×30cm的排气孔,排气孔间距为2m,以便消除浇注底板混凝土时发生气堵而导致底板混凝土出现孔洞现象。灌注腹板部位混凝土时,工艺斜度以30°~45°为宜,水平分层厚度不得大于30cm,先后两层混凝土灌注的间隔时间,应不使下层混凝土初凝为宜。振捣棒应插入下层混凝土表面5~10cm,以使混凝土表面光洁。避免混凝土直接冲击预应力孔道。要特别指定专人注意横隔板混凝土是否充满密实,其检查方法为:用铁锤敲击横隔板模板,听其声音判断混凝土的饱满及密实程度,如有怀疑则采取有效措施及时处理。应安排专人负责监视模板上振动器的运转使用情况,如振捣器螺栓松动则应及时拧紧,如振动器有故障则迅速组织拆换,以避免因振动不及时而导致混凝土出现空洞或蜂窝麻面。另外,还应有专人负责监视模板,如连接螺栓松动、模板走形或漏浆应及时采取措施予以处理。顶板以插入式振动棒为主,插入式高频振捣棒应垂直点振,不得平拉,并应防止过振、漏振。梁端预应力管道、钢筋布置较密的部位采用直径20mm的插入式振动棒进行振捣,保证锚下垫板处混凝土的密实。箱梁顶板混凝土浇筑时要保证泄水管及吊梁孔预留位置准确,不倾斜、不错位,必须在灌注的同时及时矫正其位置。顶板振捣完成后及时使用2m直尺将表面处理平整,再进行抹面收浆。在混凝土初凝前对顶板进行拉毛处理。箱梁在浇筑完成后3~4d方可进行凿毛处理。凿毛根据钢筋的保护层厚度弹出凿毛区域的墨线,采用凿毛器在凿毛区域进行凿毛。

⑥混凝土冬、夏季养护

当进入冬季施工时,采取蒸汽养护措施,混凝土浇筑刚完成的小箱梁采用单独可移动式帆布棚覆盖保温。梁场内配备2台锅炉,在制梁台座两侧设置蒸汽养护管道,在端头处安装阀门,保证能通过管道供应蒸汽而控制保温棚内的温度,保证10℃/h的速度持续升温5h,达55℃时保持恒温30h,然后适时地减少蒸汽量或根据情况停止蒸汽的供应,再保证10℃/h的速度持续降温5h,总共40h。其后继续覆盖保温,到规定的养护龄期为止。

夏季待混凝土初凝后在梁体表面立即用白色土工布覆盖并洒水养护,洒水养护方式采用喷雾工艺,即在浇筑完成后的箱梁四周,布设花管,在水管上设有喷头,通水后利用水压将水从喷头处以雾状射出,使梁体经常保持湿润状态,达到养护的目的,养护龄期为7d。场内设置箱梁养生标识牌,标识牌内容应明确施工部位、施工负责人、现场技术员、现场监理、操作工人姓名及养生时间。

⑦混凝土脱模

梁体混凝土强度达到2.5MPa后,进行外模板拆除。梁体强度达到设计强度的50%后方可拆除内模,拆除时先将内模收起,落至轨道上后,由卷扬机牵引移出。

⑧预应力穿束及张拉

根据预应力钢束设计,选择穿索方法和张拉方法。

钢绞线钢束下料。在预制梁场,根据设计要求精确放样出预应力钢绞线下料长度,将钢绞线的一端从固定的钢绞线盘中抽出,按照放样尺寸用砂轮切割机进行切割下料。严禁采用氧气及电焊切割。在下料时,根据设计钢束长度加入张拉工作长度 70cm。下料完成的钢束,利用疏束板进行梳理理顺,利用铁丝每间隔 200cm 进行绑扎,并将钢束编号标识。

穿束。将下料完成的钢绞线束,人工送入预应力管道。安装到位后确保两端的外露长度一致。

张拉。箱梁预应力施工采用穿心式千斤顶。张拉设备在投入使用前,必须进行检验校核,在施工过程中每使用 200 次或每半年进行一次校核。当箱梁混凝土养护龄期不少于 7d,强度达到设计要求的 90% 后方可进行张拉施工。张拉选择合适的张拉顺序和张拉力与伸长量双控工艺。在张拉过程中严格测量钢束伸长量,并进行计算,实际伸长值与理论伸长值的差值应控制在 ±6% 以内,否则暂停张拉,待查明原因并采取措施予以调整后方可继续张拉作业。锚下控制应力为 σ_k,张拉顺序为,0→10% σ_k→100σ_k→持荷 2min→锚固。

压浆。孔道压浆在全部正弯矩束张拉完毕后尽快进行,采用管道真空辅助灌浆工艺。压浆前清除孔道内的杂物和积水,水泥浆采用 M50,水泥浆的水灰比控制不超过 0.30,泌水率最大不超过 3%,稠度应控制在 14 ~ 18s。压浆设备,配备柱塞灰浆泵、灰浆搅拌机和水循环式真空泵。真空压浆工艺:张拉施工完成后,预应力管道用清水冲洗,高压风吹干后,安装两端锚垫板上的压浆连接管和连接阀,进行封锚,抽真空;压浆前关闭排气阀,启动真空泵 10min,真空度达到 -0.08MPa以上;启动电机使搅拌机运转,然后加水,再缓慢均匀地加入水泥,拌和时间不少于 1min;然后将调好的水泥浆放入压浆罐,压浆罐水泥浆进口处设 2.5mm × 2.5mm 过滤网,以防杂物堵管;压浆按先下后上的顺序,由一端以0.6MPa的恒压力向另一端压送水泥浆,当另一端溢出的稀浆变浓,达到规定的稠度后,保持压力 2min 以上,封闭出浆口;继续压浆到压力达到 0.6MPa,若无漏浆则关闭进浆阀门卸下输浆胶管。压浆用的胶管一般不超过 30m,若超过 30m 则压力增加 0.1MPa;压完浆后保持压力 1 ~ 2min,如无水泥浆反溢现象,则拆卸压浆连接管、连接阀。在压浆过程中,出浆口放置一容器,用于残浆的收集,避免污染环境。

割丝。张拉完成后,将锚圈口处的钢绞线束作上记号,24h 后检查确认无滑丝、断丝现象即可割丝,切断处距夹片尾 3 ~ 4cm,割丝用角磨机切割。

封锚。边跨梁在孔道压浆完成后,进行封锚施工。封锚前,在预应力张拉槽口加焊钢筋网片,封锚混凝土的强度等级与小箱梁混凝土的强度等级相同,封锚完成后,使用环氧树脂在边跨非连续端端头粘贴 200mm × 200mm × 20mm 的减振橡胶块。

(6)移梁

箱梁预制时在距梁端 1m 处翼缘板上预留 ϕ10cm 的吊装孔,移梁时将钢丝绳通过吊装孔捆绑梁体进行起吊。箱梁起吊时在箱梁圆弧倒角处加垫圆弧钢垫块,垫块内侧再加一层橡胶条,防止钢丝绳将箱梁圆弧倒角损坏。

预制箱梁施工完成后,待压浆强度达到设计强度的要求后方可移梁,采用两台门式吊机将箱梁移运至存梁区。

存梁区设存梁台座可采用双层存梁,存梁时按照箱梁的架设顺序有序存放,以便箱梁架设施工的顺利进行。

(7)成品保护

①梁侧印刷梁片编号和生产日期等相关内容,便于核对、检查和吊装。

②压浆强度满足要求后方可移梁。注意移运梁片到存梁台时,安全措施到位,保证梁体不受大的冲击。

③按梁吨位及存梁层数设计存梁区枕梁。存梁时注意梁的支撑牢固,并做好梁间连接。

④存梁时间不宜过长,一般不超过 3 个月,避免梁的起拱度过大,造成桥面高程难以控制。

(8)梁安装人员和设备

应配备足够的施工人员、吊装设备、运输设备等人员和设备。

(9)小箱梁架设施工

施工工艺见图 2.11-2。

①施工准备

技术准备。架梁前熟悉墩跨及支承垫石、高程、墩台及盖梁顶面有关架梁需要的完整资料。复核梁片编号、梁片的安装位置、方向及重量。复核每跨桥梁梁片的生产龄期是否大致相近,梁封端处是否进行凿毛处理。预制梁在出台座前应依据设计图纸和实际梁编号进行完工尺寸测量并做记录。用墨斗在墩台顶面弹出盖梁设计中线,弹出设计的支座十字线及临时支座中心线。

临时支座设计及制作。制备有效、实用、可靠的铁质砂箱(筒)作为临时支座。临时支座必须事先做承压实验,测定其压缩量和承载力是否满足要求。

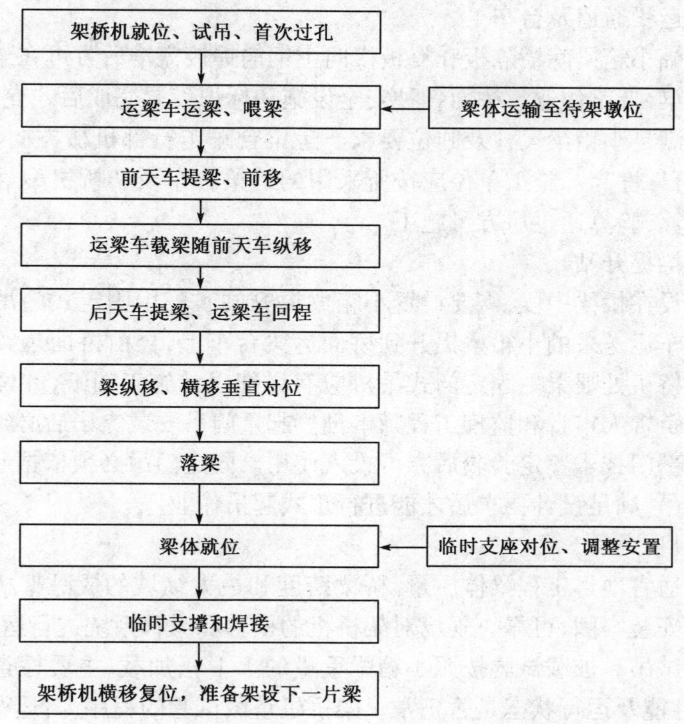

图2.11-2 小箱梁架设工艺流程

②支座安装施工工艺

永久支座安装。检查垫石高程、平整度，支座垫石中心线是否与主梁中心线一致。有伸缩缝非连续端盖梁顶安装四氟乙烯滑板式橡胶支座。

连续墩临时支座放置。临时支座采用钢质砂箱或砂筒制成，临时支座制作高度依据试验数据设置，要求在承受小箱梁荷载之后高于永久支座1～2cm。钢质砂箱用砂采用干燥且均匀的中砂，砂中不得混入石子等杂物。安装砂箱前应按梁自重的相应吨位对其进行试压，以确保其有足够的承载力，并记录砂的压缩沉降量，作为施工依据。

③小箱梁运输与就位

存梁场提梁。存梁场的存梁台应依据存梁数量和时间进行设计，能满足连续架梁施工的方案或计划，同时满足每跨小箱梁养护龄期差在90d内。存梁场提梁到运梁台车上临时固定后，直接水平运输到小箱梁提升站，将梁起吊至桥面再水平运输到架桥机处喂梁进行吊装作业。

④桥面运梁通道及台车

只有整幅小箱梁间横隔板和翼板横向主钢筋焊接完毕后方可在架好的小箱顶面上进行运梁、架梁作业。桥面各种安全设施和标识设置完成后才允许施工作业。运梁台车应满足小箱梁尺寸及吨位要求。运梁台车走行部机械方向灵活,制动性能好,整机可靠性高。施工单位应按所采用的运梁台车及架桥机型号对主梁进行施工荷载验算,验算通过后方可施工。

⑤小箱梁提升站

制梁场设在桥梁中段,需要设置小箱梁提升站。采用固定式门吊将小箱梁由地面运梁台车运送来的小箱梁提升到桥面运梁台车上,再由桥面运梁台车将小箱梁运送到架桥机处喂梁。固定门式吊机应有详细设计施工图纸,并经本项目经理部公司技术负责人审批和监理工程师审批。起重门吊安装完毕后必须经过有关质量安全检验部门技术鉴定验收后方可投入使用。固定门吊必须依据起重吊机试吊程序进行试吊,满足设计要求后才能进行正式起吊作业。

⑥架桥机

选择最适宜项目工程梁体质量、桥梁跨度和最大纵坡的成品架桥机。横向移动前后轨道安装牢固、可靠。现场对架桥机的横移和纵移系统进行运行和调试。

架桥机试吊。加载试验按照小箱梁重量的1.1倍加载,主要检查起吊系统的起升、制动性能及运行状态是否正常。架桥机重载试验的程序为:运梁车喂梁→前天车吊起小箱梁,离开100mm,检查吊具安装是否可靠→前天车和动力台车配合前移梁体,检查两者是否同步→后天车吊起梁体,离开100mm,检查吊具安装是否可靠→两天车同时前行,落梁就位,检查两者是否同步,落梁是否准确,检查下导梁过孔过程是否稳定。

⑦运梁

施工单位可以根据自己的施工条件购置轮胎式或轨道式、成品两节式运梁车或改装自行式两节运梁车。技术要求:载质量大于100t,行驶平稳,转向灵活,制车制动可靠和固定小箱梁方便稳固。可以由制梁场经过桥台运至桥面架桥机处喂梁,也可以由制梁场运至提升吊机将梁垂直提升到桥面的运梁车运到架桥机处喂梁。

⑧喂梁、架梁

两起重小车同步运行到桥架尾部,预制梁前吊点位置进到架桥机前起重小车下方停下。将运梁车前端开到靠近支撑梁处停下,前起重小车把搁在运梁车上的预制梁一端吊起,与运梁车同步向跨中运行,运行至运梁车到达后起重小车可吊的位置上,再将预制梁后端吊起,运梁车退场。两起重小车提吊预制梁纵行至待架桥跨内,整机横移到位,对准支座画好中心线,调整好纵向位置落梁。落梁分两端作业,每端落梁到临时支座上应测量梁底高程,不符合要求时应吊起梁端,以砂筒取出砂或加入砂以调整到要求高程为止。

⑨架桥机过孔

当一跨小箱梁全幅梁吊装完毕并连接固定好后即可准备过孔作业。在架桥机过孔前,对架桥机再次进行试车,启动各控制开关,检查各控制开关正常与否,确认各控制系统和行程开关、卷扬机制动性能等完好;对架桥机的前、后起重限制器和制动性能进行检验,检查合格后方可进入过孔作业程序。架桥机结构不同,过孔作业方式也不一致,有自平衡过孔及小箱梁配重过孔两种方式,各过孔方式及过孔的每道程序必须保证架桥机慢速、稳妥、安全。

为过孔安全,过孔各工况应经过认真计算,保证架桥机结构支点位置正确,荷载平衡过孔。严格遵守过孔操作规程和要点进行过孔作业。应设专人指挥过孔,做到有条不紊,不求速度只求稳定慢速过孔。可采用钢丝绳与盖梁或小箱梁进行拉结稳定,以增加安全系数。

2.11.4 质量控制

(1)基本要求

①所用钢筋、水泥、砂、石、水、外掺剂及混合材料的质量和规格必须符合设计和规范的要求。

②梁体混凝土不得出现漏筋和空洞现象。

③梁在吊移出制梁台底座时,混凝土和压浆的强度不得低于设计所要求的吊装强度。

(2)实测项目

①钢筋位置容许误差见表2.11-1。

钢筋位置容许误差 表2.11-1

序号	检查项目		规定值或允许偏差	检查方法和频率
1	受力钢筋间距(mm)		±10	尺量:每构件检查2个断面
2	箍筋、横向水平筋、螺旋筋间距(mm)		±10	尺量:每构件检查5~10个间距
3	钢筋骨架尺寸(mm)	长	±10	尺量:按骨架总数30%抽查
		宽、高或直径	±5	
4	保护层厚度(mm)		±5	尺量:每构件沿模板周边检查8处

②模板安装允许偏差见表2.11-2。

模板安装允许偏差　　表2.11-2

项　次	检 查 项 目	允许偏差(mm)
1	内部尺寸	±5,0
2	轴线偏位	±10
3	相邻两板面高低差	2
4	表面平整度	5
5	预埋件中心线位置	3
6	预留孔中心线位置	10
7	预留孔洞截面内部尺寸	±10,0

③梁(板)预制允许偏差见表2.11-3。

梁(板)预制允许偏差　　表2.11-3

项　次	检 查 项 目		规定值或允许偏差	检查方法和频率
1	混凝土强度(MPa)		在合格标准内	按 JTG F80/1—2004 附录 D 检查
2	梁长度(mm)		+5，-10	尺量:每梁
3	高度(mm)	梁	±5	尺量:检查2个断面
4	断面尺寸(mm)	顶板厚	+5，-0	尺量:检查2个断面
		底板厚		
		腹板或梁肋		
5	平整度(mm)		5	2m 直尺:每侧面每10m梁长测1处
6	横隔梁及预埋件位置(mm)		5	尺量:每件

④支座安装规定值或允许偏差见表2.11-4。

支座安装规定值或允许偏差　　表2.11-4

项　次	检 查 项 目		规定值或允许偏差
1	支座中心与主梁中线(mm)		<2
2	支座高程(mm)		±2
3	支座四角高差(mm)		<1
4	支座偏位(mm)	纵横向扭转	1
5	顺桥向中心线偏位(mm)		<5

⑤小箱梁安装实测项目见表2.11-5。

小箱梁安装实测项目 表2.11-5

项次	检查项目		规定值或允许偏差	检查方法和频率
1	支承中心偏位(mm)	梁	5	尺量:每孔抽查4~6个支座
		板	10	
2	倾斜度(%)		1.2	吊垂线:每孔检查3片梁
3	梁顶面纵向高程(mm)		+8,-5	水准仪:抽查每孔2片梁
4	相邻梁顶面高差(mm)		8	尺量:每相邻梁

⑥外观鉴定。混凝土表面平整,颜色一致,无明显施工接缝。混凝土表面气泡面积较少。混凝土光洁度好,表面无漏浆液流淌及污染痕迹。混凝土表面未出现蜂窝、麻面,如出现必须修整。混凝土表面不得出现非受力裂缝,如出现且超过0.15mm,必须处理。封锚混凝土应密实、规整。

⑦质量记录。包括原材料(水泥、砂、石、钢筋、外掺剂)进场复验报告,钢绞线、锚具复验报告,模板安装检查记录表,钢筋加工及安装检查报告,混凝土浇筑记录,混凝土强度报告,张拉原始记录表和压浆记录表,张拉设备检验报告,小箱梁检查记录表。

⑧小梁安装质保措施。为保证后续现浇湿接缝质量,减少错缝量,保证外观质量,在架梁时就应进行梁体的三维定位,精确控制。梁体端部的中线与垫石中线重合。梁体端横隔板面与相邻端横隔板面在一个平面上。裸梁高程必须符合设计要求。小箱梁安装质量应符合设计规范要求小箱梁安装时,支承结构(墩台、盖梁、垫石)的强度应符合设计要求。小箱梁安装支座(或临时)必须稳固。小箱梁就位后,梁两端支座应中心前后位置准确。小箱梁底与支座以及支座底与垫石顶必须密贴,否则重新安装。两梁之间湿接缝填充材料的规格强度应符合设计要求。

2.12 预应力混凝土T梁施工标准工法

2.12.1 适用范围

本工法适用于江西省高速公路建设项目的预应力混凝土T梁施工。

2.12.2 工艺流程

工艺流程见图 2.12-1。

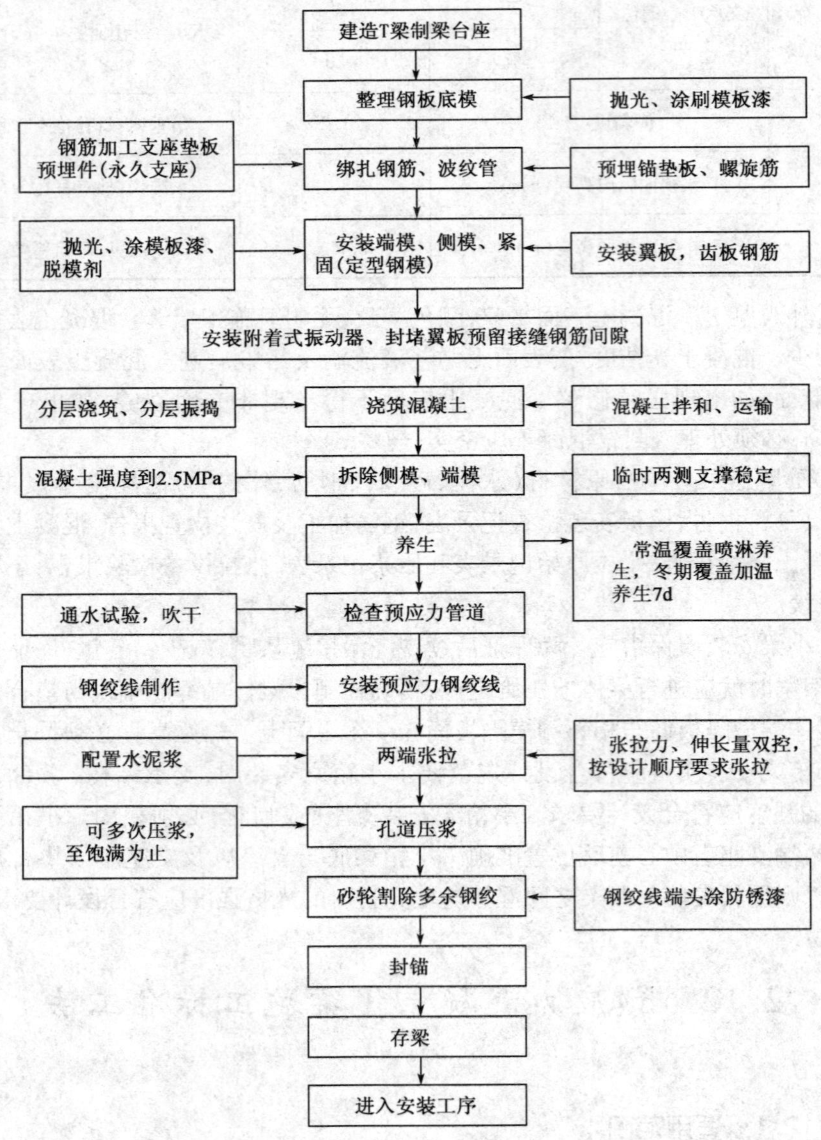

图 2.12-1 工艺流程

2.12.3 操作要点

(1)施工准备

①熟悉图纸,根据现场条件、T 梁数量和工期确定梁场预制台座数量、存梁区大小,绘制详细的预制场施工布置平面图,包括养护用水管线、门式吊车及轨道、电缆的布置等均应详细标明。

②熟悉施工图纸各项要求、说明等,领会设计意图,掌握施工重点和难点。

③对所有参建人员进行技术交底,通过技术交底使实施人员了解每道工序,掌握作业规程和熟悉质量验收标准。

(2)机械设备

①移动门吊。根据每片 T 梁自重设计龙门吊起重重量。根据预制场宽度要求设置龙门吊跨径。

②张拉机具准备。根据设计张拉力的大小选择千斤顶吨位、行程以及与之配套的高压油泵和油表等。千斤顶与压力表应配套校验,以确定张拉力与压力表读数之间的关系曲线。所用压力表的精度不宜低于 1.5 级(建议采用 0.5 级)。

③振捣机具准备。应根据模板的整体刚度、钢板的厚度选用合适功率的附着式振捣器,可采用高频附着式振捣器。插入式振捣器可采用 50 型振捣器配合 30 型使用。

④其他机具准备。钢筋加工,定型模板,混凝土拌和、运输、养生、压浆,安全防护设施,试验检测仪器准备等。

(3)钢材准备

①进场钢筋、板材及其他型材的规格、质量和数量均需符合要求。

②预应力钢绞线。符合美国的 ASTMA416—92 标准和设计要求的低松弛预应力钢绞线。

③钢材宜储存在遮风避雨的库棚内,现场堆放时应做到下垫上盖,避免污染和锈蚀。

(4)锚具夹片准备

①锚夹具须经国家技术鉴定和产品鉴定,出厂前应由供方按规定进行检验并提供质量证明书。

②锚夹具须经过外观检查,不得有裂纹、伤痕、锈蚀,尺寸不得超过允许偏差。对锚具的强度、硬度、锚固能力等,应根据供货情况,按有关规定进行检验,符合要求后才能验收和使用。

(5)水泥、外掺剂,砂石原材料准备

①通过线外试验选定外观质量好、工作性能佳的混凝土配合比。

②选定配合比前，对粗细集料、水泥、拌和用水和外加剂原材料进行单项抽检试验，符合规范要求后方可使用。对于进场的每批水泥、外加剂均要进行抽检。

③选定配合比时，对不同的含砂率、水灰比、外加剂等进行多组设计比较，除满足混凝土强度和弹性模量要求外，还应满足混凝土浇捣工作性能和外观质量要求，尽量减少表面气泡。配合比须经监理工程师批准同意后使用。

④根据T梁钢筋较密、振动难的特点，应控制好混凝土坍落度，并对粗细集料进行严格控制，保证粒径不超标。

⑤选用42.5以上级别水泥，各项质量技术指标均合格。

⑥对外掺剂粉煤灰等级的要求应严格按设计文件执行。

⑦砂、石等原材料均应经过严格的程序检验，碎石进场前必须水洗，以保证拌制的混凝土满足外观和强度指标要求。

(6)预制场地准备

①台座每端应至少比设计梁长长1m，分两层布置，台座端部2.0m范围内应增大基础尺寸，以提高承载能力。预制台座由C30级混凝土、[5槽钢、δ6mm钢面板等构成，槽钢中间填塞ϕ50mm的中空橡胶软管，模板靠紧后达到止浆作用。台座钢板宽度应稍大于梁底设计宽度，以确保成品T梁几何尺寸不出现负公差。台座基础经过计算满足承载力要求，特别是两端基础应考虑张拉后梁的受力状态，必要时适当配设钢筋以满足承载力要求。

②台座顶面下10cm每隔1m布置1道拉杆孔。台座支座处设置成活动底模，以方便龙门吊吊梁。台座设置须考虑梁的起拱影响，应严格按设计要求设置反拱。

③存梁台的设计施工，除须保证地基基础稳定外，还应考虑存梁台能承载双层主梁以上的荷载。

④场地需进行硬化处理，避免雨季施工场地泥泞影响施工。

(7)施工要点

①钢筋绑扎

钢筋在台座上绑扎，其顺序为：腹板→横隔板→翼板。绑扎时注意确保定位网格位置的正确。当其他钢筋与定位网筋相碰撞时，应调整其他钢筋，不得改变定位网的位置。预留吊装孔处加强钢筋等附属筋不得遗漏。

由于钢筋骨架高，绑扎时采用自制胎具。胎具应与钢筋分离，不得依靠在钢筋上；横隔板处钢筋骨架自重较大，为确保其位置正确，需用自制胎具支架支撑。

梁底受力钢筋连接应设置在内力较小处，并错开布置，受拉钢筋的一个接头断面内钢筋接头数量不得大于钢筋总根数的50%。

钢筋绑扎依据规定，钢筋交叉处应进行绑扎，使得钢筋骨架有足够的刚度和稳定性。

绑扎钢筋时应在边梁和端梁依据设计要求预埋防撞护栏、伸缩缝钢筋和泄水管、支座钢垫板，预埋时应保证其位置正确。在浇筑混凝土前，应对已安装好的钢筋预埋件、钢板、锚固钢筋等逐一进行检查。

②预应力管道安装

波纹管按设计坐标采用定位钢筋固定在钢筋骨架上，防止浇筑混凝土时波纹管产生位移。

波纹管由大一号波纹管作为接头管，重叠15～20cm用胶带封闭，以避免浇筑混凝土时，浆液渗入。

主梁波纹管安装顺序为先下后上，先曲后直。

为确保孔道畅通，应采取以下措施：在波纹管附近焊接钢筋时，应对波纹管加以遮挡防护；在波纹管中设置直径小一号的硬塑料管作为衬管，浇筑混凝土前穿入波纹管内，浇筑完成后拔除，避免孔道变形。

③模板制作与安装

模板制作。采用专业厂家生产的定型钢模，模板依据T梁各部位的形状设计，确保尺寸准确，拆装容易，操作方便；应认真复核、验算钢模的设计强度、刚度和稳定性。钢模板表面平整度和各块模板之间的螺栓连接孔位精确度应符合规范规定和安装要求，以保证T梁面平整度和错台在规定范围内。

模板漆及脱模剂。通过多次试验、对比选择优异模板漆，也可选择拆模后模板面较干净、混凝土表面光洁的优质脱模剂。

模板安装。T梁腹板及横隔板钢筋绑扎完毕即可进行。先安装端模板，以便固定锚垫板，螺旋筋和制孔管准确定位。侧模板安装前，在混凝土底胎模上弹线确定每块模板的位置，板缝中均嵌入双面胶嵌缝条，以保证不漏浆。将模板按对应的编号吊装在准确位置。侧模板均准确就位后，穿入上、下对拉螺栓对模板进行紧固。

④混凝土施工

混凝土拌制。采用强制式搅拌机，配料自动计量准确、装卸方便的拌和楼系统设施。应控制最佳拌和时间。混凝土拌和物应当均匀性好，颜色一致，不得有离析泌水现象，保证坍落度符合线外试验取得的经验值要求。

混凝土运输。混凝土拌和楼应设在制梁场附近，采用混凝土运输罐车运输和吊罐输送混凝土。

混凝土浇筑。浇筑方向从梁的一端开始，循序进展至另一端。浇筑方法采用水平分段、斜向分层连续浇筑，一气呵成。浇筑时间控制在3～4h。分段长度以

4~5m为宜,前段混凝土初凝前必须浇筑下段混凝土,分段之间斜向接缝,上下层接茬错开。

混凝土振捣。梁体混凝土振捣主要采用侧振工艺,以附着式振动器为主,插入式振捣器为辅。梁体两侧的附着式振动器要交错布置,以免振动力互相抵消。附着式振动器与侧模振动支架要密贴紧固,以便混凝土最大限度地吸收振动力。附着式振动器要集中控制,浇什么部位就振什么部位,严禁空振模板。振动时间以混凝土停止下沉、不冒气泡、泛浆、表面平坦为度。分层下料并振捣,层厚以25~30cm为宜,下层振捣密实后再投上层料,上下层之间浇筑时间间隔不得超过混凝土初凝时间。混凝土入模,相应位置的马蹄、腹板上的振动器全部开动,混凝土边入模边振动。待混凝土全部进入马蹄部位后,停止腹板部位振动,只开马蹄部位振动器,振至混凝土密实。振动器开动的数量以浇筑混凝土长度为准,严禁空振模板。浇筑腹板部位混凝土时,严禁开动马蹄部位的振动器。浇筑上翼板混凝土时,振捣以插入式振动器为主,配平板振动器将混凝土面整平。梁端混凝土振捣采用振捣棒捣固,以保证梁端混凝土密实。钢筋较密及波纹管密集处,插入式振捣器难以发挥作用的地方,制定周密的振捣方案,用捣固铲人工捣固,配合附着式振动器振捣。梁顶面混凝土以搓板收平搓毛。

浇筑时应派专人检查模板和所有的坚固件,是否有变形松动现象。

混凝土养护。顶板混凝土浇筑完毕开始初凝时,需进行二次收浆,拉毛后,采用土工布覆盖浇水养生,并派专人负责,保持其湿润,养生时间不少于7d。夏天采取自动喷淋养护。冬期气温低于5℃时,应采用篷布覆盖,架炉煮水升温等措施进行养护。

拆模。梁体混凝土强度养护达到2.5MPa时,方能开始拆模作业。先拆除端横隔板堵模,再卸上下对拉螺杆,松动支腿螺栓,敲松钢模后由龙门吊辅以人工配合拆除侧模,最后拆除端模。拆除模板后及时进行梁端及翼板边缘凿毛。

⑤施加预应力

预应力筋下料、绑扎。下料长度应通过计算确定,计算时应考虑千斤顶需要的工作长度、弹性回缩值、锚具厚度及外露长度等因素。下料采用砂轮锯切割,在切口处两端20mm范围内用细铁丝绑扎牢固,以防头部松散。禁止用电、气焊切割,以免钢绞线受热损伤。钢绞线应梳整编束,每隔1.5m左右绑扎一道铁丝,使其成束顺直不扭转,编束后的钢绞线应顺直按编号分类存放。

穿束。穿索端头钢丝用软布包裹,不露钢丝头,以便穿索顺畅。穿束前用压力水冲洗孔道内杂物,观测孔道有无串孔现象,再用空压机吹干孔道内水分。预应力束的搬运,应无损坏、无污染、无锈蚀。穿束用人工进行;如人工穿束困难,可采用卷扬机牵引,后端用人工协助。

预应力张拉。梁体混凝土强度达到设计强度等级的90%后,方可张拉。宜采取两端同时施加预应力方式张拉。锚下控制应力为 $\sigma_{con}=0.75f_{pk}$。张拉力控制为:0→初应力 $0.10\sigma_{con}$→控制应力 σ_{con} 持荷2min锚固。实行张拉力与伸长值指标双控,预应力张拉实际伸长值与理论伸长值的差值应控制在6%以内,否则暂停张拉,待查明原因并采取措施予以调整后方可继续张拉作业。为了防止梁体张拉侧弯,应合理安排张拉顺序及控制,本项目建议采用施加预应力。全部张拉作业完成后,静放24h观察钢束是否存在回缩、断丝等现象,如果没有,将多余钢绞线用切割机切断,外露长度不小于30mm。用混凝土将钢绞线头包裹封住防锈。

压浆。孔道压浆应尽量采用真空辅助压浆工艺,真空辅助压浆施工参见《公路工程施工工艺标准》(桥涵)(中交第一公路工程局有限公司主编,人民交通出版社2007年出版)。孔道压浆的一般要求:预应力钢束全部张拉完毕后,压浆工作应尽快进行,一般不得超过2d,压浆从下层孔道向上层孔道进行;采用C50微膨胀水泥浆,拌和采用高速水泥净浆搅拌机,先将水加在灰浆搅拌机内,再加入水泥,充分拌和,后再加入微膨胀剂,拌和应至少2min,直至达到均匀的稠度为止;一次投料不宜过多,满足40min使用即可,稠度控制在14~18s之间;水泥浆的拌制采用连续方法生产,每次自调制至压入孔道的时间宜为20~45min;压浆前应通过锚垫板压浆孔用空气压缩机将孔道的浮尘及其他杂物清理干净,接着用含有0.1kg/L的石灰或氢氧化钙的清水清洗管道,直到清水排出为止,而后管道再用压缩空气连同钢绞线吹干;压浆时启动活塞式压浆泵,打开压浆阀进行压浆,最大压力为0.5~0.7MPa;当排气管出浆稠度和灌入之前一样,停止压浆,封堵出浆口,静置待水泥浆凝结到设计强度;压浆过程及压浆后2天内气温低于5℃时,在无可靠保温措施下禁止压浆作业;当白天温度大于35℃时,压浆宜在夜间进行。

封锚。压浆后将梁端水泥浆冲洗干净,清除垫板、锚具及梁端混凝土的污垢,并将梁端凿毛处理。钢绞线留3~5cm长,其余用薄平砂轮机割除,用净浆包封锚头。

封端。设计有伸缩缝的梁端按设计要求立模施工封端,封端混凝土强度与梁体设计强度相同。结构连续处不封端。

⑥移梁、存梁

压浆达到规定强度和龄期后用两台龙门吊抬梁作业,移梁、存梁时采用两点起吊,吊孔距梁端头不大于1m,将梁运至存梁台座上存储。

存梁单层搁置较稳定,双层则要求梁体重心叠合,并在两侧用方木支撑或梁与梁之间采取临时固结的办法,防止倾覆。

(8)成品保护

①梁侧印刷梁片编号和生产日期等相关内容,便于核对、检查和吊装。

②压浆强度满足要求后方可移梁。注意移运梁片到存梁台时,安全措施到位,保证梁体不受大的冲击。

③按梁吨位及存梁层数设计存梁区枕梁。存梁时注意梁的支撑要牢固,并做好梁间连接。

④存梁时间不宜过长,一般不超过3个月,以避免梁的起拱度过大,造成桥面高程难以控制。

(9)梁架设施工

①施工准备

技术准备。架梁前熟悉墩跨及支承垫石、高程、墩台及盖梁顶面有关架梁需要的完整资料。复核梁片编号,梁片的安装位置、方向及重量。复核每跨桥梁梁片的生产龄期是否大致相近。梁封端处是否已凿毛处理。预制梁在出台座前应依据设计图纸进行完工尺寸测量,并用红油漆放出两端头之腹板中线。用墨斗在墩台顶面弹出盖梁和桥台(0号台)设计中线,弹出设计的支座十字线及临时支座中心线。

临时支座设计及制作。依据设计要求制备有效、实用、可靠的铁质砂箱(筒)作为临时支座。临时支座必须事先做承压实验,测定其压缩量和承载力是否满足要求。

主要机械设备准备:龙门吊、运梁车、架桥机。

②安装施工工艺

工艺流程。T梁架设架桥机就位→运梁台车运、喂梁→架桥机送梁至桥跨中→临时支座安装就位→架桥机负梁横移→落梁→调整裸梁高程→临时稳定T梁→T梁与相邻T梁片焊牢稳定(该跨第一片梁应采用支撑稳定牢靠)→跨梁片全部就位架桥机进行过孔作业→架桥机过孔就位支撑稳固开始新跨架梁。

③支座安装

永久支座安装。检查垫石高程、平整度,支座垫石中心线是否与主梁中心线一致。桥台顶安装四氟乙烯滑板式橡胶支座。设计有伸缩缝的墩顶安装四氟乙烯滑板式橡胶支座。连续墩顶的永久支座为板式橡胶板支座。板式橡胶支座上依据设计尺寸预置一块锚固于墩顶现浇段混凝土的钢板。

连续墩临时支座放置。临时支座采用钢质砂箱或砂筒制成,临时支座制作高度依据试验数据设置,要求在承受T梁荷载之后高于永久支座1~2cm。钢质砂箱的砂子采用干燥且均匀的中砂,砂中不得混入石子等杂物。安装砂箱前应按梁自重的相应吨位对其进行试压,以确保其有足够的承载力,并记录砂的压缩沉降量作为施工依据。

④T梁运输与就位

存梁提梁。存梁场的存梁台应依据存梁数量和时间进行设计,能满足连续架梁施工的方案或计划,同时满足每跨T梁养护龄期差在90d内。存梁场直接通过路基至桥台(0号墩)水平运输到架桥机处喂梁的路线最便捷、安全。通过T梁提升站,将梁起吊至桥面再水平运输到架桥机处喂梁进行安装作业。

运梁通道及台车。梁场至桥台路基应分层压实,达到高速公路路基压实标准方可作为运梁通道。T梁面运梁或架梁只有整幅主梁间横隔板和翼板横向主钢筋焊接完毕后方可在其上运梁架梁作业。桥面各种安全设施和标识设置完成后才允许施工作业。运梁台车应满足T梁尺寸及吨位要求。运梁台车走行部机械方向灵活,制动性能好,整机可靠性高。运梁台车在桥上行驶时必须使其重量落在梁肋上。施工单位应按所采用的运梁台车及架桥机型号对主梁进行施工荷载验算,验算通过后方可施工。

T梁提升站。制梁场设在桥梁中段,需要设置T梁提升站。采用固定式门吊将T梁由地面运梁台车运送来的T梁提升到桥面运梁台车上,再由桥面运梁台车将T梁运送到架桥机处喂梁。固定门式吊机应有详细设计施工图纸,并经本项目经理部公司技术负责人审批和监理工程师审批。起重门吊安装完毕后必须经过有关质量安全检验部门技术鉴定验收后方可投入使用。固定门吊必须依据起重吊机试吊程序进行试吊,满足设计要求后才能进行正式起吊作业。

架桥机。选择最适宜项目工程梁体重量、桥跨宽度和最大纵坡的成品架桥机。架桥机主要构件的安全系数应大于1.33。横向移动前后轨道安装牢固、可靠。现场对桥机的横移和纵移系统进行运行和调试。

架桥机试吊。加载试验按照T梁重量的1.1倍加载,主要检查起吊系统的起升、制动性能及运行状态是否正常。架桥机重载试验的程序为:运梁车喂梁→前天车吊起T梁,离开100mm,检查吊具安装是否可靠→前天车和动力台车配合前移梁体,检查两者是否同步→后天车吊起梁体,离开100mm,检查吊具安装是否可靠→两天车同时前行,落梁就位,检查两者是否同步,落梁是否准确,检查下导梁过孔过程是否稳定。

运梁。施工单位可以根据自己的施工条件购置轮胎式或轨道式、成品两节式运梁车或改装自行式两节运梁车。技术要求:载质量大于100t,行驶平稳,转向灵活,制动可靠和固定T梁方便稳固。可以由制梁场经过桥台运至桥面架桥机处喂梁,也可以由制梁场运至提升吊机将梁垂直提升到桥面的运梁车运到架桥机处喂梁。

⑤喂梁、架梁

两起重小车同步运行到桥架尾部,预制梁前吊点位置进到架桥机前起重小车下方停下。将运梁车前端开到靠近支撑梁处停下,前起重小车把搁在运梁车上的预制梁一端吊起,与运梁车同步向跨中运行,运行至运梁车到达后起重小车可吊的位置上，再将预制梁后端吊起，运梁车退场。两起重小车提吊预制梁纵行至待架桥跨内，整机横移到位，对准支座画好中心线，调整好纵向位置落梁。落梁分两端作业，每端落梁到临时支座上应测量梁底高程，不符合要求时应吊起梁端，在砂筒取出砂或加砂以调整到要求高程为止。

⑥架桥机过孔

在架桥机过孔前，对架桥机再次进行试车，启动各控制开关，检查各控制开关正常与否，确认各控制系统和行程开关、卷扬机制动性能等完好；对桥机的前、后天车起重限制器和制动性能进行检验，检查合格后方可进入过孔作业程序。架桥机结构不同，过孔作业方式也不一致，有自平衡过孔及有T梁配重过孔两种方式，各过孔方式必须稳妥、安全。

为过孔安全，过孔各工况应经过认真计算，保证架桥机结构支点位置正确，荷载平衡过孔。严格遵守过孔操作规程和要点进行过孔作业。应设专人指挥过孔，做到有条不紊，不求速度只求稳定慢速过孔。可采用钢丝绳与盖梁和T梁进行拉结稳定，以增加安全系数。

2.12.4 质量控制

(1)梁制备质量控制

①所用水泥、砂、石、水、外掺剂及混合材料的质量和规格必须符合有关规范的要求。

②梁体混凝土不得出现漏筋和空洞现象。

③梁在吊移出制梁台底座时，混凝土和压浆的强度不得低于设计所要求的吊装强度。

④实测项目。钢筋位置允许误差见表2.12-1。模板安装允许偏差见表2.12-2。梁(板)预制允许偏差见表2.12-3。

钢筋位置容许误差　　表2.12-1

项次	检查项目		规定值或允许偏差	检查方法和频率
1	受力钢筋间距(mm)		±10	尺量：每构件检查2个断面
2	箍筋、横向水平筋、螺旋筋间距(mm)		±10	尺量：每构件检查5~10个间距
3	钢筋骨架尺寸(mm)	长	±10	尺量：按骨架总数30%抽查
		宽、高或直径	±5	
4	保护层厚度(mm)		±5	尺量：每构件沿模板周边检查8处

模板安装允许偏差 表2.12-2

项 次	检查项目	允许偏差(mm)
1	高程	±10
2	内部尺寸	±5,0
3	轴线偏位	±10
4	相邻两板面高低差	2
5	表面平整度	5
6	预埋件中心线位置	3
7	预留孔中心线位置	10
8	预留孔洞截面内部尺寸	±10,0

梁(板)预制允许偏差 表2.12-3

项 次	检查项目		规定值或允许偏差	检查方法和频率
1	混凝土强度(MPa)		在合格标准内	按JTG F80/1—2004附录D检查
2	梁长度(mm)		+5,-10	尺量:每梁
3	高度(mm)	梁	±5	尺量:检查2个断面
4	断面尺寸(mm)	顶板厚	+5,-0	尺量:检查2个断面
		底板厚		
		腹板或梁肋		
5	平整度(mm)		5	2m直尺:每侧面每10m梁长测1处
6	横隔梁及预埋件位置(mm)		5	尺量:每件

⑤外观鉴定。混凝土表面平整,颜色一致,无明显施工接缝。混凝土表面气泡面积较少。混凝土光洁度好,表面无漏浆液流淌及污染痕迹。混凝土表面未出现蜂窝、麻面,如出现必须修整。混凝土表面不得出现非受力裂缝,如出现且超过0.15mm必须处理。封锚混凝土应密实、规整。

⑥质量记录。包括原材料(水泥、砂、石、钢筋、外掺剂)进场复验报告,钢绞线、锚具复验报告,模板安装检查记录表,钢筋加工及安装检查报告,混凝土浇筑记录,混凝土强度报告,张拉原始记录表和压浆记录表,张拉设备检验报告,T梁检查记录表。

(2)梁架设

①为保证后续现浇湿接缝质量,减少错缝量,保证外观质量,在架梁时就应进行梁体的三维定位,精确控制。

②梁体端部的中线与垫石中线重合。

③梁体端横隔板面与相邻端横隔板面在一个平面上。

④裸梁高程必须符合设计要求。

⑤T 梁安装基本要求。T 梁安装时,支承结构(墩台、盖梁、垫石)的强度应符合设计要求。T 梁安装前,墩、台支座(或临时)、垫板必须稳固。T 梁就位后,梁两端支座应对位,T 梁底与支座以及支座底与垫石顶必须密贴,否则重新安装。两梁之间湿接缝填充材料的规格强度应符合设计要求。

⑥T 梁安装实测项目见表 2.12-4。

T 梁安装实测项目 表 2.12-4

项次	检查项目		规定值或允许偏差	检查方法和频率
1	支承中心偏位(mm)	梁	5	尺量:每孔抽查 4~6 个支座
		板	10	
2	倾斜度(%)		1.2	吊垂线:每孔检查 3 片梁
3	梁顶面纵向高程(mm)		+8,-5	水准仪:抽查每孔 2 片梁
4	相邻梁顶面高差(mm)		8	尺量:每相邻梁

2.13 移动模架现浇预应力混凝土连续箱梁施工标准工法

2.13.1 适用范围

本工法适用于江西省高速公路建设项目的移动模架现浇预应力混凝土连续箱梁施工。

2.13.2 工艺流程

工艺流程见图 2.13-1。

2.13.3 操作要点

(1)施工准备

技术准备。组织相关技术人员参与工程设计交底,熟悉设计图纸,审核图纸、读懂图纸。对于设计要求的预埋件、预留孔、施工人孔等各种预埋件进行统计和核实,如有疑点及时与设计等有关人员沟通并达成共识,进一步明确各种预埋件的施工技术要求和质量标准并编制移动模架现浇箱梁施工方案。由移动模架有关设计技术人员向项目部相关技术员、测量员等参与拼装施工人员进行技术交底，做到每个参加施工人员对移动模架拼装的要点、注意事项和滑移过程有一个详细认知。技术人员根据设计图纸掌握整个移动模架在工作状态下各个构件的受力情况，了解工作状态下各个主要构件的变形，与荷载试验的实测数据相比较，以便在整个移动模架拼装和滑移的施工过程中有重点地进行移动模架设备动态监控。对操作工进行提前培训，所有操作人员都必须进行培训，对特殊工种和专业人员进行再培训。根据施工总体进度计划安排，编制出详细的月、周施工进度计划，设备进场计划、劳动力调配计划、材料采购计划，实行“以日保周，以周保月”，以满足施工工期任务。

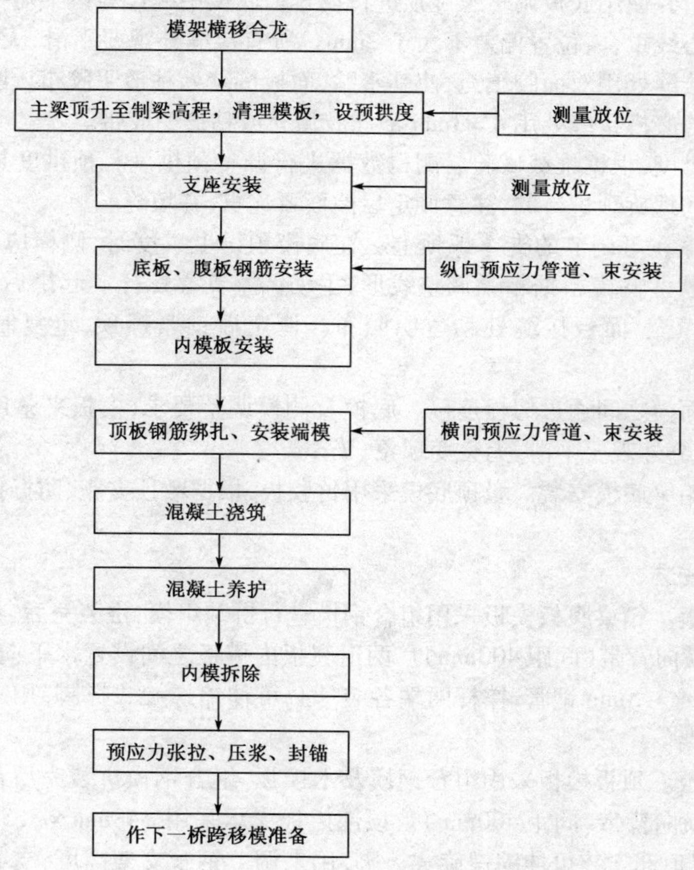

图2.13-1 工艺流程

材料准备。移动模架拼装、荷载试验等所需的材料，在移动模架拼装前提前准备。根据现浇箱梁施工图纸和施工进度计划计算出所需的各种材料量,提前做好材料计划,并保证材料及时、充足、合格地运到现场。现浇箱梁所需的各种措施材料需现场加工的,应根据施工方案提前在后场进行加工制作。

人员和设备配置。根据施工安排配置人员和设备。

(2)模板施工

①外模板

外模板系统就位。整体移动模架在待制梁跨正确就位。以底模中缝的前后两端点为测量点,使模架在横向、纵向、竖向三个方向定位准确。底模左右两半已连接,四个模架水平顶顶紧,四个顶升油缸的机械螺母锁紧。底模根据预压试验结果计算预拱度值并使用底板调整螺旋顶进行设置。底模中缝作为模架对称中心应与箱梁纵向中心线重合,位置偏差不大于2mm。所有接缝外观要平滑,无突变现象,涂脱模剂。接缝处用双面胶填充,使其密贴,面板接缝处粘透明胶布。墩顶处设置木模。木模与底模接缝处用$\delta=3$mm泡沫胶填充或粘透明胶带。

底模预拱度,根据堆载试验后测得数据进行调整预拱度。预拱度是通过调整底模横联上的螺旋顶进行的,注意调定后曲面要连贯,并填缝。

侧模支撑在可调节的支撑螺顶上。在底模预设上拱度时,侧模应随之变化,保证断面形状。侧模根据箱梁调整线形,手动调整支撑螺杆。起拱后,侧模间隙要用双面胶填充,面板接缝处粘透明胶布。调定后锁紧螺顶,重复制梁时不需调整。

每段侧面模之间通过螺栓连接。底模及侧模调整要求,模板平整度每米允差2mm,所有接缝外观要平滑,无突变现象。

墩顶区箱梁底模安装。墩顶底模采用竹胶板,根据墩顶支座、防振挡块尺寸进行加工安装。

②内模安装

腹板模板。箱梁腹板模板采用组合钢模进行拼装组模,拼装完后,在组合钢模后加设[14横向背带(间距400mm)。两道腹板内模板之间设置水平向撑杆,撑杆采用ϕ48mm×3.5mm钢管,撑杆两端各装一只可伸缩螺旋式撑脚,用来调节内模板之间的距离。

顶板模板。顶板模板采用组合钢模及木模板,组合钢模拼装完后在组合钢模后加设[14横向背带(间距400mm)。顶部模板支承采用ϕ48mm×3.5mm钢管支架支撑,支架顶部安装可伸缩螺旋式撑脚,用来调节钢管支架高度,支架底部支撑在钢筋支撑上(钢筋支撑支撑在移动模架底模上)。根据设计施工图纸在每孔箱室顶板位置预留一个80cm(横桥向)×80cm(纵桥向)的人孔。

端横梁、中横梁模板。横梁模板采用16mm厚竹胶板大模，水平横向围檩采用50mm×100mm木料@250mm，竖向围檩采用2根ϕ48mm×3.5mm钢管，间距500mm。

脱模剂选择。采用液压油作为模板脱模剂。

(3)支座安装

支座安装步骤。支座严格按照设计规范进行安装。在墩顶测放支座中心线。复测墩顶高程，检查墩顶锚栓孔位置(锚栓孔按照支座锚栓孔位置进行预埋，预埋时控制好平面位置误差，及深度情况是否达标，如不符合要求，及时进行处理)。凿毛墩顶表面的支座安装部位，清除预留锚栓孔中的杂物，并用清水将墩顶表面浸湿。在预留锚栓孔内注入环氧树脂砂浆，在初凝前，按中心线安放支座，支座四角相对高差应小于2mm，然后从螺栓孔插入拧上螺母的地脚螺栓，砂浆完全凝固后拧紧螺母。支座安装后仔细检查支座中心位置及高程后，用M50灌浆料进行灌浆。灌浆时应留置相应数量的抗压试块。灌浆材料终凝后，拆除模板及四角钢楔块，检查是否有漏浆处，必要时对漏浆处进行补浆，并用砂浆填堵钢楔块抽出后的空隙。在梁体混凝土浇筑后及时拆除各支座的上、下面板连接钢板及螺栓，确保钢支座正常工作。

安装注意事项。在支座安装前，施工现场应检查支座连接状况是否正常，支座上、下盆板的预埋螺栓是否齐全，型号是否匹配。检查中不得任意松动上、下支座连接螺栓。支座安装应保持上、下底板水平，不产生偏位。支座与支承垫石间的灌浆饱满无空隙。支座的安装方向有两个，在安装时看清支座的安装方向使其符合设计要求。支座安装时，支座平面的四角高差不得大于2mm。水泥浆严格按灌浆料提供的参数配制，确保水泥浆有良好的流动性。灌浆时水泥浆应从一个角慢慢地注入，灌浆过程中用竹片不停地搅拌水泥浆，让水泥浆有更好的流动性，直至水泥浆灌到溢出模板面为止。

(4)钢筋施工及预应力预埋

①钢筋加工。钢筋根据设计图纸和技术规范在钢筋加工场加工成半成品，成品编号堆码，钢筋下面垫设枕木，并设置标识牌。前场钢筋绑扎时，运至现场绑扎安装。

②钢筋连接。ϕ25mm以上的钢筋连接采用机械连接方式进行，其余型号钢筋采取焊接或搭接进行连接。焊接接头的应力在受拉区不得大于50%；绑扎接头在受拉区不得大于25%，在受压区不得大于50%。钢筋接头应避开钢筋弯曲处，距弯曲点的距离不得小于钢筋直径的10倍。在同一根钢筋上应少设接头。“同一截面”内，同一根钢筋上不得超过一个接头。

③钢筋绑扎。根据施工流程,整个箱梁钢筋绑扎分两次进行,第一次是在移动模架外模安装完成后,绑扎箱梁底板、腹板及中横隔板处的钢筋;第二次是内模安装完毕,再绑扎顶板和翼板钢筋。预应力束发生冲突的普通钢筋,均适当移动以避让。

④桥面钢筋预埋。根据设计图纸将桥面护栏基础等所需的预埋钢筋在箱梁钢筋绑扎时预埋准确,确保后期桥面施工时的施工质量。

⑤预应力管道预埋。钢筋绑扎的同时,安装相应部位的预应力管道,为确保管道的位置准确,预应力管道应依据设计坐标用钢筋定位架定位。固定各种成孔管道用的定位钢筋的间距,对于钢管不宜大于1m,对于波纹管不宜大于0.8m;在管道弯曲部位根据设计要求进行加密。预应力钢束位置偏差不得大于《公路桥涵施工技术规范》(JTG/T F50—2001)相关规定。预应力管道应平顺,孔道中心线应垂直于端部的预埋锚垫板。管道与锚垫板的连接必须安全可靠,也应用胶带粘封,防止浇筑混凝土时水泥浆渗入。预应力管道的接头采用大于设计管道外径2mm的连接头进行连接,连接头长度不小于30cm,连接头两端用胶带粘封,避免漏浆。预应力管道安装完成后严禁焊接作业,以防烧伤管道,造成漏浆。所有管道均应设压浆孔,还应在最高点设排气孔及需要时在最低点设排水孔。压浆管、排气管和排水管应是最小内径为20mm的标准管或适宜的塑性管,与管道之间的连接应采用金属或塑料结构扣件,长度应足以从管道引出结构物以外。管道在模板内安装完毕后,应将其端部盖好,防止水或其他杂物进入。

⑥预应力钢绞线束安装。

下料。预应力钢绞线下料长度要满足设计尺寸和工作长度。钢绞线的下料采用砂轮切割机切割,不得使用电弧切割。

编束。钢绞线下料后,平放于加工平台上,每隔1m用22号铁丝将一束钢绞线扎成一组,然后捆扎在一起,形成预应力钢束,编好束的钢绞线应标明使用箱梁部位片的编号,以免用错。

穿束。钢绞线端头必须做成锥形并包裹好,负弯矩束直接用人工穿束,长束用卷扬机牵引钢丝绳穿束。

固定锚具与预留排气孔。

制作单端张拉的固定端钢绞线挤压锚固头,挤压后的锚固头,钢丝衬套在其两端都可见到,并且钢绞线要求外露挤压卷2mm左右。如缩进挤压卷内2mm左右为不合格,应割除重新挤压。

预应力管道与喇叭管连接处和单端张拉锚固头用胶带密封并预留排气孔,排气孔位置须设在预应力管道最高点,排气孔与预应力管道连接处用胶带密封。

(5)混凝土浇筑

①箱梁采用C50混凝土,每段梁体均一次浇筑完成,竖向施工缝设在每跨的1/5位置。坍落度控制在19cm±2cm。

②根据每段梁体混凝土浇筑速度与泵管布料范围,拟采用2台地泵同时施工,并排停在箱梁的左侧。混凝土搅拌罐车均由施工便道进入施工现场,现场派两名施工人员进行指挥。

③混凝土浇筑前应对支架、模板和预埋件进行认真检查,清除模板内的杂物、积水,钢筋上的污垢要认真清理干净。仔细检查模板接缝是否严密,波纹管是否仍有砂眼、孔洞等容易漏浆的地方。

④每台地泵配备一个施工班组。每个施工班组由指挥人员、振捣手、布料员、混凝土工、泥工等组成。

⑤混凝土浇筑顺序。浇筑方向由梁端向跨中推进。混凝土浇筑坚持按"对称、平衡、同步进行"的原则,按一定厚度、顺序和方向分层浇筑,沿桥梁纵向一次浇筑完毕。混凝土浇筑方式采用逐步推进法,腹板位置层厚控制在30cm左右,混凝土从底板开始浇筑,进行一定距离(通常为4~6m)后来回浇筑第二层。混凝土由顶板入仓,振捣后逐步进入底板,用插入式振捣棒振实,再分层浇筑腹板混凝土,为避免腹板下八字脚处出现蜂窝现象,应控制腹板水泥浆液流失,因此应采取以下技术措施:加长混凝土浇筑作业段长度,腹板根部混凝土浇筑高度加大,并延迟30min振捣,以降低混凝土流动性;腹板混凝土振捣时,应严格控制振捣时间及振捣强度,腹板混凝土浇筑并振实后,禁止再次对此部位底板混凝土实施振捣作业。

⑥混凝土浇筑要点。混凝土入模时不得直接冲击波纹管,尤其在接头部位。混凝土应分层浇筑,机械振捣,务必使振捣密实,在钢筋密集处和端部锚垫板后尤其注意,但振动棒不能振击波纹管,防止其移位或振破而造成漏浆。在配筋密集区,选用小直径振动棒振捣,以防损伤波纹管;不得随意用钢管撬动钢筋,以免将波纹管撬瘪。对箱梁两端的局部承压区以及钢筋密集区等重点部位应特别注意振捣密实,不得漏振。锚固处混凝土必须振捣密实。对捣固人员要认真划分施工区域,明确责任,以防漏捣。箱梁顶板混凝土一次浇筑成型,在箱梁顶板钢筋上焊接倒U形钢筋,材料为8mm的圆钢。焊接时一定要确保钢筋高程的准确性,因为这是最终的高程控制。倒U形钢筋纵向排成直线,间距为1.5m,横向间距为5m。焊好倒U形钢筋后在其上面纵向绑扎ϕ25mm的钢筋。当混凝土顶面浇至高程附近时,用铝合金刮尺放在钢筋上将混凝土面找平。顶板混凝土浇筑完毕,初凝前人工用抹子进行二次收浆、赶压,防止裂纹,并将表面压光,以保证桥面防水层的铺装质量。

为防止有水泥浆漏入孔道内，可在混凝土浇筑时，在未穿束的波纹管内用导链将钢绞线在两端来回抽动，将其拉散。已穿钢绞线的波纹管，应派专人用手拉葫芦不时拉动钢绞线，保证混凝土浇筑完毕2h后钢绞线仍能拉动，防止漏浆后黏结住预应力筋。

⑦混凝土浇筑技术措施。在进行后继箱梁混凝土浇筑前，对混凝土接合面凿毛，凿毛表面应以露出石子为宜，并用水冲洗干净，在浇筑第二次混凝土前，对垂直施工缝宜刷一层水泥净浆。

混凝土搅拌站应根据气温条件、运输时间（白天或者黑夜）、运输距离、砂石含水率的变化、混凝土坍落度损失等情况，及时适当地对原配合比进行微调，以确保混凝土浇筑时的坍落度能够满足施工现场的需要。必须保证混凝土不泌水、不离析、色泽一致。

应保证混凝土浇筑的连续性，以及施工过程中混凝土坍落度的稳定性。

⑧混凝土养护。混凝土浇捣后待其表面收水后，应及时进行养护，当最高气温低于25℃时，浇筑完毕12h以内开始养护，如最高气温高于25℃时，应在6h以内开始养护。混凝土的养护是用土工布将混凝土覆盖，经常洒水以保持湿润，在土工布上洒水要适量，以不使水流淌为标准。

养护时间不少于14d，混凝土养护必须至其强度达到规范要求，方可在混凝土面上行人（浇筑混凝土1d后）。内模拆除待混凝土浇筑2～3d方可进行，拆除时先将支撑拆除后将模板撬开，拆模时应注意对混凝土边角的保护。

（6）箱梁混凝土成品保护

①侧模拆除时混凝土强度较低，特别注意吊机运料及人工运料过程中不得碰撞混凝土表面，同时要重点保护混凝土结构边角，防止在施工过程中撞伤，影响混凝土外观。拆除模板后应立即清除板面上的混凝土，涂刷脱模剂进入下道施工工序。

②混凝土浇筑完成后，加强对混凝土的养护。底、顶板混凝土收浆后2h左右，立即铺设麻袋或土工布等并洒水养护使混凝土表面保持湿润状态，洒水养护的时间不得少于7d，在有风天气需采取固定措施防止覆盖物被大风刮跑。

③夏季气温高时采用表面流水方法冷却混凝土，在混凝土终凝并凿毛后即开始流水，在混凝土表面形成流动的水层，水层厚2～8mm，水流速度不大于0.8m/s。当日平均气温低于5℃或日最低气温低于－3℃时，应按冬季施工要求进行养护。

④端头外露的连接钢筋以及混凝土构件外露预埋设施必须进行涂刷防锈或其他防护处理，以防日久锈蚀影响结构外观。同时在施工过程中，在混凝土上临时安置施工设备垫板等防污染覆盖设施，以防施工器具以及设备维护时油污落到混凝土表面造成污染。

⑤起吊钢筋、模板等重物时，防止碰撞箱梁混凝土表面。现场要对混凝土表面加以保护，不得在表面随意涂画，做好成品的清洁。

⑥浇筑完成后，在浇筑混凝土终凝前，不得上人作业。

⑦不得随意在混凝土上开槽打洞。

(7)张拉准备

①锚具进场。预应力配套锚具必须采用技术标准符合《预应力筋用锚、夹具和连接器》(GB/T 14370—2007)规定的Ⅰ类夹片式群锚锚具，锚具进场进行验收，验收合格后方可使用。

②张拉设备的选用及标准。张拉设备应配套标定，以确定张拉压力表读数的关系曲线，标定张拉设备用的试验机或测力计精度不得低于+2%。压力表的精度不应低于1.5级，最大量程不宜小于设备额定张拉力的1.3倍。张拉设备的标定期限，不超过6个月或每使用200次。

③张拉端端部清理和锚具安装。锚具安装前应除去孔道口多余预留管道，清理锚垫板上的灰浆和其他异物，把锚杯对准孔道中心套入预应力筋束，锚环各孔中预应力钢绞线应平行不得交叉，塞放夹片时，夹片间隙及留出长度应均匀，并用钢管及小锤轻轻敲紧，不致脱落。夹片装好后如不及时张拉，应将外露钢绞线扎在一起。

④搭设专用张拉操作活动专用架。千斤顶应通过葫芦吊挂在稳固的支架上，并可调节位置，便于推动千斤顶靠拢锚具并与孔道对中，预应力筋通过千斤顶时排列整齐，为便于自动退卸工具锚可在工具夹片上涂上少量石蜡或润滑油。

(8)预应力张拉

①张拉条件。待混凝土强度达到设计强度的90%以上时，方可进行张拉。

②纵、横向预应力张拉顺序。腹板纵向钢束张拉→顶、底板纵向钢束交替张拉→顶板横向预应力张拉。

③预应力钢束张拉步骤。0→初应力($0.075f_{pk}$)→锚下控制应力σ_{con}($0.75f_{pk}$)持荷2min→锚固→0。

④预应力钢束张拉要点。

横梁横向钢束。钢束单端张拉，采用张拉力和伸长量双控。

梁体纵向钢束。张拉顺序：腹板束→顶、底板束交替；左右对称。纵向预应力钢束也采用单端张拉，张拉力和伸长量双控。

桥面横向钢束。钢束间隔单端张拉，以张拉力、伸长量双控。可在脱模后张拉。

⑤张拉前的准备。清理锚垫板及钢绞线表面→安装锚环→安装夹片→安装限

位板。千斤顶安装就位。用套管打紧工具锚夹片。

⑥张拉。千斤顶安装完毕后，由技术人员检查合格后开始预应力张拉。在预应力施工过程中严格按张拉控制程序测量钢绞线伸长量，并与计算值及时比较，发现异常立即停止。

预应力张拉以钢束张拉力和钢束伸长量双控。实际伸长值与理论伸长值之差应控制在6%以内。

锚固。打开油缸的回压阀回油锚固。向千斤顶回油缸供油，活塞回程。

⑦张拉伸长量校核。

张拉伸长量的量测。用量测千斤顶油缸行程数值的方法测量钢绞线伸长量，在初始应力下，量测油缸外露长度，在相应分级荷载下量测相应油缸外露长度，如果行程不够中间锚固，则第二级初始荷载应力为前一级最终荷载，将伸长量叠加，即为初应力至终力间的实测伸长量，实际伸长量 ΔL 应为：

$$\Delta L = \Delta L_1 + \Delta L_2 - A - B - C$$

式中：ΔL_1——从初应力至张拉控制应力之间的实测伸长量，包括多级张拉，两端张拉的总伸长量；

ΔL_2——初应力以下的推算伸长量按相邻级的伸长量确定；

A——张拉过程中工具锚夹片回缩引起的预应力筋内缩量；

B——千斤顶体内预应力筋的张拉伸长量；

C——构件的弹性压缩量。

伸长量校核。伸长量校核是检验张拉工序成败的有效手段，若钢绞线控制应力已达到设计值，并实际量测伸长量在计算伸长量的 ±6% 范围内，则认为合格；否则，应暂停张拉，查明原因，在采取措施后，方可继续张拉。

⑧孔道压浆。张拉完毕后，应及时压浆，最迟不得超过48h，以免预应力钢束锈蚀或松弛。管道压浆采用真空压浆，确保压浆质量。管道压浆采用与梁体同标号的水泥浆，严格控制水灰比不得大于0.4，允许掺膨胀剂，压浆要求饱满密实。压浆采用50MPa水泥净浆。

浆体性能要求。稠度：14～18s；泌水率：3h不大于2%，且泌水在24h内被浆体吸收；缓凝时间：初凝时间不小于3h，终凝时间小于14h；自由膨胀率不大于2%；浆体密度不小于2.0g/cm^3。

真空辅助灌浆质量控制。保证孔道的气密性，真空度要求达到负压0.1MPa；检查和控制浆体原材料的质量；外加剂掺量要准确；加强灌浆过程控制。

⑨封锚。切割锚圈外多余钢绞线，并对混凝土进行凿毛处理；浇筑与连续梁同强度等级的混凝土，浇筑过程中严禁用振捣棒进行捣固，只能用人工捣固。

(9)下个制梁循环开始(移动模架过跨)

每跨箱梁施工完成后,移动模架要行走至下一梁段进行施工作业,移动模架过跨包括脱模落架、横移、纵移和就位四个阶段。

①脱模落架

落架准备。整跨箱梁混凝土浇筑完毕,预应力束张拉之前:拆除端模板;拆除内模板的首段和末端;解除扁担梁吊挂螺纹钢筋,将扁担梁移到已浇好梁的前端,每联的首跨不需使用扁担梁。

落架方。预应力张拉完成后,整体脱模。脱模时,安排一人指挥,统一指挥各台车上的手柄操作工人。落架前,先向上微调顶升油缸,解除四个顶升油缸机械锁紧螺母、机械螺母卸载。之后,先将前端两个顶升油缸同时下落 10mm,然后再将后端两个顶升油缸同时下落 20mm,如此反复,缓慢操作使模架主梁落于支承台车滑道上。

注意事项。四个顶升油缸向上微调解除锁紧螺母时,不可单个油缸硬顶。落架时,前两个顶升油缸或后两个顶升油缸交替下落要十分缓慢,不可单个油缸下落。落架时,必须使钢箱梁轨道准确地落于支承台车的轨道面上。脱模时,四个顶升油缸同时缓慢下落,同步允差 20mm。

②模架横移

模架横移前的准备。前方墩身上第三套墩旁托架及支承台车安装。清除底模横联及走台上的杂物。主梁配重吊装就位,固定完好。检查随行电缆是否有障碍。支承台车、墩旁托架横移轨道上添加润滑脂。如果另一幅已制梁,开模前调整靠近已制梁翼模,防止与另一幅箱梁施工发生冲突。

横移方法。拆除底模板之间的中缝连接螺栓。自前、后向中间对称拆除每榀横联中间的螺栓,剩下中间最后一榀前,仅留一人拆除最后一榀横联连接螺栓,多余人员及工具全部拆离。支承台车横移油缸安装到位,并检查控制阀手柄是否与横移方向相同。顶升油缸与支承台车固定好,与支承台车一同横移。同时操纵左右两侧支承台车横移油缸,两根主梁分别向外横移 3.75m。两根主梁左右横移误差不超过 100mm,同侧横移误差不超过 100mm。

注意事项。模架横移人员配置:指挥 1 人,操作 4 人,观察员 4 人。拆开底模、底模横联上的连接螺栓,要对连接螺栓进行检查,严禁进行火烤、电焊。随时观察墩旁托架顶块是否密贴,模架动作是否平稳。模架基本到位后纠偏,使两根主梁轴线与桥梁轴线平行。六级风以下方能作业。

③模架纵移

模架纵移前的准备。清理每组模架上杂物,不得有附加载荷。清理已制梁面上杂物。主梁纵移轨道及台车轨道添加润滑脂。检查主梁纵移轨道对接错台不大于2mm,且不允许有突变,否则要进行修磨处理。检查墩旁托架墩侧螺旋撑杆是否与墩身密贴。六级风以下(风压150N/m^2,风速15m/s)方能作业。

纵移方法。安装支承台车纵移油缸及纵移装置,并检查是否与纵移方向相同。操作一侧模架的纵移油缸,单边纵移2m停下来;然后操作另一侧模架的纵移油缸纵移2m停下来,依次分别纵移到位。在弯道工况下,解除支承台车与墩旁托架的横移约束,在纵移过程中严密监视支承台车的位置,防止主梁与台车滑道卡死。

注意事项。模架纵移人员配置:指挥1人,操作4人,观察员6人。操作人员一定要做好安全防护,系好安全带和安全帽,多余人员不得在现场停留。统一指挥,手柄操作人员兼看液压表是否显示正常。模架横移到位后,检查纵移前方无障碍后,方可纵移。两组模架不允许同步纵移,单组模架纵移2m停下来后另一组模架再纵移,两组模架纵移距离差控制在2m内,随时纠偏。

④模板就位

就位过程。纵移到位后,按横移方法,使两组模架向内横移合龙。连接底模及横联的中部连接螺栓。解除顶升油缸与支承台车的连接,顶升油缸落位于墩旁托架上,将模架顶升至制梁高程。开始下一制梁循环程序,依次制梁。

注意事项。合模时,在前后墩顶要有人观察,防止模板与垫石发生冲突。在合模到横联销轴位置时,先插好横联销轴再合模到位。

⑤移动模架过跨注意事项

模架脱模及模架的自移。油缸下落要十分缓慢,四个顶升油缸同时操作缓慢升降,同步允差20mm。模架下落时必须使钢箱梁轨道准确地落于支承台车的轨面上。拆开底模、底模横联上的连接螺栓,要对连接螺栓进行检查,严禁进行火烤、电焊。在移位前,注意液压缸操作手柄对应哪个缸,并注意动作方向,避免出现相反动作。横移和纵移过程中,要随时观察墩旁托架上部水平撑杆与桥墩墩身是否密贴,若有松动要及时打入木楔。模架横移到位后,检查纵移前方无障碍后,方可纵移,并随时纠偏。两组模架在横移时必须基本同步,单边纵移,禁止两侧同时纵移。

其他要求。不得在底模横联上搭焊所有设施。连接螺栓不能少,也不得松动、损伤。注意电液元件的检查和维护。装拆、移位支承台车时,不得有损坏。禁止在风力大于六级的气候下横移或纵移模架,台风来临之前,严禁模架处于张开状态。移动模架和操作平台应严格按照施工设计安装。平台四周要有防护栏杆和安全网,平台铺板不得留空隙。作业人员应戴安全帽、穿防滑鞋,高空作业系安全带。上下爬梯应按照设计图纸焊结牢固,经常出入人的通道应搭设顶棚。操作平台上,不得多人聚集一处，严禁向下乱抛掷钢筋、螺栓、工具等，下班时应清扫和整理好料具。模架安装过程中，严格按照吊装施工规范进行作业，要经常调整水平、垂直偏差，防止整体失衡。移动模架上所装置的液压设备、电器设备，严禁他人乱动。操作平台应经常检查是否安全牢固。移动模架行走过程必须严格按照操作规程进行，密切关注天气变化情况，合理组织施工，不得违章操作。各工序的施工严格遵守各项安全管理规定和安全操作规范，发现安全隐患及时处理。

移动模架施工严禁操作事项。严禁移动模架晚上移动过跨施工。严禁在风速大于6级天气进行过孔作业。严禁误操作，制梁工况下将主支撑千斤顶的机械锁调整到位。

⑥移动模架拆除

移动模架施工完最后一跨后，进行移动模架的拆除。移动模架拆除应编制《移动模架拆除专项方案》。

⑦墩身开孔处等效补强

动模架施工完毕拆除后，墩身开孔处浇筑同墩身同级别的微膨胀混凝土。混凝土浇筑前，先将孔内四壁进行凿毛，然后用与墩身同级别的钢筋进行主筋等效补强。

2.13.4 质量控制

(1)原材料

①水泥

混凝土拌和物应采用同一品种水泥。应选用较低水化热水泥和控制水泥细度及S_3C含量，尽量降低水泥硬化过程中的水化热，以防止混凝土表面的细微裂缝。采用低碱含量水泥，混凝土含碱量的上限应小于3.0kg/m^3。水泥中的氯离子总量不应超过胶结材料重量的0.1%。采用42.5级以上的硅酸盐水泥。

②矿物掺和料

应适当添加粉煤灰等矿物掺和料，可减少开裂和减小渗透性。

③细集料

应采用级配良好、质地坚硬、颗粒洁净的河砂，以中粗砂为宜。不同细度模数的砂子，累计筛余量控制为5mm筛0～5%、0.63mm筛40%～70%、0.16mm筛≥95%。砂含泥量控制在1.0%以内，且要严格控制泥块含量。使用的砂应进行碱活性检验。

④粗集料

应洁净、质地坚固、级配合格、粒径形状良好。粗集料堆积密度大于1 500kg/m^3，压碎值不大于10%,吸水率不大于2%。不采用有潜在活性的粗集料。

⑤外加剂

所采用的混凝土外加剂产品技术性能指标应符合《混凝土外加剂》(GB 8076—1997)相关标准。使用前必须与所用水泥进行化学成分和剂量适应性检验,化学成分不适应,不得使用。应通过不同减水剂掺量与混凝土减水率试验曲线找出该减水剂的最佳掺量。还要满足缓凝时间、坍落度损失等指标。外加剂中氯离子含量不得大于混凝土中胶结材料总重的0.02%。

⑥原材料重量控制

必须确保拌和物的质量,拌和楼使用电子秤计量,保证配料准确。

⑦原材料堆放控制

在施工现场运输与存储过程中,严禁混入影响混凝土性能的有害物质。按品种规格分类堆放,不得混杂。在装卸及堆放时,应采取措施,使集料颗粒级配均匀,并保持料场清洁。搭设遮雨大棚,分别堆放各种规格种类的集料。

(2)箱梁模板

移动模架及模板指定专业厂家进行加工制作。表面清洁和保护。模板进场后要堆放整齐,不得因受外力而变形。模板安装时按顺序进行拼装,就位要准确,接缝要严密,板缝要平顺。模板安装与拆除时应轻拿轻放,不得重力撞击。模板安装后预压时在模板表面垫上两层土工布,对模板表面进行保护。模板在每次上钢筋之前对表面进行除锈并抛光,除锈采用砂轮打磨机,如模板面板有不平整处应进行处理。最后在混凝土浇筑之前用空压机将模板表面垃圾清除干净。

(3)钢筋施工

钢筋加工时宜采用在后场加工成半成品网片分块吊装的方式,尽量减少钢筋在模架现场上的作业时间。钢筋接头采用滚轧直螺纹连接套筒,应减少钢筋焊接接头数量,以更好地减少污染模板。必须要焊接的,在焊接位置的下方、模板的上方垫上一块铁皮,防止因焊接灼伤模板。钢筋连接避开墩顶和跨中等应力较大部位。钢筋扎丝头应朝里,避免过于靠近模板。钢筋保护层垫块密度满足规范和受力要求。

(4)混凝土施工

①拌和站严格按施工配合比拌制混凝土,控制混凝土坍落度在19cm±2cm,浇筑底腹板时坍落度按上限控制,浇筑顶板时坍落度按下限控制,每车混凝土出场前及到现场后均要进行坍落度检测,不合格的混凝土不得入模。

②严格控制混凝土的自由下落高度不超过2m,防止混凝土产生离析。

③混凝土浇筑的分层不宜过厚,要逐层按顺序浇筑并按浇筑顺序和方向逐点

顺次振捣。

④混凝土浇筑过程中,控制振捣时间,并遵循“快插慢拔”原则进行振捣。严格控制振捣提棒速度,防止漏振和过振。漏振会使混凝土松散,过振将造成混凝土离析。在箱梁钢筋较密集的部位宜采用小直径振捣棒,振捣过程中振捣棒的头不得与模板接触,以防混凝土外观出现“白斑”及对模板造成损坏。

⑤混凝土达到拆模强度后进行拆模,拆除后立即进行覆盖养护。

(5)表面修饰

连续箱梁混凝土施工时,注意混凝土外观质量。脱模后,尽量保证不对混凝土面进行修饰。如混凝土局部表面存有缺陷,需进行修饰,再对混凝土缺陷表面进行修饰。

每次移动模架向前过跨后应做到及时修饰,对外轮廓线不太整齐的位置加以人工处理,多余部分可用打磨机进行打磨处理,确保混凝土色泽一致、无明显色差、无明显接缝等,使得整个箱梁表面平整、光洁、颜色一样。

(6)冬季施工

①冬季高空作业时,做好钢结构的防滑措施,并采取一定的防风措施。在冬季施工进行钢结构焊接时,应采取相应的焊接工艺。

②冬季施工期间加强对机械设备的保暖维护工作,保证设备能正常运转。

③冬季施工期间,如气温低于5℃时,对搅拌用水进行加热,保证混凝土拌和物的出机温度不低于11℃,入模温度不低于5℃。

④为了保证混凝土的和易性、流动性,应延长拌和时间,比常温时延长50%。根据混凝土的浇筑强度、运输方式确定混凝土的配合比,外加剂掺量按规范执行。加强混凝土的冬季养护,对输送泵管包扎保温,对已浇好的混凝土及时覆盖保温养护。

2.14 预应力智能张拉施工标准工法

2.14.1 适用范围

本工法适用于江西省高速公路建设项目的预应力智能张拉施工。

2.14.2 工艺流程

工艺流程见图2.14-1。

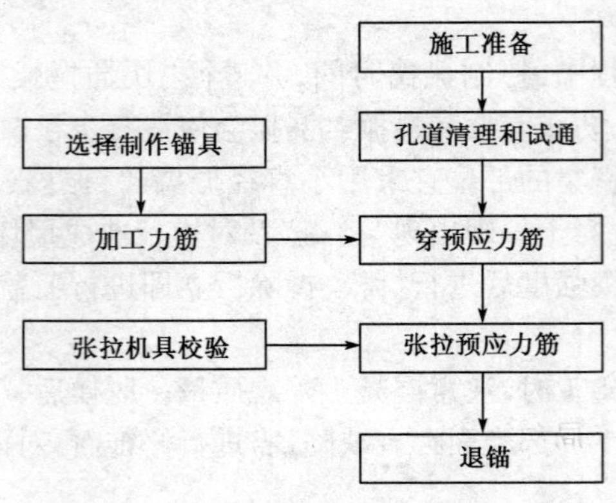

图 2.14-1　张拉施工工艺流程图

2.14.3　操作要点

(1)张拉仪电源

张拉仪自身配件中有专门的张拉仪电源插头,因此电源线必须采用三相四芯电缆,若无零线则张拉仪不能正常开机。

(2)张拉仪与千斤顶的编号

张拉仪编号与千斤顶编号是一一对应的,不能相互混淆,因此需严格按标定报告上的张拉仪与千斤顶配对使用。

(3)张拉仪的无线天线

张拉仪无线天线是和电脑上的无线网关相连接的,若无天线则会造成无信号、信号间歇性中断,因此,张拉仪的天线在移动或不使用时,因装入配件箱存放,使用时再装上张拉仪并将天线向上放置。

(4)位移传感器

位移传感器是采集位移的测量工具,是安装在千斤顶侧向的一个电子部件,位移传感器伸出量与千斤顶的伸出量是基本一致的(即 200mm)。

(5)工具夹片

①工具夹片在安装前因在夹片外侧涂抹皂角水或裹上塑料薄膜,以防止在张拉时夹片掐入工具锚内无法退出。

②工具夹片在打紧时,应注意用钢管水平敲打,让 3 片夹片尾部平齐,以防前后错位在张拉时受力不均匀导致夹伤或夹断钢绞线。

③工具夹片在全部打紧后应逐个再敲打一边,以防个别夹片松动而造成不必要的滑丝。

(6)张拉安全

①张拉前应在张拉两端各设置一个醒目的张拉提醒牌及在千斤顶的正后方放置一个挡板,以防拉断钢绞线后夹片与拉断的钢绞线伤人。

②张拉时千斤顶的后方严禁站人,现场操作人员应站在张拉构件的两侧并提醒四周人员注意安全。

(7)电脑控制张拉

①在张拉前应先启动调试,来确实两台张拉仪是否连接正常及张拉时是否能同步进行。

②在张拉前后控制台应与现场一直保持通话联系,如有异常现象可以及时暂停张拉。

③张拉时电脑前必须有操作人员在时刻查看曲线走向,如发现异常应暂停张拉与现场操作员联系,排除问题。

④张拉完退锚,现场操作员在拆卸千斤顶时,应按"先装后拆,后装先拆"的原则逐一拆卸部件,工具锚拆卸后应放置在固定位置,严禁乱放乱抛以防砸伤人、砸到管线等。

2.14.4 质量控制

(1)滑丝

①处理方法

若是工作夹片滑丝则退索,对该批次的钢绞线及锚具重新做检测,并联系锚具和钢绞线厂家来现场共同分析原因,找出原因后方可更换新的锚具及钢绞线重新张拉。若在加载初始应力时工具夹片滑丝则停止张拉,千斤顶回油至初始状态,然后重新逐一敲打工具夹片直至全部打紧。若在加载过程中工具夹片滑丝则停止张拉,千斤顶回油至初始状态,然后检查工具夹片是否有异常,如裂缝、夹片内齿有异物等。有裂缝则更换新的夹片;有异物则清理干净后方可使用。

②预防措施

每次锚具及钢绞线到工地时,必须按要求做检测。工具夹片应该固定地方存放,若长时间不用则应清洗后上油封存。工具夹片每次使用前应检查夹片是否有裂痕、杂物,如有问题及时更换。

(2)断丝

①处理方法

断丝若在梁体内则退索更换新的钢绞线重新张拉。断丝如在梁体外,若断丝率超过1%的,则退索更换新的钢绞线重新张拉。

②预防措施

钢绞线进场后应在进场库房存放,做到下垫上盖(下垫高度不小于30cm,用油布覆盖)。钢绞线穿入孔前,应采用梳编穿束法,以防止钢绞线交叉混乱。锚具采用正规及口碑良好的厂家产品。波纹管定位符合设计要求。梁体端部的各孔道锚垫板按设计要求固定。千斤顶安装时必须和锚具及孔道的中心线相一致。工具夹片打紧后还需逐一检查,以防有松动现象。张拉力及伸长量计算完后,必须有人进行复核及校对。

2.15 混凝土T梁先简支后连续体系转换施工标准工法

2.15.1 适用范围

本工法适用于江西省高速公路建设项目的混凝土T梁先简支后连续体系转换施工。

2.15.2 工艺流程

工艺流程见图2.15-1。

2.15.3 操作要点

(1)施工准备

①技术准备

组织相关工程技术人员仔细阅读施工设计图纸,认真编写施工作业指导书,对所有参建人员进行相应的技术交底,明确各步骤施工程序、工艺流程及检验控制标准。

②试验准备

抽检工序所采用的钢筋、水泥、砂、碎石、钢束、预应力等材料样品,进行相关的原材料检验工作。湿接缝采用与预制梁混凝土相同的配合比(或微膨胀或提高一个强度等级)。

③物资材料准备

按照施工设计图纸要求做好钢材、水泥、地材、模板、橡胶板式支座等材料的准备工作,满足正常施工需要。对所有进场材料严把质量关。

预应力材料,包括预应力钢束、锚具。

模板准备。一般采用桥梁专用防水竹胶合模板,厚15mm。质量要求:板面平整,胶合牢固。每块模板最多只准周转使用4次。

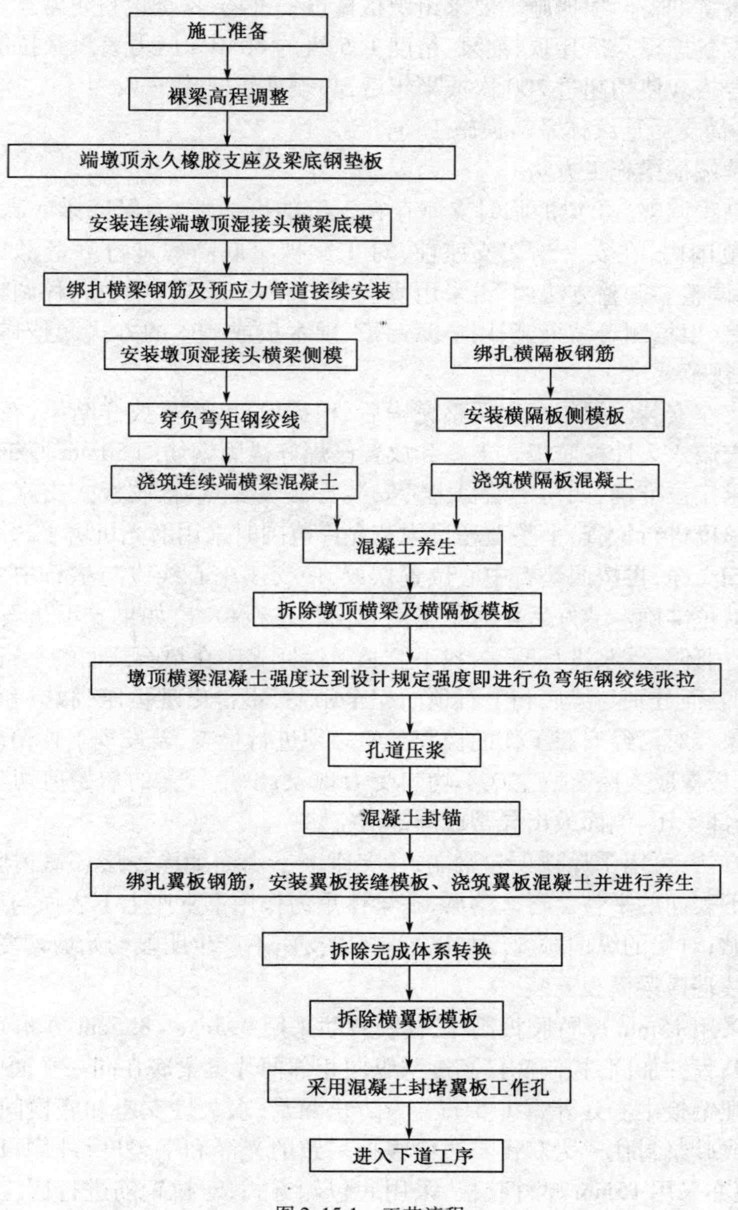

图2.15-1 工艺流程

板式橡胶支座准备。采用符合《公路桥梁板式橡胶支座》(JT/T 663—2006)技术标准要求的合格板式橡胶支座,严禁使用不合格产品。

机械设备准备。根据施工要求组织机械设备进场,保证设备正常运转。

张拉设备选择。千斤顶、油泵、精度1.5级的60MPa压力表。张拉前,将张拉设备校验合格。使用超过200次或半年后,必须重新校验。

(2)先简支后连续体系转换施工

①连续端横梁施工方法

裸梁高程调整。T梁的临时支座存在下沉的可能性,为保证梁底高程在规范容许误差范围内,在安装永久支座前,对T梁裸梁底高程进行测量,如果误差超限,则需要调整。调整方法如下:采用薄型100t千斤顶进行梁底高程调整,将千斤顶置于梁底,根据测量结果,采用垫薄钢板、硬木板或掏砂的方式调整临时支座高度,至满足规范要求。

永久支座安装。裸梁高程调整完毕后,根据设计、测量放样结果,在连续端墩顶垫石上安装永久性橡胶板式支座和放置已焊好锚固钢筋的30mm厚钢板横梁底垫板。要求定位准确,四角密贴稳定。安装方法及要点:橡胶板式支座安装前,先对垫石平整度进行检查,平整度超过规范允许范围时采用磨光机磨平,并将墩台垫石顶面清扫干净,再按照垫石中心位置摆放,使支座中心线应与垫石中心线一致,确保支座就位准确。装好后再对平整度和高程进行检查,如果支承垫石高程误差过大,可以用环氧砂浆进行调整、找平。必须保证支座在垫石顶面的平行、平整,使支座上、下表面分别与梁底和垫石顶面完全密贴,不得出现偏压、脱空和不均匀支承受力现象。对已经安装工作的橡胶支座必须进行检查,若发现下述情况,应及时调整:四氟板橡胶支座有脱空或不均匀受力现象;发生较大的初始剪切变形;受偏压严重、局部受压、侧面鼓出异常或局部落空。

调整方法:可用千斤顶顶起梁端,在支座上下表面铺涂一层环氧树脂砂浆,确保支座上下表面的平整。再次落梁,在梁体重力作用下支座上下表面与梁底、垫石顶完全密贴;对梁的纵向倾斜度加以控制,以支座不产生明显初始剪切变形为佳。

②连续端横梁模板安装

底模采用15mm厚竹胶板制作,模板背肋采用8.5cm×8.5cm方木@30cm,用木架调整高程并加固,控制底模高度与纵向相邻两片梁梁底在同一平面内,并保证支座顶预埋钢板中心处外露1.5cm。为防止漏浆,永久性支座和底模间的缝隙用双面胶带或砂浆封住。为获得与边梁腹板一致的光泽和平整度,外侧可采用钢模板,内侧模亦采用15mm厚竹胶板,采用底包侧方式,对拉钢筋进行固定。为保证外侧的外观,尽可能采用钢筋套管对拉,或横梁顶斜向钢筋套管对拉,不让钢筋头外露产生锈迹。模板的加工及安装拼缝平整，避免造成混凝土面错台。

③横隔板湿接缝模板安装

横隔板模板采用$\delta=15$mm竹胶板，背肋采用6cm×6cm方木@30cm，竖向大肋采用双拼[6.3槽钢，拉杆采用ϕ12mm圆钢，竖向间距55cm，横向间距64cm，模板宽80cm，模板与横隔板接触部位采用双面胶带封住防止漏浆，采用侧包底的方式，拉杆进行加固，底模支撑在最下排拉杆上，用木楔打紧。

④翼板湿接缝模板安装

在体系转换后进行翼板湿接缝模板安装和混凝土浇筑。翼板湿接缝模板采用15mm厚竹胶板，背肋采用6cm×6cm方木@30cm，纵向大肋采用双拼[6.3槽钢，拉杆采用ϕ12mm圆钢，纵桥向间距63cm，横桥向间距50cm，模板宽90cm，单块模板长度为244cm左右。为保证模板长度方向分块不错台，两个横隔板之间三块模板可在梁面整体预拼和拼缝调整。模板与T梁翼板下接触部位采用双面胶带防止漏浆，采用钢筋螺杆进行加固。

⑤钢筋加工及安装

按设计进行钢筋下料，绑扎钢筋，纵向钢筋连接。相邻跨梁肋及翼板内伸出钢筋，上下一一对应连接，采用绑扎和辅以点焊连接，直径12mm及以上钢筋采用单面焊连接，焊缝长度不小于$10d$。横隔板接缝处钢筋：上下连接主筋采用单面焊接，焊缝长度不小于$10d$。其余分布钢筋采用绑扎或者点焊连接。翼板湿接缝钢筋：将环形钢筋在加工场加工成型，现场按照设计图与预制梁中预留钢筋相互绑扎成型。

⑥波纹管加工及接续安装

修整预制梁预留管道口，去除毛刺。根据两对应管道实际长度截取一段波纹管，并准备两段15cm长的接头管旋入，再用胶带包裹严密。穿束完毕后再逐一对管道进行检查，确保连接牢靠，不向管内渗漏水泥浆堵管。

⑦混凝土浇筑

根据设计的施工顺序连续进行混凝土浇筑施工。

混凝土的振捣。现浇连续段横梁、横隔板和翼板混凝土振捣：采用30型或50型插入式振捣棒振捣，应垂直、等距插入到另一层5～10cm，其间距应控制在25cm左右为宜。振捣密实的标志：混凝土不再下沉，表面泛浆、无气泡冒出。振动器应尽量避免直接接触钢筋和模板。严禁漏振和过振，并防止振捣棒直接接触波纹管，以防漏浆，堵塞孔道。

混凝土浇筑过程中，派专人检查模板，防止发生跑模、漏浆现象。

墩顶连续横梁混凝土施工应注意的事项。为保证简支连续梁桥相邻桥跨结构形式整体协同受力,要求墩顶现浇连续段内采用与T梁同强度的混凝土浇筑。在保证设计强度要求的同时,混凝土应捣固均匀密实,并能与预制梁端结合紧密,应具有良好的填充性能和低收缩性能。墩顶现浇连续横梁混凝土浇筑前,T梁端头面等与现浇混凝土接合面应凿毛洗净,凿除表层直至露出粗集料,凿毛覆盖面应达到100%。现浇连续横梁混凝土浇筑宜选择在一天内气温较低的时段进行,尽量避免梁体因温度变化而收缩使现浇连续段混凝土产生裂缝。浇筑前应采用水润湿(润湿时间不低于24h),使老混凝土处于饱和状态,可提高界面黏结强度,有效避免或减小新旧混凝土接合面开裂,必要时可在浇筑墩顶现浇连续段混凝土的同时另外涂刷水泥净浆。墩顶现浇连续段混凝土的强度达到设计规定值(设计无规定时达到设计强度的85%)前,结构上不得出现对混凝土强度成长产生不利影响的任何扰动。简支连续梁桥墩顶现浇连续横梁混凝土浇筑顺序应严格按照设计规定进行,设计无明确要求时,宜依据本工法规定的顺序进行。讲究外观美,尤其是墩顶横梁外侧不要留有钢筋头,色泽与现有T梁一致。现浇混凝土与预制T梁混凝土之间龄期不要间隔太长,施工单位应合理安排各工序时间,尽量缩短龄期差。

⑧养生

在混凝土初凝前,进行二次收浆,以控制平整度及防止出现裂缝。为防止早期收缩出现裂缝,混凝土浇捣抹平后即用塑料薄膜或土工布覆盖洒水养生。养护时间不少于7d。

⑨负弯矩钢束张拉

待湿接缝及连续端混凝土强度达到设计强度等级的85%后,即可施加负弯矩预应力。负弯矩张拉采用临时挂篮进行施工。钢束采用五根钢束张拉机具整束张拉。跨边梁为安全施工可采用单根张拉。张拉顺序:先边跨后中跨;先边梁后中梁;先长束后短束,同片梁两侧对称进行。钢束下料与编束:按照图纸设计孔道长度,并根据张拉设备的工作长度进行钢束下料,充分考虑工作长度并留有15~20cm的富余量。采用砂轮切割机切割,禁止用气割设备切断,依据设计每5根编成一束,将每根钢绞线待穿端头进行包裹。锚垫板及管道清理:人工将锚垫板面与其喇叭管内的杂物清除干净。穿束:采用人工进行穿束。按照事先编号一一对应进行人工穿束,在运输过程中,禁止拖拉,以免造成钢束表面磨损。锚具、夹片安装:穿束完成后,将对应型号的锚具、夹片安装到位,夹片安装时用钢管套筒套紧,将夹片外露量调整到同一位置。安装千斤顶与锚板:首先上好工作锚板,并将工作夹片均匀打紧并外露一致。张拉前必须调整好千斤顶的位置,使张拉力的作用线与张拉头孔道末端的切线重合,并垂直于锚垫板。施加预应力:按照0→初应力($0.10\sigma_{con}$)→2倍初应力($0.2\sigma_{con}$)→终应力(σ_{con})(持荷2min锚固)施加预应力。

当油表读数到达初应力($0.10\sigma_{con}$)时,用拐尺或钢板尺量测伸长量L_1,2 倍初应力($0.2\sigma_{con}$)量测伸长量L_2,终应力(σ_{con})量测L,并根据公式:$\Delta L = L - L_2 + 2(L_2 - L_1) = L + L_2 - 2L_1$计算钢束伸长量,钢束两端张拉伸长值之和不超过计算理论值的±6%(超出此限时应查明原因),但以张拉力控制为主,伸长量控制为辅。卸载:张拉一束后,按照操作程序进行卸载,在钢束上用红油漆画上标记,记录其到锚具的距离,观察钢束是否有回缩等现象。全部张拉完成卸载后,静放24h观察钢束是否存在回缩、断丝等现象,将多余钢束用切割机切断。在锚板上预留的螺孔植筋,和用与锚头相适应的套模将整个锚具全部包裹封住,灌入细石混凝土,敲振成型。

⑩负弯矩管道压浆

预应力钢筋张拉完成后及时进行孔道压浆,以防止预应力筋锈蚀或松弛。孔道压浆顺序按张拉顺序进行。孔道压注的水泥浆液抗压强度:在标准养护条件下,其7d龄期的强度不小于20MPa,28d龄期的强度不小于50MPa。水灰比宜为0.4~0.45,并按标准配合比掺入适量的减水剂与膨胀剂,以减小收缩。水泥浆稠度宜控制在14~18s之间,泌水率最大不得超过3%,自由膨胀率应小于10%。压浆前,用压浆机水冲压清洗干净孔道。水泥浆自拌制至压入孔道的延续时间视气温而定,一般在45min以内。水泥浆在压注过程中应连续搅拌,压浆应缓慢、均匀地进行,不得中断。采用一次压浆的方法,使用活塞式压浆泵,用压浆机从负弯矩的甲端注入水泥浆,待乙端排出与甲端稠度相同的水泥浆为止。将乙端用阀闸堵住,然后继续加压注入,待压力达到要求(一般压力宜为0.5~0.7MPa),并保持不小于0.5MPa的一个稳压期(一般为2min),卸除压浆管,在压浆全部完成后,继续养生。

⑪封锚

预应力孔道压浆完成后清除锚具及端面混凝土的水泥浆,将端面凿毛,进行植筋和锚钢筋网片的绑扎(封锚模板利用封锚钢筋或植入膨胀螺栓加固)并保证其角度垂直。封锚拟采用整体定型塑料模具,为方便脱模模具转角部位设置$R=1$cm圆倒角,封锚尺寸为宽边21cm、窄边19cm、厚度15cm。封锚混凝土应具有较高的流动性和自密实性,拟采用细石"自流平"混凝土。封锚混凝土由翼缘板预留孔(预制时已预留)下料,为保证混凝土的密实,一边下料一边用橡皮锤轻轻敲打模具四周,靠振动使混凝土密实。

⑫临时支座拆除,实现先简支后连续体系转换

待负弯矩应力管道内水泥浆强度达到设计规定强度以上时即可进行临时支座的拆除,临时支座拆除同样采用挂篮法。临时支座拆除顺序采取隔墩对称拆除,体系转换过程中梁体的受力情况最有利。跨内横桥向各片梁临时支座拆除必须缓

慢、均衡、对称、同步进行。

⑬T 梁高程检测和后浇墩顶横梁的工作状态

临时支座拆除后，对整联桥面进行高程检测。对连续端后浇墩顶横梁和横隔板的混凝土进行检查，看有无裂缝发生。对齿板上的翼缘板进行观察，看有无变形与裂纹产生。

2.15.4 质量控制

(1)技术制度保证

严格按照规范要求及相关文件中的要求及图纸施工。施工前进行全面技术交底，使每个施工人员操作有标准，工作有目标。对施工的各个细小环节进行严格控制，建立岗位责任制，包括责任项、责任人及控制措施等。

(2)技术措施

①混凝土浇筑要确保拌和物质量，混凝土有良好的和易性，坍落度损失小，流动性适宜；加强原材料检验，优化配合比，搅拌设备定期检修，搅拌过程中严格计量。混凝土运输、布料等严格按规范要求执行。在雨天要有试验人员对每一罐混凝土进行检查，随时调整配比。

②湿接缝混凝土外观质量创优措施

模板保证。模板采用准入的覆膜竹胶板；模板必须有足够的强度和刚度，背肋间距最大不超过 30cm，确保使用过程中变形不超过规范值；模板主要采用拉杆加固，拉杆孔必须采用机械开孔以确保拉杆孔的美观，拉杆的布置整齐、合理，拉杆必须采用 PVC 套管或锥形螺母，严禁拆模后拉杆外露；模板周转次数应适当，使用过程中发现变形或面板缺陷必须及时整修和更换，模板每次使用前必须经监理工程师验收合格。

工后清理：湿接缝、现浇连续段拆模完毕后应及时对缺陷或影响外观质量的部位进行清理和修饰。止浆条的清除：模板拆除后安排专人对双面胶止浆条进行清除，清除的方法是人工用小铲刀清除。湿接缝、现浇连续段混凝土与梁体接触部位不可避免会产生错台，错台应及时用磨光机打磨平整。为保证接缝直顺、美观，接缝部位有明显不直顺的情况时应用角磨机打磨平顺。浇筑现浇连续段、湿接缝散落在梁体、盖梁上的混凝土压浆冒出的水泥浆应及时清除干净。

③湿接缝混凝土外观质量验收标准

颜色。表面颜色一致，色泽均匀，与梁体颜色相近，在距混凝土 5m 处肉眼看不到明显的颜色差别。

表面质量。混凝土表面不得出现蜂窝、麻面、砂带、冷接缝和表面损伤等；不得受到污染和出现斑迹。

表面气泡。混凝土表面1m^2面积上的气泡面积总和不大于8mm^2,最大气泡直径不大于5mm,深度不大于5mm。

光洁度。混凝土表面无漏浆、流淌及冲刷痕迹,无油迹、墨迹及锈斑,无粉化物。

错台。要求新浇筑混凝土与梁体混凝土接触部位不得有明显错台。模板拼缝印迹整齐、均匀,且印迹宽度和板差不大于2mm。

漏浆。防止接头部位明显漏浆,止浆主要采用双面胶条,浇筑前必须严格检查,发现问题及时处理。

对拉螺栓孔。对拉螺栓孔眼排列整齐匀称,拆模后封堵密实,颜色同混凝土面一致。

后浇现浇连续段、湿接缝与梁面混凝土衔接平顺,平整度不应大于8mm。

④张拉质量控制要点

施加控制应力后,钢束两端张拉伸长值之和不超过计算理论值的±6%(超出此限时应查明原因)。

全梁断丝、滑丝总数不超过钢丝总数的0.5%,并不得位于梁体的同一侧,且一束内断丝不得超过一丝。

锚固后夹片表面应平整,同束夹片外露量差不超过1mm.

因处理滑丝、断丝而引起钢束重复张拉时,同一束不超过3次;若钢丝与锚具因滑丝而留有明显刻痕时,应予更换。

认真做好张拉记录和张拉过程中出现各种情况的原始记录,终张拉后经检查并确认全部合格后方可割丝。

钢束切割处距锚头面30~35mm,采用砂轮机切割,防止对锚具造成损害。切割完成后用防水涂料对锚具进行防锈处理。

2.16 混凝土悬臂浇筑施工标准工法

2.16.1 适用范围

本工法适用于江西省高速公路建设项目的混凝土悬臂浇筑施工。

2.16.2 工艺流程

托架施工→承重梁、分配梁安装→底模、外侧模安装固定→底板、腹板、横隔板普通钢筋绑扎→腹板竖向预应力筋安装、固定→冲洗底模→安装内模→安装、调试灌注导管、漏斗、储浆盘→灌注第一次混凝土→等强→施工缝处理→顶板钢筋绑扎→顶板纵、横向波纹管安装定位→安装、调试灌注导管、漏斗、储浆盘→灌注第二次混凝土。

2.16.3 操作要点

(1)托架搭设及加载方法

托架的搭设主要借助塔吊完成,单个构件吊装质量控制在3t以内,为便于人员操作,托架在地面拼装成一个个小单元体,托架底层位置设置操作平台,操作平台用卓良模板平台。单元体吊至拼装平台临时固定,然后按施工设计图将各单元体连接成整体并牢固定位,托架拼装后,放置型钢分配梁、木楔、砂筒、承重梁,支立钢管架及模板。

支架搭设完毕后必须对其进行加载试验。加载前对托架结构特别是连接处全面检查,确认无误后开始预压,对托架预压采用100%等荷载预压方式,所有荷载由足够数量的砂袋产生,砂袋按一定的顺序在模板顶面摆放整齐。预压过程中每天做好现场记录,观察托架的稳定性,直到最后两天的变形稳定并经监理工程师检查合格后才算结束。通过预压消除非弹性变形,并测出托架的弹性变形,为立模高程提供准确数值。

(2)模板设计和施工

外模使用每个T构上两个挂篮的外模,其余用竹胶板补充;考虑梁体截面变化大,模板通用性差,内模拟采用万能组合钢模,使用螺栓及U形卡连接成整体,竖向用型钢作为背楞,横向用ϕ48mm钢管或型钢通过扣件及拉杆将内、外模框架拉紧,安装内模时竖向预应力压浆管道设计位置预先挖孔,并在模板安装时注意压浆孔的保护,安装后用海绵或其他材料封堵管周空隙。内顶模就位后采用脚手架及可调式承托配合将内顶模顶紧。

(3)预应力系统安装

①预应力筋的制作

钢绞线下料。钢绞线的下料长度$L(\mathrm{cm}) = L_c + 2 \times L_g$。$L_c$为孔道长度,亦即设计钢束的理论长度;$L_g$为两端千斤顶张拉时必需的工作长度。下料前采用钢管架或贝雷架将成捆钢绞线固定并竖直放置,从成捆钢绞线中心拆开内圈外包装,然后将钢绞线拉出。钢绞线必须采用砂轮切割机下料,严禁采用气割枪切割。下料场地必须平整、清洁、干燥,不得有油污和泥污。

钢绞线编束。用“梳板”(根据锚环孔眼位置钻上眼的10mm厚钢板)梳理已经下好料的钢绞线，梳理顺直后再用镀锌铁丝绑扎，间距按1～1.5m布置，钢束两端各2m区段内要加密至50cm。编好束后，焊制束头，以便穿束。束头要呈圆锥形地焊接在一块并焊接好拉环，束头焊接长度要短，并用砂轮磨圆。注意在焊制束头时，要在附近包裹麻布，并不断浇水降温，以免损伤钢绞线，其保护长度为30cm。用红漆将每根理顺后的钢绞线画上印记，编束后的钢绞线束立即挂上标牌，注明型号、长度、钢束编号，在现场架空30cm高堆放，用防雨布遮盖。

精轧螺纹钢筋制作。下料前，对预应力精轧螺纹粗钢筋肉眼可见的弯折进行调直，清除表面的浮锈、污物、泥土，锯去钢筋两端由钢厂剪切造成的扁头。如钢筋表面有明显凹坑、缺陷，予以剔除。下料时采用砂轮锯切割，禁止使用电焊切割。采用氧割时，要避免飞溅熔渣损伤其他钢筋表面，并对钢筋两端用砂轮或锉刀进行修整。

②预应力管道布置

纵向和横向预应力管道均采用金属波纹管，竖向预应力管道采用铁皮管。布置时严格按设计进行固定，定位钢筋严格施作，并在正确位置设排气孔。纵向预应力管道内穿比管道直径稍小的聚乙烯塑料管作为衬管，以保证管道的顺直和畅通。

③纵向预应力钢束的穿束

穿束前采用压力水冲洗孔道内杂物，观察孔道内有无串孔现象，然后用风吹干孔道内水分。纵向钢束，采用卷扬机整束牵引的方法。具体方法如下：对于超长（>100m）管道，在悬臂施工时，采用单根钢绞线作穿引索；按图纸要求，另加50cm下料，下料理顺捆成一整体；端部做成锥形状，套上牵引接头；制作专门架子，分别立于悬臂两端要张拉的孔位附近，钢束通过它进入孔内；对于要求张拉的孔道穿入一根钢绞线后，把卷扬机上的钢丝绳拉入孔内；当钢丝绳从另一端伸出孔道后通过双线滑车和钢束的牵引接头相连；用卷扬机缓缓将钢束拉进管内。

④竖向预应力筋安装

竖向预应力钢筋在安装前，钢筋端部必须用砂轮机打磨，以便上YGM锚具；严格按设计要求下料，下料尺寸误差不大于±1cm；预应力钢筋位置严格按设计要求安装，并且要垂直，两端必须将螺母、垫板、波纹管和螺旋筋固定在一起，并防止漏浆；在安放竖向预应力筋时，要注意挂篮要求增加的预应力筋长度及附近的预应力筋，以保证挂篮的锚固。

⑤预应力张拉工艺

张拉设备。每个T构所需张拉设备有：顶板纵向束，底板纵向束采用400t穿心式液压千斤顶4台及配套的工具锚。横向束张拉采用单根27t穿心千斤顶、竖向筋张拉采用60t穿心千斤顶。油泵压力表随千斤顶配套使用，不得串用。每油泵2块压力表,1块控制张拉力,1块控制回油力。5t卷扬机2台用于长束穿束。其他附属设备,张拉工作平台纵向、横向各2个。

张拉顺序。先张拉顶板纵向束,纵向束要横向对称双向张拉,但可分先后。然后再张拉横向预应力束,最后张拉竖向预应力筋。合龙段临时张拉,应在临时劲性骨架设置后,按原设计要求对称张拉,至底板张拉完成后松束。底板钢束在合龙段完成后,依照先张拉长束后张拉短束的顺序,横向对称,双向张拉,但可以分成前后。

钢绞线张拉。安装工作锚及夹片之前要用高标号石蜡涂抹以便退卸。安装顺序为锚垫板、工作夹片、限位板、千斤顶、工具锚和工具夹片。全部安装完毕后徐徐启动油泵、千斤顶送油工作。张拉到由试验确定的初始张拉力停止送油,读油表数,量取千斤顶伸长量并记录。然后按张拉力0→10%→100%分级张拉,如两端张拉时要求张拉速度、伸长尺寸一致,读取各级油表数和相应的伸长量,当张拉至100%时,持荷5min,回油锚固,并测量总回缩量及夹片外露量。检查实际伸长量和理论伸长量,其差值<6%,则认为通过,否则查找原因。再开启油阀,退卸千斤顶。当油缸行程不够可反复数次张拉至设计荷载100%后,回油锚固,并做好记录。

高强精轧螺纹钢筋张拉。清理好张拉槽口后,在精轧螺纹钢筋上,安装垫板和螺母,并用扳手拧紧。再将穿心拉杆通过连接器旋戴在预应力钢筋上并至少上4cm的螺纹长度。套上自行加工的张拉钢板凳,将千斤顶就位套在穿心拉杆上,拧紧放入垫板,拧紧穿心拉杆螺母。千斤顶就绪后,开启油泵,前油嘴进油,后油嘴回油,活塞向后移动张拉钢筋。钢筋伸长的同时,不断转动拧紧装置拧紧螺母锚固,当油压达到设计控制张拉力,做好10%、100%伸长量记录,并持荷1~2min。张拉结束后前油嘴回油,后油嘴进油,活塞向前移动直至松开。预应力钢筋一律采用双控制法,但油压表误差不超过2%,伸长量误差不得超过6%。当误差在允许范围内时,在记录表上签字交监理认可。同时,为保证高强精轧螺纹钢筋张拉,采用二次张拉工艺,检验竖向预应力精轧螺纹钢筋施加的准确与否,即:竖向预应力施加一段时间后,用经过标定的扭矩扳手检查竖向预应力数值。

⑥预应力管道压浆

管道压浆均采用真空吸浆工艺。具体为:在压浆之前,首先用真空泵抽吸预应力孔道中的空气,使孔道的真空度达到80%以上,然后在孔道的另一端再用压浆机以大于0.7MPa的正常压力将水泥浆压入预应力孔道中,由于孔道中只有极少的空气,很难形成气泡,同时,由于孔道与压浆机之间的正负压力差,大大提高了孔道压浆的饱满度和密实度,在水泥浆中,减小了水泥浆的收缩。

真空辅助压浆的主要工艺流程。在水泥浆出口及入口处接上密封阀门,将真空泵连接在非压浆端上,压浆泵连接在压浆端上,以串联的方式将负压容器、三向阀门和锚具盖连接起来,其中,锚具盖帽和阀门之间用一段透明的喉管连接。在压浆前关闭所有排气阀门并启动真空泵10min,显示出真空负压力的产生,应能达到负压力0.1MPa,如果没有满足此数据则表示波纹管未能完全密封,需在继续压浆前检查及处理。在保持真空泵运转的同时,开始往压浆端的水泥浆入口压浆。注意,在压浆过程中真空压力将会下降约0.3MPa。从透明的喉管中观察水泥浆是否已填满波纹管,继续加压,真空水泥浆到达安装在负压容器上方的三相阀门。操作阀门以隔离真空泵及水泥浆,将水泥浆导向废浆桶的方向,继续压浆直至所溢出的水泥浆流畅且一致,没有不规则的摆动。关闭真空泵,关闭设在压浆泵出浆处的阀门。将设在压浆盖帽排气孔上的小盖打开,打开压浆泵出浆处的阀门直至所溢出的水泥浆形状均匀,在压浆盖帽的排气管上安装小盖,并保持压力在0.4MPa下继续压浆30s。关闭设在压浆泵出浆处的阀门,关闭压浆泵。

⑦管道压浆施工应注意问题

压浆设备。根据孔道长度和压浆要求,选用真空压浆机进行纵向管道注浆,横向及竖向预应力管道采用普通型压浆泵配以灰浆拌和机进行压浆。

进浆孔和排气设备。纵向管道进浆孔和排气孔均设于锚垫板上,用铁管与喇叭管接通,曲线管道最高处及长管道每隔20~30m设置一排气孔。竖向管道是与竖向预应力筋、锚垫板和锚具连接后,安装于腹板内的,压浆孔设于管道下端,排气管设于管道上端,压浆时通过排气管道排气。

灰浆调制及技术要求。水泥浆使用的水泥及标号与梁体用的水泥相同。灰浆强度不低于设计强度。水灰比为0.35~0.4,加入一定比例无腐蚀性的减水剂,搅拌3h泌水率宜控制在2%,最大不超过3%。灰浆中需掺入适当剂量的膨胀剂,以减少收缩,其掺量由试验确定。

作业程序。张拉后,应立即将锚垫板、夹片周围用水泥浆封锚,待水泥浆强度达到10MPa时,即可压浆。压浆应及时,以张拉完毕不超过24h为宜。同一管道压浆作业要一次完成。不得中断。长孔道压浆可利用排气孔接力压浆。灰浆经4 900孔/cm^2筛子过滤后存放在储浆桶内,并保持足够数量,以使每个孔道压浆一次连续完成。对储浆桶内的水泥浆要低速搅拌,以保持灰浆均匀,水泥浆自调制至压入管道相隔时间不得大于10min。压浆泵压力宜保持0.5~0.7MPa,并适当稳压一段时间(一般30s),以保证水泥浆密实。压浆时压浆泵内不能出现空缺现象,在压浆泵工作暂停时,输浆嘴不能与压浆口脱开,以免空气进入孔内影响压浆质量。出浆孔流出浓浆后关闭球形阀门,压浆泵持压30s后,再关闭进浆口球形阀门。每班应制作不少于3组水泥浆试件,用以评定水泥浆强度。夏季施工,尽量选择在夜间气温较低时压浆。

⑧封锚

钢绞线切割在压浆后进行,割束必须用砂轮机,任何预应力钢筋均不能用电弧烧割。割束的要求:对于钢束切割的余留长度暂定为砂轮锯割$L>10$cm;对于高强粗钢筋余留长度$L>3.5$cm。封锚前应先将锚具周围冲洗干净并凿毛,然后按图纸要求布置钢筋网,浇筑封锚混凝土。对于横向预应力钢筋封锚时还必须注意其颜色,必须和周围混凝土颜色一致,保持混凝土表面的美观。封锚混凝土强度等级应符合设计规定。

(4)钢筋工程

普通钢筋可采取操作平台就地绑扎,对腹板和底板钢筋也可采用在地面预绑扎,用塔吊吊装就位的方案。

①采取部分钢筋整体绑扎:对底板、腹板普通钢筋和竖向预应力筋先在地面分别绑扎好后用塔吊整体吊入就位。就位后再绑扎底板和腹板交叉部位的钢筋,并在内模就位后绑扎顶板钢筋。纵向钢筋的接头采取焊接或搭接方案。

②采取就地绑扎方案实施过程中需注意:在底板上按照设计间距进行钢筋绑扎,并设置足够的垫块;绑扎腹板竖向预应力筋、底板顶层普通钢筋及底板纵向预应力筋管道;同时根据设计将纵向预应力管道放置在腹板钢筋网内,将腹板钢筋绑扎完成后,进行管道位置的调整和固定。

③采取整体吊装方案实施过程中需注意:整体吊装底板钢筋网片,焊接或绑扎纵向钢筋接头→整体吊装腹板普通钢筋和竖向预应力钢绞线网片,焊接或绑扎纵向钢筋接头→就地绑扎顶板普通钢筋和纵向预应力管道→安装顶板锚具,钢筋绑扎时应在底模和外模上按设计间距示出钢筋位置,并按标记绑扎钢筋,加快施工进度。

(5)预埋件施工

作为下一工序中挂篮的拼装平台,在钢筋施工的同时需考虑挂篮锚固预埋件的布设。施工前根据预应力筋的分布及挂篮施工需要做好轨道及挂篮主桁的锚固系统设计,并尽量利用桥面已有的一些孔道。预埋件安装位置准确,为挂篮施工打好基础。

(6)混凝土施工及养护

混凝土浇筑完毕,顶面覆盖并洒水进行养护。

2.16.4 质量控制

(1)采用混凝土拌和楼集中拌制,混凝土输送泵泵送入模。

(2)控制混凝土的坍落度和初凝时间:0 号块混凝土的初凝时间控制在 12h 左右,将坍落度控制在 18 ~22cm。为此,将在混凝土中加入高效减水剂,粗集料采用 5 ~31.5mm 级配良好的碎石。

(3)采用 ϕ50mm 和 ϕ30mm 插入式振捣器振捣。钢筋密集处用小振捣棒,钢筋稀疏处用大振捣棒。振动棒移动距离不得超过振捣棒作用半径的 1.5 倍。振捣棒的作用半径须经试验确定。同时要注意一定不能损坏波纹管。

(4)混凝土按梁的全断面斜向分段、水平分层连续浇筑,层厚按 30cm 控制。

(5)混凝土浇筑顺序:横隔板→腹板→底板→横隔板→腹板及顶板四周。灌注时要前后左右基本对称进行。

(6)混凝土灌注前先将墩顶混凝土面用水或高压风冲洗干净。灌注底腹板混凝土前,对顶板钢筋顶面要用布或草袋覆盖,以防松散混凝土黏附其上。混凝土倒入储浆盘后,试验人员要检查混凝土的坍落度、和易性,如不合适要通知拌和站及时调整。

2.17 混凝土悬臂浇筑挂篮施工标准工法

2.17.1 适用范围

本工法适用于江西省高速公路建设项目的混凝土悬臂浇筑挂篮施工。

2.17.2 工艺流程

挂篮及模板安装→挂篮结构拆除→悬臂浇筑→普通钢筋及预埋件施工→混凝土浇筑→预应力系统安装→封锚。

2.17.3 操作要点

(1)挂篮及模板安装

①挂篮的组成

挂篮主要由主桁系统、行走及锚固系统、起吊系统、底篮系统、模板系统五大部分组成。

主桁系统。主桁架是由两片外形呈三角形的桁片在其横向设置横向联结组成的一空间桁架,横向联结系可提高主桁的稳定性和刚度。主桁杆件采用双 63 工字钢组合成□型截面,杆件间采用高强销子销接,横向联结采用钢板、槽钢和角钢。在前上横梁上方设分配梁,用于悬挂底篮、模板。

行走及锚固系统。挂篮在悬浇完一段箱梁，预应力筋张拉完毕后开始前移。挂篮前移时，通过后锚千斤顶将上拔力转换到行走小车上，由反扣于工字型钢轨道上的行走小车来平衡倾覆力矩，前支点采用底贴不锈钢板组合滑船，由液压油缸顶推前移。采用焊接型钢的轨道分长轨和短轨两种，由锚固梁与箱梁竖向预应力筋连接并锚固。浇筑混凝土时，需通过箱梁顶板上预留的孔道，穿锚杆与主桁后结点锚固。

起吊系统。用以连接挂篮主桁架和底模平台，吊带选用□160mm × 20mm 锰钢吊带。上端用 ϕ32mm 精轧螺纹钢在悬吊于前后横梁桁片上，下端与底平台或侧模分配梁连接，用液压提升装置来调节底模系统的高程。

底篮系统。底篮系统由底篮前后横梁、纵梁等组成，模板直接铺于底平台上，前后横梁悬吊于主桁架，浇筑混凝土时，后横梁锚固于前段已完箱梁底板。

模板系统。模板系统包括外模、内模、堵头模板等。外模分模板、骨架及滑梁，外模模板采用北京卓良模板，与内模模板用对拉螺杆连接，外加支撑固定。支承模板及滑架的滑梁前端悬吊于主桁。滑梁后端悬吊于已浇箱梁翼板，浇筑混凝土时锚于前段已完箱梁翼板，拆模时放松锚固端，随平台下沉和前移。内模亦由模板、骨架、滑梁组成。模板采用北京卓良模板，支承模板、骨架的滑梁前端悬吊于主桁，后端悬吊于前段已浇箱梁顶板。拆除的内模板落于滑梁上，挂篮行走时，滑梁同时随挂篮前移。内模板采用组合钢模和型钢带组成，与外模对拉，内支撑固定。内支撑设调节螺栓支撑，在角隅处，型钢骨架设螺栓连接，用以调整内模宽度适应腹板厚度变化，内侧设有收分模板，以适应后面每一段箱梁高度变化。堵头模板因有钢筋和预应力管道伸出，其位置要求准确，采用钢模板，根据钢筋布置分块拼装，随后和内外模连接成整体。

②挂篮验算

挂篮验算主要验算主桁、吊杆、前后横梁以及底篮的强度和刚度；一般采用有限元软件建立整体模型进行检算，如 ansys、sap2000 等。

③挂篮安装

挂篮安装。主桁系统在已浇筑 0 号块上拼装，底篮系统利用大梁顶端设置的悬臂型钢进行拼装就位，并用塔吊配合安装；最后完善安装起吊系统、行走锚固系统、模板系统。

主桁结构拼装。在主墩箱梁 0 号块靠近 1 号块段顶板面位置处进行砂浆找平，测量放样并用墨线弹出箱梁中线、轨道中线和轨道端头位置线。用经纬仪和垂线相互校核主桁拼装方位并控制挂篮行走时的轴线位置。利用塔吊设备起吊轨道，对中安放、连接锚固梁。安装锚固筋，将锚梁与竖向预应力筋连接后，对每根锚固筋施以 250 ~ 300kN 的锚固力。在轨道顶安装前支点滑移，后节点处临时设置支承垫块。利用主梁墩顶顶面做工作平台，水平组拼主桁成三角形，利用塔吊起吊安装主桁片就位，并采取临时固定措施，保证两主桁片稳定。安装主桁后结点处的分配梁、(后)千斤顶、后锚杆等，将主桁后结点与分配梁连接并通过锚固筋与顶板预留孔锚固。在箱梁0号梁段顶面组拼横向联结，整体起吊安装就位。安装平联杆件。安装上前横梁和中横梁。吊带、分配梁、吊杆以及液压提升装置等，横梁与吊带的销接处必须照图设置限位钢管。拆除后锚临时支承垫块。

底平台拼装。将0号梁段浇筑时使用的大梁两悬臂端用工字钢接长，将底篮前、后横梁吊放于大梁接长的悬臂端，前、后横梁吊杆与主桁连接，用葫芦倒链将底篮前、后横梁与吊杆连接固定。再安装底篮纵梁、分配梁等。其后安装底平台两侧及前、后端工作平台。在箱梁0号梁段底板预留孔附近，以砂浆找平，安装卸载千斤顶、分配梁、底模等，将底篮后横梁锚固于0号梁底板。

外侧模拼装。利用外模前、后吊带将外模滑梁吊起。在桥下将侧模骨架分2片连接成一个整体，将面板逐块安装在侧模骨架上，检查并调整侧模位置。用塔吊将骨架整体吊装，悬挂在外模滑梁上，安装侧向工作平台。

内模拼装。在桥下将内模滑梁和横梁、斜撑连接成一个整体，用塔吊起吊通过内模前吊点和内模锚杆悬吊。在桥下将内模骨架拼装成一个整体，用塔吊吊装将悬挂于内模滑梁上。将内模顶板垫木和模板安装在滑梁骨架上，调整模板。

张拉工作平台拼装。在桥下将工作平台组装成一个整体，用倒链悬挂于主桁系统上，以便随施工需要进行升降。

模板系统浇筑梁段的尺寸参数变化。模板采用成型的卓良模板，一次性安装到位，根据箱梁的高度变化(逐渐变矮)，进行整片拆除，以减少模板垂吊的高度。每个梁段施工前调整内模的横向位置，并配合楔形加工块调节箱梁腹板厚度，使之满足箱梁腹板厚度的线性变化。

拼装过程中的注意事项。在0号梁段施工完毕、模板拆除后才开始拼装挂篮。拼装时在T构两端的0号梁段上同时对称拼装两台挂篮，以保证T构两端对称平衡。挂篮的拼装是高空作业，每道工序务必经过认真检查，无误后方可进行下一道工序，确保施工安全。

④静载试验

挂篮拼装完毕后，必须进行静载试验，以测定结构弹性和非弹性变形值，验证挂篮各部分结构安全性的同时并为逐段立模高程提供可靠数值。由于该桥墩高，如果采用传统的加砂袋、水箱方式，操作难度大，耗用时间长，采取“内力加载法”，即事先在已施工箱梁腹板预埋牛腿，在其上焊加反力架，每只挂篮上分别设置2个大吨位千斤顶和2个小吨位辅助千斤顶，分级加载，反复2次。荷载试验时，加载时按施工中挂篮受力最不利的梁段荷载进行等效加载。试验过程中加载分级进行,测定各级荷载作用下挂篮产生的挠度和最大荷载作用下挂篮控制杆件的内力。根据各级荷载作用下挂篮产生的挠度绘出挂篮的荷载—挠度曲线,由曲线可以得出使用挂篮施工各梁段时将产生的挠度,为大桥悬臂施工的线性控制提供可靠的依据。根据最大荷载作用下挂篮控制杆件的内力,可以计算挂篮的实际承载能力,了解挂篮使用中的实际安全系数,确保安全可靠。挂篮在墩顶0号段上拼装完毕后,应对挂篮施加梁段荷载进行预压,充分消除挂篮产生的非弹性变形。悬臂浇筑施工过程中,将挂篮的弹性变形量纳入梁段施工预拱度计算中。

⑤挂篮的移动及锚固体系转换

在每一梁段混凝土浇筑及预应力张拉完毕后,挂篮将移至下一梁段位置进行施工,直到悬臂浇筑梁段施工完毕。挂篮前移时工作步骤如下:当前梁段预应力张拉、压浆完成后,进行脱模(脱开底模、侧模和内模);当前梁段为1号梁段时,用千斤顶将挂篮前支点顶起,将短轨换成长轨,并将长轨锚固,落下千斤顶,滑船压在轨道上,安装水平顶推千斤顶;当前梁段为2~15号梁段时,用千斤顶将挂篮前支点顶起,拖动至下一梁段位置就位,锚固轨道,落下千斤顶,滑船压在轨道上;挂篮后锚点进行锚固转换,将上拔力转给后锚小车;拆除底模后锚杆,此时底篮仅用后横梁吊带吊住;拆除侧模后端的内吊杆,用后滑梁架后端吊住。此时内滑梁架的上端固定在桥面上;拆除内模滑梁的后吊杆,用特制的后滑梁架将内模滑梁后端吊住,上端固定在桥面上;检查;用水平千斤顶推挂篮前移,将底模、侧模、主桁系统及内模滑梁一起向前移动,直至下一梁段位置;挂篮就位后,用挂篮后结点千斤顶进行锚固转换,将上拔力由锚固小车转给主桁后锚杆;安装底模后锚杆;安装侧模、内模后吊杆,调整后滑梁架;调整模板位置及高程;待梁段底板及腹板钢筋绑扎完毕后,将内模拖动到位,调整高程后,即可安装梁段顶板钢筋;梁段混凝土浇筑及预应力张拉完毕后,进入下一个挂篮移动循环;挂篮行走时,内外模滑梁必须在顶板预留孔处及时安装滑梁吊点扣架,保证结构稳定;移动必须匀速、平移、同步,采取画线吊垂球或经纬仪定线的方法,随时掌握行走过程中挂篮中线与箱梁轴线的偏差。如有偏差,应使用千斤顶逐渐纠正。为安全起见,挂篮尾部用钢丝绳与竖向预应力筋临时连接,随挂篮前移缓慢放松。

(2)挂篮结构拆除

箱梁悬臂浇筑梁段施工完毕后,进行挂篮结构拆除时,应先在最后浇筑梁段的位置按拼装时的相反顺序拆除挂篮的底篮及模板系统,然后将挂篮主桁后退至墩顶位置,按拼装时的相反顺序拆除挂篮主桁杆件。挂篮的拆除应在T构的两悬臂端对称地进行,使T构平衡受力,保证施工安全。

(3)悬臂浇筑流程

在完成挂篮拼装、加载试验等工作后,对称施工1号节段,后进入循环施工,流程为:上一节段预应力筋张拉、注浆完成→内、外侧模整体脱模并固定在滑梁上,滑梁临时吊挂于该段已张拉梁体上→解除锚固系统→挂篮行走→挂篮锚固→外侧模沿滑梁滑移就位→调整模板尺寸及高程→(合格)绑扎底板、腹板钢筋、预埋件、预应力管道安装→内模沿滑梁滑移就位→调整内模尺寸及高程→绑扎顶板钢筋、安装预应力管道、安装端模及堵头模板→调整高程→自检和监理工程师检查→两端对称灌注混凝土(其差值不得大于设计规定)→养生→拆除端模、凿毛→穿束→(混凝土强度达到85%)张拉→压浆进入下一循环。顶板中及时预埋栏杆埋件、安装伸缩缝钢筋,预留泄水管孔位。

(4)普通钢筋及预埋件施工

①钢筋在钢筋加工场制作成型。成型好的钢筋挂好标识牌,注明钢筋编号、数量和使用部位,垫高30cm并覆盖防水布存放。使用时再运至现场,利用塔吊转至箱梁施工段。所有普通钢筋均采用现场绑扎,相邻段间的钢筋连接采用焊接时,焊接长度必须满足施工技术规范要求,焊接时不能损坏预应力管道。当钢筋和预应力管道在空间发生干扰时,可适当移动普通钢筋的位置,以保证预应力管道位置的准确。钢束锚固处的普通钢筋如影响预应力施工时,可适当弯折,但待预应力施工完毕后应及时复原。在钢筋施工过程中如发生钢筋空间位置冲突,可适当调整其布置,但应确保钢筋的根数和净保护层厚度。

②合龙段需埋设临时刚接预埋件,梁段埋置以下三种挂篮施工所需预埋件:挂篮安装预留孔,挂篮锚固预埋粗钢筋,施工监测用梁段高程控制点预埋钢筋头,检查台车预埋件。另外,桥面还应预埋人行道竖墙预埋钢筋,挡渣墙预埋钢筋,泄水孔预留孔,伸缩缝等预埋件。

③当锚下螺旋筋与分布筋相干扰时,当预埋件位置与普通钢筋位置发生冲突时,可适当调整普通钢筋的位置。在混凝土浇筑前应仔细检查预埋件,确保其数量及位置的正确。

(5)混凝土浇筑

所有准备工作完毕后即可开始浇筑混凝土。箱梁混凝土采取在拌和站集中拌和,混凝土罐车运输至墩底,泵送入模。考虑泵管垂直高度较大,拆装比较困难,拟备用一根泵管。混凝土输送至墩顶后利用三通管分流以保证两侧混凝土对称浇筑。混凝土浇筑前应详细检查以下几点。

①混凝土浇筑前详细检查预应力管道是否定位准确,是否有破漏处;如有破漏处采用透明胶带包裹防止漏浆。

②锚垫板下侧加强钢筋是否齐全，锚垫板是否与预应力管道垂直，锚下螺纹钢筋定位是否准确，是否与锚垫板紧贴。

③底腹板钢筋网之间的对拉勾筋是否按设计要求布置齐全。

④挂篮后锚是否牢固受力，且锚固的精轧螺纹钢伸入连接器的长度是否为连接器长度的一半。

自检合格后向监理工程师报检，同时做好浇筑准备工作。监理工程师同意浇筑后，开始浇筑。浇筑时应按腹板下倒角→底板→腹板→顶板及翼缘板的顺序进行，混凝土倾落高度大于2m时设置串筒。由于箱梁会有一定的纵坡，会发生一端浇筑速度较快的现象，混凝土浇筑时悬臂两侧技术人员应时刻保持联系，保证混凝土对称浇筑。浇筑过程中应重点注意锚下部位混凝土振捣是否密实。混凝土浇筑完毕后，严格控制箱梁顶面高程及平整度，顶面收光后拉毛处理，并尽快覆盖洒水养护。

(6)预应力系统安装

参照本书2.16.3(3)预应力安装。

(7)封锚

钢绞线切割在压浆后进行，割束必须用砂轮机锯割，任何预应力钢筋均不能用电弧烧割。割束的要求：对于钢束切割的余留长度暂定为砂轮锯割 $L>10\text{cm}$；对于高强粗钢筋余留长度 $L>3.5\text{cm}$。

封锚前应先将锚具周围冲洗干净并凿毛，然后按图纸要求布置钢筋网，浇筑封锚混凝土。横向预应力钢筋封锚时还须注意其颜色（必须和周围混凝土颜色一致），保持混凝土表面的美观。封锚混凝土标号应符合设计规定。

2.17.4 质量控制

参照本书2.16.4，并根据现行规范和相关文件进行质量控制。

2.18 合龙段施工标准工法

2.18.1 适用范围

本工法适用于江西省高速公路建设项目的合龙段施工。

2.18.2 工艺流程

最后一个悬挠梁段预应力钢束张拉→拆除挂篮及桥上临时荷载→安放配重水

箱并注满水→设计合龙温度时焊接劲性骨架→绑扎底板、腹板钢筋、底板波纹管→绑扎顶板钢筋、横向波纹管→浇筑中跨合龙段混凝土→养生→穿束、张拉。

2.18.3 操作要点

(1)合龙段采用劲性骨架进行临时约束锁定,根据现场施工环境以及连续梁结构形式选择合理的临时锁定方式。

(2)合龙段劲性骨架锁定温度和浇筑温度确定。施工前需对当地气温和混凝土浇筑后的温度变化进行跟踪测量,将测量结果进行分析整理,绘制成温度曲线,以便调整锁定温度,劲性骨架锁定时间及浇筑混凝土安排在温度变化相对稳定的时段进行。

(3)合龙前高程调整应注意以下问题。由于主梁悬臂施工中高程控制存在不可避免的施工误差和预测误差,因此,主梁合龙时两合龙端存在高程偏差(扣除纵坡影响)。当高差小于1cm时,不做调整;当高差大于1cm时,必须通过临时配重予以调整。临时配重应在待合龙的T结构两端对称设置。临时配重必须通过理论分析计算,充分考虑合龙后及运营阶段结构内力(应力)的影响,与主梁高程偏差兼顾,不合理的配重设置导致结构内力(应力)不合理,可能导致箱梁薄弱处在运营阶段混凝土开裂。因此,必须严格控制桥面不合理配重及合龙前拆除桥面的临时荷载。

(4)为保证混凝土浇筑的安全并使悬臂挠度始终保持稳定,在合龙前,应在各悬臂端附加与合龙段混凝土重量相同的平衡重,并随着混凝土的浇筑分级卸除平衡重。结合当地实际情况,配重采用水箱平衡法,按照设计图纸计算所需重量,制作所需水箱的尺寸,浇筑混凝土前注入所需重量的水,浇筑过程中要严格控制混凝土的浇筑量和浇筑速度,并在浇筑混凝土的过程中分级抽掉水箱中的水,以平衡悬臂端的重量,使两悬臂在浇筑混凝土及混凝土初期硬化过程中始终保持稳定,同时悬臂挠度也得到控制。

(5)锁定过程。完成合龙段立模高程,绑扎钢筋及预应力管道,按要求设置平衡重,若合龙施工时的环境温度高于设计合龙温度,则需对合龙段采用顶推的方法克服因温度高于设计温度而造成的变形量,顶推采用千斤顶对称顶推的方法,按照设计单位所计算的设计量缓慢对块段进行顶推,在满足要求后焊死刚性杆及锚固杆之间的连接板,并同时用薄钢板填实顶紧刚性杆与锚固杆之间的空隙。

(6)混凝土施工。在灌合龙段混凝土前几天不断湿润合龙段两端交界面的混凝土。交界面的凿毛要符合规范要求,严格控制。混凝土的施工顺序按先底板后腹板再顶板的顺序进行。底板混凝土从顶板上预留孔进入。混凝土的浇筑时间应选在一天中气温最低的时间进行，浇筑完毕后气温开始回升，避免白天浇筑产生的收缩裂缝，混凝土的入模坍落度控制在 180 ~ 200mm，混凝土的浇筑工作必须在初凝前完成，混凝土的初凝时间控制在 3h 左右。浇筑合龙段混凝土时，可将合龙段混凝土强度等级提高一级，采用早强、高强、收缩少或微膨胀水泥拌制的混凝土，以便及早达到设计要求的强度，及时张拉预应力钢束，防止合龙段混凝土出现裂缝。

(7)合龙段混凝土浇筑完成后，为防止温度变化影响产生裂缝，必须加强养生，使混凝土在早期结硬过程中处于升温受压状态。对合龙段混凝土进行覆盖养护，合龙段左右各 2 ~ 3m 内也应一起洒水养护，箱内箱外均应不间断洒水，养护时间不少于 7d。需特别注意的是，合龙段混凝土浇筑后，需对该跨顶板采取隔热措施，以免箱梁顶板与底板温差变化过大。合龙段混凝土收浆后，再予以覆盖和洒水养生，如果混凝土面有模板覆盖时，在养护期间应使模板保持湿润。

(8)张拉压浆。待合龙段混凝土强度和弹性模量达到设计要求值时，对称张拉合龙段的底板预应力束，先长束后短束，并安排专人观测顶板、底板齿块，看是否有裂缝等异常产生，如果有异常产生要立即上报。纵向预应力束张拉完毕后，再依次张拉合龙段及直线段竖向、横向预应力束，最后补拉先期的顶板、底板临时预应力束到位。张拉工作完成且不超过 24h 后进行压浆工作，压浆采用真空压浆工艺。浆体采用设计要求的水灰比，并掺入适量的膨胀剂，浆体搅拌的同时进行管道的抽真空作业，当抽真空达到 0.06 ~ 0.1MPa 时进行压浆，压浆满后立即关闭管道阀门，同时压力机在 0.5 ~ 0.7MPa 时持续时间不少于 2min。

2.18.4 质量控制

(1)内外刚性支撑法。这种锁定措施是在箱梁顶板、底板表面预埋钢板，用刚度较大的型钢焊接或栓接在钢板上，并在梁顶、底板中沿纵向设置内刚性支撑，这样通过内外刚性支撑共同锁定合龙段。

(2)仅设内(外)刚性支撑法。使用悬臂长度不长，合龙时温度较低、温差较小，仅用内(或外)刚性支撑就可以克服温度变化产生的拉压力的情况。

(3)外(内)刚性支撑和张拉临时预应力钢束共同锁定法。用刚性支撑抵抗合龙段混凝土升温时产生的压力，用预应力钢束抵抗降温时产生的拉力。

(4)在实际施工中，合龙温度应尽量满足设计要求，实际合龙温度不能达到设计要求时，应通过内力调整使主梁达到设计合龙温度。当合龙温度高于设计合龙温度，由于恢复到设计合龙温度是一个降温过程，对主梁悬臂根部是负弯矩作用，对结构受力不利，应适当采取顶开措施来调整结构受力。当合龙温度低于设计温度，由于恢复设计合龙温度是一个升温过程，对主梁悬臂根部是正弯矩，对结构受力有利,一般不作调整。

2.19 桥梁现浇钢筋混凝土防撞墙施工标准工法

2.19.1 适用范围

本工法适用于江西省高速公路建设项目的桥梁现浇钢筋混凝土防撞墙施工。

2.19.2 工艺流程

施工工艺流程见图2.19-1。

2.19.3 操作要点

(1)施工准备

①施工前提前准备好施工所用的电源、水源。

②施工前准备好施工所用的吊架车及移动式吊篮、花篮拉杆、膨胀螺栓、电动冲击钻等机具,并提前做好吊架车的配重试验,确保吊架车的使用安全。

③按照图纸加工制作防撞墙模板(定型钢模),并提前在现场进行试拼,确保防撞墙模板满足并且方便现场施工。为了方便现场操作,防撞墙模板一般2m一块,并配有0.5m调节模板。

④考虑到前期箱梁制作、安装上的误差,对防撞墙的外模、内模进行了一些改进设计,在模板顶部以及底部加设调节孔,以备加装调节模板,使模板的调节余地变大。内模有50mm调节余地,外模有100mm调节余地,操作上更加方便。

⑤预埋件加工:按方案设计要求加工预埋件、预留孔洞。

⑥在防撞墙施工前,应将预制箱梁混凝土事先凿毛。

(2)测量放样

测量放样工作对于防撞墙施工是控制的关键因素,即根据施工设计图纸,将防撞墙构造线放样到箱梁上。在曲线段要根据半径大小采用适当的放样点间距,尽量缩小放样点间距以尽可能接近曲线,一般每2m布置一个定位点。

防撞墙控制线及高程测放后,认真校核箱梁主体结构偏差,确认该偏差对防撞墙的施工无影响;对偏差不满足施工要求处视偏差轻重程度事先进行处理。

由于考虑到箱梁主体结构高程存在的偏差,防撞墙内模板在制作时考虑了

5cm 的可调节余地，即如果 1 000mm 高的防撞墙内模，加工时将内模板下口减了 5cm，实际高度只有 950mm 高，因此在防撞墙控制线及高程测放后，要根据控制线及高程先用砂浆将防撞墙内模下口找平，保证内模下口的严密性，以免混凝土浇筑时出现漏浆影响混凝土外观。

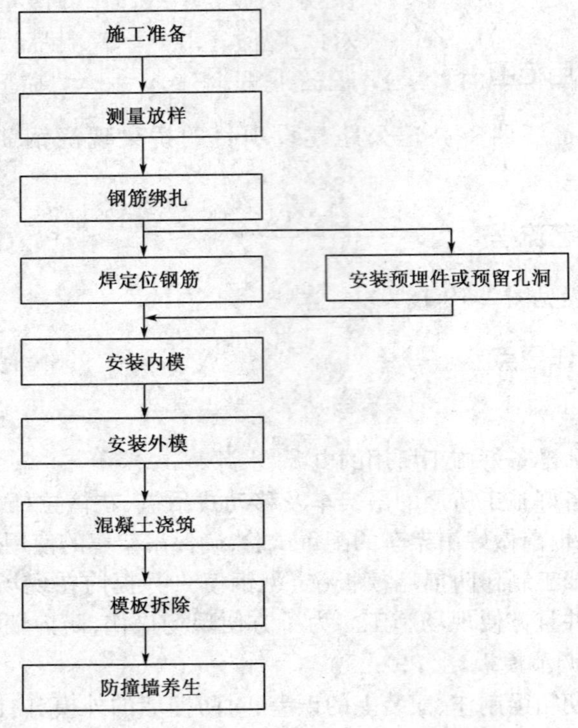

图 2.19-1　工艺流程

(3)钢筋绑扎、定位筋焊接

定位后，根据防撞墙的构造线和设计高程绑扎防撞墙钢筋。绑扎防撞墙钢筋时要注意钢筋搭接长度和钢筋间距符合施工设计图和行业规范要求，同一截面内钢筋连接接头数控制在 50% 以内，钢筋表面油渍、漆污、浮皮、铁锈用人工除净。对于锈蚀严重损伤的钢筋，应降级使用。钢筋绑扎过程中需按设计要求每 15m 设置一道沉降缝。防撞墙钢筋绑扎完成以后，根据放样的防撞墙边线设置防撞墙模板定位钢筋，确保结构尺寸和保护层厚度。定位钢筋采用电弧焊固定在防撞护栏主筋上面，一般采用点焊即可，间距至少在 75cm 以内。定位钢筋全部布置完毕以后便可以根据放样边线和高程开始安装防撞墙模板了。

(4)预埋件预埋及预留孔洞

防撞墙的主要功能除了确保行车安全以外还往往是一些附属设施的载体,因此在安装模板前一定要将施工图设计或业主要求的预埋件一一安装到位,钢筋施工时必须注意护栏、伸缩缝、泄水管、标识标牌等预埋件的预埋,并确保位置准确;护栏预埋钢筋应牵线调直,并用辅助钢筋进行连接加固。

(5)安装防撞墙内模

先用手动推车将内模运至指定位置,然后将加工好的花篮拉杆配件一端用定位销固定在内模上,一端用膨胀螺栓或钢筋头固定在箱梁混凝土上,然后根据防撞墙轴线控制线通过调节花篮拉杆控制防撞墙的线形。

模板高程控制:安装模板时,注意模板上口与设计高程线平齐,下口用木楔垫平,然后用砂浆封闭。模板固定后,通过带通线和水平仪来复核防撞墙模板顶高程,严格控制其误差在设计允许范围之内。

(6)安装防撞墙外模

防撞墙外模通过吊具及两道对拉螺杆固定在内模上。施工过程中,采用吊架车将钢模吊起放到安装位置后工人开始站在吊篮上固定对拉螺杆(与内模固定在一起),操作简单,灵活自如。移动式吊篮采用HRB235钢筋ϕ16mm焊接而成。移动式吊篮施工时挂在加固好的防撞墙内模上。

整个模板加固过程中,内模加固是关键,因此在施工过程中必须注意控制内模的线形及高程。

(7)浇筑混凝土

混凝土浇筑的控制是影响拆模后防撞护栏外观质量好坏的一个很重要因素,混凝土坍落度控制在100~140mm。浇筑过程中,应严格控制混凝土每层浇筑厚度不超过30cm,便于振捣,确保上、下层接缝外观质量,振捣要均匀,防止漏振、过振。

(8)模板拆除

待混凝土达到一定强度后,及时拆除防撞墙模板,拆模不宜过早,以拆除过程中不损坏防撞墙的棱角为准。

(9)防撞墙养护、修补

拆模后要及时湿水养护,并用土工布进行覆盖。

防撞墙修补:防撞墙模板拆除后,混凝土外观观感难免有些小瑕疵,比如有些气泡,混凝土颜色不一致等。其处理方法为:防撞墙模板拆除后,立刻用水将整个防撞墙充分湿润一遍,然后用白水泥和黑水泥勾兑在一起(一般4:6或3:7,具体情况视现场情况而定),将整个防撞墙从头到尾抹上一遍,一定要抹均匀,然后盖上土工布,进行养护。

待混凝土强度达到要求后，及时按设计要求切缝，防止混凝土开裂。

2.19.4 质量控制

（1）执行标准

防撞墙施工及质量验收应满足《公路工程质量检验评定标准》（JTG F80/1—2004）

（2）质量控制措施

①钢模板在搬运过程中应避免随意堆放，在使用前要注意除锈，并刷好脱模剂。

②在模板安装好后，要仔细检查模板的轴线及高程，如有误差，及时调整，确保防撞墙的顺直度。

③严格明确各岗位质量、安全责任制；施工前进行详细的技术交底，上岗人员须经考核合格方可上岗，质量、安全责任到人。

④应严格控制混凝土每层浇筑厚度不超过30cm，便于振捣，确保上、下层接缝外观质量。

⑤混凝土振捣时振动棒移动间距不超过其作用半径的1.5倍，插入下层混凝土10cm左右，与侧模保持5～10cm的距离，避免振动棒碰撞模板、管道，施工的全过程均应派专人做好模板内表面的洁净工作，混凝土浇筑要连续，中途间断时间不能超过0.5h，以防拆模后冷缝的出现。

⑥施工过程中一定要将施工图设计或业主要求的预埋件或预留孔洞一一安装到位。

⑦防撞墙拆模后要及时湿水养护，并用土工布进行覆盖，至少养护7d以上。

⑧坚持上岗自检、互检和专职质量检查制度，确保施工质量。

2.20 桥梁伸缩缝施工标准工法

2.20.1 适用范围

本工法适用于江西省高速公路建设项目的桥梁伸缩缝施工。

2.20.2 工艺流程

工艺流程见图2.20-1。

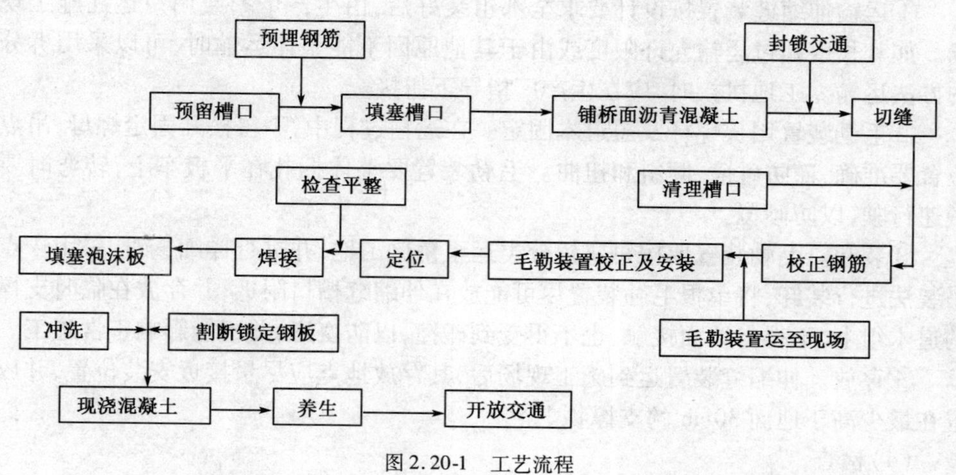

图 2.20-1 工艺流程

2.20.3 操作要点

(1)施工准备

①熟悉图纸及安装操作规程,并进行施工操作规程培训。

②对伸缩缝的位置编号进行检查,对伸缩缝进行顺直度、平整度、检查验收工作。

③准备防止污染路面的帆布、塑料布带等材料。

④伸缩缝施工前,上报详细的施工组织设计方案,要求精心组织、统筹安排,明确责任、职责分明,严格按照施工规范进行控制。

(2)选择伸缩缝装置

①伸缩装置与设计伸缩量应相匹配。

②具有足够强度,能承受与设计标准相一致的荷载。

③桥梁伸缩装置应具有良好的防水、防噪性能。

④安装、维护、更换简便。

⑤伸缩装置安装前应检查修正梁端预留缝的间隙,缝宽应符合设计要求,上下必须贯通,不得堵塞。

⑥伸缩装置应锚固可靠,浇筑锚固段(过渡段)混凝土时采取措施防止堵塞梁端伸缩缝间隙。

⑦伸缩装置安装前应对照设计要求、产品说明书,对成品进行验收,合格后方可采用。安装伸缩装置时应按安装时的气温确定安装定位值,保证设计伸缩量。

(3)伸缩缝运输及存放

①运输伸缩缝装置按设计要求全部组装好后，由生产厂家或用户运往施工现场。如其长度超过运输允许限度或由于其他原因不能整体运输时，可以采用拆分的方法运输。工地拼接时，应在生产厂指导下拼接。

②毛勒装置用长螺杆及短道木固定。在运输过程中，不得松开固定螺母，吊点位置要准确，谨防碰撞、倾斜和扭曲。毛勒装置要整体捆扎在平板车上，转弯时要慢速行驶，以防倾覆。

③装卸。毛勒装置要按每座桥分类运至桥梁工地，并进行详细核对，采用4点吊装法进行装卸，将单根毛勒装置尽可能放在伸缩缝槽口附近，并存放在临时支撑的道木组上，不得与地面接触，也不得受到碰撞，以防变形，并不能影响正常施工。

④存放。伸缩缝装置运到施工现场后，其存放地点应尽量接近安装位置，并放置在最少高于地面30cm的支撑物上。

(4)检查

①在伸缩缝安装前，对伸缩装置附近的沥青混凝土路面进行平整度、坡度检测，确定是否满足伸缩装置安装条件。

②根据实际平整度情况考虑是否适当扩大切割面的宽度，如果加宽切割后路面平整度仍达不到伸缩缝安装要求，要对对路面进行返工处理，再进行伸缩缝施工，以避免因沥青面层不平整而影响伸缩缝的施工质量。

(5)放线

①安装部位的路面检测合格后，在设计位置测量放线，精确测放伸缩缝的位置，确定中心线、切割线位置，切面线与路面垂直。

②开槽口尺寸必须符合安装图的规格尺寸。

(6)切缝

①切缝前，在开槽线以外5m左右的路面需要塑料布覆盖保护，避免切割时产生的石粉施工机械漏油污染路面。

②采用自带切割机切槽，割缝必须保证顺直，尺寸准确，不起毛边和缺角，以保证伸缩缝靠沥青混凝土侧的完整性，以免开槽时缝外混凝土松动。

③割缝确保切割厚度，防止毛边和缺角产生，不能将槽口以外的路面层破坏，切缝时应仔细查看钢筋分布图，避免开槽过程中损伤桥梁板钢筋。

(7)开槽清槽

①先用风镐凿除两切缝间的沥青路面部分，应将槽内的沥青混凝土、松动的水泥混凝土凿除干净，应清理至坚硬层，并用强力吹风机或高压水枪清除浮尘和杂物，以保证新老混凝土紧密结合。

②人工配合空压机清除切割范围内的沥青混凝土，并凿除松散混凝土。

③开槽后应对槽底和两壁进行凿毛处理,检查构造缝的宽度是否符合设计要求。

④在开槽和清槽过程中必须做好防范措施,防止废渣、垃圾掉入构造缝中。

⑤开槽后应在前方摆放警示标志牌和放光锥,禁止车辆通行,严禁施工人员踩踏槽两侧边缘,以免槽两侧沥青混凝土受损。

(8)清缝

①在桥梁工程施工过程中,往往会掉入施工垃圾,包括施工混凝土桥面时掉入的混凝土、在施工路面工程为保证临时通车而填入的填充物等,在施工伸缩缝时必须加以清除。

②遇到碎石等硬性物件时,可用钩子将其钩出;若遇到细小、软物件时,可用高压水枪加以冲洗。

(9)间隙检查和处置

①发现梁与梁之间间隙不符合要求(即大于或小于规定范围)时,要采取措施加以处理。

②梁端间隙内的杂物,尤其是混凝土块必须清理干净,然后用泡沫塑料填塞密实,上面和槽底相平,不能有松动和较大的缝隙,以防止漏浆。

③为预防伸缩缝安装过程中焊花烧坏泡沫板,可在泡沫板两侧加2mm厚钢板或铁皮,钢板或铁皮也可点焊在伸缩缝型钢上。

④将伸缩缝位置及梁头缝间清洗干净,经检验合格后进行下道工序。

(10)校正钢筋

①伸缩缝安装前,应理顺、理直槽内的预埋筋及锚固筋,详细检查预留筋的间距与尺寸规格是否符合设计要求,不符合要求时应及时纠正补足。若发现裂缝或折断,位置不当或间隙过大,必须采取补救措施,以满足预埋钢筋尺寸的要求及安装毛勒装置的焊接要求。

②对预埋筋应进行除锈处理;对弯折的钢筋采用加热复位,严禁反复冷扳、冷弯。

③恢复预埋锚筋,用空压机再次清理。

(11)吊装

①伸缩缝装置吊装前,应根据安装时气温调整伸缩缝预留宽度,并及时将其固定。一般应要求厂家按安装温度调整固定,到现场不在调整。

②吊装前应用拉线法检查伸缩装置型钢弯曲度,每米弯曲度应小于1.5mm。

③吊装时应按照生产厂家标明的吊点位置起吊,必要时可对吊点适当加强。

(12)安装调整

①安装以前检验槽内杂物是否清理干净,特别是桥梁支座间的杂物必须用高压水枪冲洗干净。

②吊装时,为防止毛勒装置压坏槽口内钢筋,可沿缝长方向每隔2m左右安放一根12cm×12cm方木作为临时支撑横梁,将毛勒装置平稳地搁在上面,调整好位置。

③安装时使伸缩装置的中心线与梁端预留槽伸缩缝预留间隙中心线相重合,用吊绳法找正,其长度与桥宽度对正,调整毛勒装置的高程,并用3m直尺检查平整度,使整个毛勒装置顶面与沥青路面的误差控制在0~2mm以内。

④伸缩缝的高程与直线度调整到符合设计要求后,可进行临时固定。

⑤安装时,伸缩装置的中心线应与桥梁中心线相重合;钢筋焊接顺序为从中间向两侧,焊缝质量应符合焊接规范,焊渣应及时清除干净。

(13)伸缩装置就位

①伸缩装置安装高程根据缝两侧5m范围内的实测路面高程确定。保证伸缩缝的顶面与路面高程一致,同时注意,横坡也应与铺装层一致。

②伸缩装置就位前,依据气温确定缝宽尺寸。焊接时间应按设计要求选择一天中温度合适的时段进行。焊接前必须用3m直尺检查伸缩缝的平整度、直顺度、高程等项目。

③伸缩缝以两侧沥青面层的高程为准,控制伸缩缝的高程(低于沥青路面0~1mm),中心线应符合设计要求(伸缩缝定位值的中心线应和预留缝的中心线上下重合)。伸缩缝准确定位后加以固定。

④临时固定后对伸缩装置的高程再复测一遍,确定在临时固定过程中未出现任何变形偏差后,将伸缩装置边梁上两侧的锚固板锚固筋与预埋钢筋焊接焊牢。

⑤伸缩装置焊牢后,应尽快将预先设定的临时固定卡具、定位角钢用气割枪割去,使其自由伸缩。

(14)立模

①在梁端安装模板,模板接缝必须严密不漏浆,禁止跑模现象。

②模板保证混凝土不得进入伸缩缝间隙,为防止混凝土从上部缝口进入型钢内侧沟槽内,型钢的上面必须要用胶布封好。

③应用强力吹风机将槽区内杂物清理干净。

(15)混凝土浇筑

①型钢定位锚固和铺设路面层钢筋后,二次清理槽内垃圾,用高压水冲洗干净

并将间隙堵塞，验收合格后，方可浇筑混凝土。

②浇筑前应在缝两侧铺上塑料布，保证混凝土不污染沥青路面。

③混凝土振捣时应两侧同时进行，为保证混凝土密实，用振捣棒振至不再有气泡为止。

④混凝土振捣密实后，用抹板搓出水泥浆，分4~5次按常规抹压平整为止。混凝土面比沥青路面的顶面略低1mm为宜。

⑤浇筑过程中要随时检查混凝土配合比的坍落度是否满足要求，以确保混凝土质量。

(16)养生

混凝土初凝后应在其表面覆盖麻袋进行洒水养生，使混凝土保持湿润状态。养护时间不小于15d；养生期间应由专人进行交通管制，做好防护或封闭措施，在离桥头两侧设立指示、警示标志，严禁车辆及行人通行，确保伸缩装置两侧混凝土强度满足设计要求后，才能开放交通。

(17)上胶条

①经过养生，混凝土达到设计强度的50%以后，方可安装橡胶条。

②安装橡胶条前应再次对缝内杂物进行清理，以免杂物夹在缝内，影响混凝土的伸缩性。橡胶止水条安装应平整，长度适当，并做到整洁，外表美观、顺畅。

③安装时首先将润滑料涂抹在型钢槽口内，采用专用铁撬捧将橡胶带装入型钢内。

(18)成品保护

伸缩缝施工期间，首先要采取封闭式施工，其次要保证两周内经常对成品进行覆盖洒水养生，直至混凝土强度达到100%。

2.20.4 质量控制

(1)技术控制措施

①交底与会审、学习。

②认真组织各专业技术人员学习设计图纸，了解设计意图，熟悉图纸内容，做到施工图上的问题施工前解决。

③根据施工方案在开工前进行技术交底，对影响工程质量的各种因素，各个环节，首先进行分析研究，实现有效的控制。

④积极引进先进的新设备、新技术，采用先进的施工方法和工艺，使用新材料、新工艺前，必须经过反复的试验和组织论证，并得到监理工程师和设计人员的

认可。

(2)管理措施

①建立健全质量保证体系,成立以项目经理为组长、项目总工为副组长、各部门和施工队负责人为组员的质量管理小组,进行明确的分工,做到质量工作人人有责。

②制订严格的经济奖罚措施,使工程质量与个人收入紧密挂钩;在施工过程中,实行质量否决权,各级质量人员严格把关。

③建立质量信息反馈制度,通过自检、互检、专检、抽检将质量情况及时反馈到有关部门,重要质量信息要上报项目总工,对反馈的质量信息要组织技术人员进行分析原因,制订改进措施。

④坚持持证上岗制度,凡参加施工的生产人员,都必须经严格的技术培训,达到与所从事的工作相适应的技术水平,并熟悉工艺要求、质量标准后方能上岗。

(3)质量要求

①伸缩装置的形式和规格必须符合设计要求,缝宽应根据设计规定和安装时的气温进行调整。检查数量:全部检查。检查方法:观察、钢尺量测。

②伸缩装置安装焊接质量和焊缝长度应符合设计要求和规范规定,焊缝必须牢固,严禁用点焊连接。检查数量:全数检查。检查方法:观察、检查焊缝检测报告。

③伸缩装置锚固部位的混凝土强度应符合设计要求,表面应平整,与路面衔接应平顺。

④检查数量:全数检查。

⑤检验方法:观察、检查同条件养护试件强度报告。

⑥伸缩装置安装允许偏差应符合表 2.20-1 的要求。

伸缩装置安装允许偏差　　表 2.20-1

<table>
<tr><th rowspan="2">项　目</th><th rowspan="2">允许偏差
(mm)</th><th colspan="2">检 验 频 率</th><th rowspan="2">检 验 方 法</th></tr>
<tr><th>范围</th><th>点数</th></tr>
<tr><td>顺桥平整度</td><td>符合道路标准</td><td rowspan="5">每条缝</td><td colspan="2">按道路检验标准检测用</td></tr>
<tr><td>相邻板差</td><td>2</td><td rowspan="3">每车道 1 点</td><td>用钢板尺和塞尺量</td></tr>
<tr><td>缝宽</td><td>符合设计要求</td><td>用钢尺量,任意选点</td></tr>
<tr><td>与桥面高差</td><td>2</td><td>用钢板尺和塞尺量</td></tr>
<tr><td>长度</td><td>符合设计要求</td><td>2</td><td>用钢尺量</td></tr>
</table>

⑦伸缩装置应无渗漏,无变形,伸缩缝应无阻塞。

⑧外观鉴定。伸缩缝无阻塞、渗漏、变形、开裂现象;伸缩缝锚固牢靠、伸缩性能有效。

2.21 桥面沥青铺装施工标准工法

2.21.1 适用范围

本工法适用于江西省高速公路建设项目的桥面沥青铺装施工。

2.21.2 工艺流程

配合比设计→桥面防水层施工→下封层施工→碎石盲沟及伸缩缝槽口处理→混合料的运输→混合料的摊铺→混合料的碾压→开放交通。

2.21.3 操作要点

(1)配合比设计

完成桥面铺装沥青混合料目标配合比和生产配合比设计。

(2)桥面防水层施工

①桥面板经验收合格,表面干燥、牢固、结实,无钢筋尖锐凸出物。

②桥面防水层施工前对验收合格的水泥混凝土桥面板表面进行抛丸处理,清除桥面找平层混凝土浮浆,平整凹凸不平处,清除油污和杂物,用除尘机将桥面灰尘吹除干净,用防水涂料进行二涂施工,用量为0.5kg/m^2。

(3)下封层施工

用智能型沥青碎石同步撒布车进行下封层施工,沥青用量为1.6kg/m^2,碎石用量按5~7m^3/1 000m^{2}计,满铺率在60%~80%,集料撒布全部在改性沥青未凝固之前完成。

(4)碎石盲沟及伸缩缝槽口处理

桥面沥青铺装前做好桥面横坡低处碎石盲沟的预留,保证桥面排水系统的完善。同时桥面伸缩缝临时槽处进行处理,保证密实,不出现松散、空洞现象。不平整处采用人工提前处理,处理后经监理和技术人员验收合格。

(5)混合料的运输

①运料车的车厢底板面及侧板清洁干净,不沾有机物质,车厢始终保持整洁。

运输前在车厢和底板上涂刷一薄层油水（柴油∶水为1∶3）混合液来避免混合料粘厢板，但车厢底部不得有余液积聚。

②运料车停在沥青拌和机下料斗下的装载过程中应移动运料车，采用三次或多次卸料法，以减小混合料发生粗细集料的离析，即第1、2次卸料分别位于车厢两端，第3次卸料位于车厢中部。

③每辆运料车均配备有大小适宜的覆盖篷布，并采用绳子固定，确实起到保温、防雨、防污染的作用。

④运料车要采用20t以上的大吨位自卸车，车辆数量根据运距、拌和能力、摊铺速度确定。

⑤运料车进入摊铺现场时，轮胎上不得沾有泥土等可能污染桥面防水层的脏物，在上路口处设水池将轮胎洗净后进入工程现场。

(6)混合料的摊铺

①水泥混凝土桥面沥青铺装摊铺作业采用两台ABG525摊铺机，双机连铺、梯队作业，混合料摊铺温度控制在沥青施工技术规范相应要求的允许范围内。

②桥面沥青铺装施工前，安排专人检查机械设备，确保摊铺机调整到最佳状态，确保料位器各项数据指标正常。同时尽可能不将沥青混凝土横向接缝放置在桥面上，最好放在离桥头百米以外的路基上。

③桥面沥青铺装摊铺厚度和平整度采用非接触式平衡梁控制，在桥头过渡段采用挂线控制高程的方法进行施工。摊铺机在桥面铺装过程中熨平板的振捣和夯锤压实装置保持恒定的振动频率和振幅，避免波动过大，影响桥面铺装层的初始压实度。摊铺机在桥面铺装行走过程中要经常检查摊铺厚度，摊铺厚度不可波动过大。两台沥青混合料摊铺机前后间距控制在5～8m，搭接宽度控制在5～10cm范围内。

④桥面沥青铺装过程中摊铺机的螺旋布料器对应于摊铺速度保持一个相对稳定的速度均衡地转动，螺旋布料器中的料量以略高于螺旋布料器的中心为宜，保证熨平板挡料板前后的混合料在全宽范围内均匀分布，避免摊铺时出现离析现象，并随时调整粗细集料分布的均匀性。

⑤桥面沥青铺装过程中应连续进行，连续稳定的摊铺，是提高路面平整度的最主要措施。摊铺时摊铺机前的运料车始终不得少于5辆，避免停机待料。摊铺机的摊铺速度应根据拌和机的产量、施工机械配套情况及摊铺厚度共同测定。经实际测算按2.0m/min的速度摊铺，可以做到均匀不间断摊铺。中间吃饭时应分批轮换进行，切忌停铺用餐，做到桥面沥青铺装过程中不停机。

⑥桥面沥青铺装过程中施工人员严禁频繁跨越未经压实的沥青混合料表面。

未经压实的沥青混合料施工人员不得进入踩踏。一般也不得用人工整修，特殊情况时在现场技术人员的指导下，允许采用人工找补，缺陷严重时予以铲除更换。

⑦桥面沥青铺装摊铺过程中技术人员应随时抽查摊铺厚度，同时目测每一车混合料的质量，发现问题及时采取应对措施，并反馈相关部门和负责人予以处理。

⑧桥面沥青铺装过程中摊铺机料斗尽量不要经常合闭，以减少粗集料离析现象的发生。摊铺机的料斗在尚有约10cm厚的热料时下一辆运料车开始卸料，做到连续供料，避免粗集料集中。

⑨桥面沥青铺装过程中运料车严禁撞击摊铺机，运料车在离摊铺机20～30cm处停下来，由摊铺机靠上并推动料车前进，运料车在摊铺区撒落的散料要及时清除。

⑩桥面沥青铺装过程中出现机器故障和下雨时应立即停止施工，并清除未压实成型的混合料，遭雨淋的混合料予以废弃，雨后在防水层未充分干前，不得继续摊铺。

⑪在斜交桥头等不能采用摊铺机摊铺的部位采用人工摊铺混合料，人工摊铺时采用挂线引导高程的方法，控制松铺厚度和平整度等。

(7)混合料的碾压

①桥面沥青铺装过程中的碾压按“紧跟、慢压、高频、低幅”的原则进行。碾压温度、速度和遍数应严格按技术交底执行。碾压段长度控制在60m左右。

②桥面沥青铺装过程中沥青混合料的压实分为初压、复压和终压。初压采用双钢轮压路机以纵缝为界往静返振各碾压两遍，碾压速度为1.5～2km/h。初压紧跟摊铺机进行，温度不低于150℃；复压采用轮胎压路机各碾压两遍，共计四遍，复压紧跟初压，碾压速度为3.5～4.5km/h，温度不低于130℃；终压采用双钢轮压路机碾压至无轮迹，碾压速度不大于5km/h，碾压终了温度不低于90℃。

③桥面沥青铺装过程中混合料碾压必须均衡、连续进行，防止温度变化导致压实度变化，影响压实度和平整度。碾压应从边缘向内开始，由低向高进行。碾压过程中不得在碾压区内转向、掉头、左右移动位置、中途停留、变速或突然制动。

④混合料碾压过程中安排专人负责指挥协调各台压路机的碾压路线和碾压遍数，使桥面沥青铺装在较短时间内达到规定的压实度。

⑤碾压前压路机应加满水，在水箱的水喷完前应及时加水，加水应在已冷却的成型沥青面上进行，切忌由于缺水而发生粘轮现象，粘轮导致的拉痕严重影响路面的外观和质量。

⑥碾压作业段的起始点设立明显标志，避免出现漏压现象。碾压后的沥青面在冷却前，任何车辆机械不得在上面停放(包括加油、加水的压路机)，并防止矿

料、杂物、油料等落在新铺的沥青面上。

(8)沥青面冷却至50℃才能开放交通。

2.21.4 质量控制

(1)按照现行规范和相关文件,严格控制原材料。

(2)按照施工工艺和技术要求,严格控制各分项工程施工。

2.22 安全保证及环境保护

2.22.1 安全保证

(1)安全规程及规定

执行中华人民共和国行业标准现行的《公路工程施工安全技术规程》(JTJ 076—95)和项目办有关安全生产管理文件的有关规定。

(2)施工安全文明技术措施

①做好施工现场的劳动保护和安全生产,确保施工安全。协调交通运输,做好交通运输管制工作。层层进行安全技术交底,经常进行检查,加强安全施工的宣传教育工作。

②建立健全安全组织保证体系。签订安全承包合同,使各作业队明确自己的安全目标,制订好各自的安全规划,达到全员参加,全面管理的目的,充分体现"安全生产,人人有责"。按"安全生产,预防为主"的原则组织施工生产,做到消除事故隐患,实现安全生产。

③机械施工应设专人指挥,吊车等设备操作人员必须持证上岗,严格按照相关机械设备操作规程进行作业。吊装作业应有统一的指挥信号,做到指挥统一、信号明确。特殊工种如装吊工、电焊工、架子工应持证上岗。

④按要求搭设脚手架平台、上人梯道、灌注平台、护身栏杆等附属设施,操作平台下面挂设安全网。

⑤进入作业区应戴安全帽,高处作业应系安全带、穿防滑鞋。

⑥起吊模板前,应将吊装机械位置调整适当,就位准确,稳起稳落,严禁大幅度摆动。

⑦拆模后,起吊模板前,应检查所有连接螺栓和连接件是否都已拆除,在确认无遗漏,模板与墩身混凝土完全脱离后,方准起吊。待起吊超过障碍物后方准转臂

行车。

⑧安装、拆除模板时,操作人员和指挥员必须站在安全可靠的地方,防止发生意外。

⑨操作工具及模板连接件要随手放入工具箱内,严禁放在脚手架或操作平台上。

⑩拆模时,应逐块拆卸,不得成片撬落或拉倒。

⑪高空装拆模板时,除操作人员外,下面不得站人,并应设置警示或红色信号标志,作业区周围及出入口处设专人负责安全巡视。

⑫坚持现场临时用电安全,不符合安全用电的各种行为坚决给予制止,不符合要求的不允许开工。严格遵守施工现场临时用电安全技术规范,坚持做到一机一闸,一机一漏电保护,防止用电安全事故的发生。

⑬夜间作业应有足够的照明。

⑭台风或超过 6 级大风来临前,停止一切施工作业,做好防台措施。

⑮防雷电,主塔施工在塔吊防雷保护范围内,塔吊的接地及避雷装置必须良好。

⑯建立健全各级安全生产责任制,确保人员、电、火、水、设备、施工过程等的安全。

⑰工程完工后,对建筑垃圾和杂物进行彻底清理,做到场地干净整洁。

2.22.2 环境保护

(1)施工过程中,严格遵守有关环境保护的法律、法规和规章制度。

(2)按照要求实行封闭施工,生活区域围栏围护,大门设置门卫,闲杂人员一律不得入内。

(3)按指定的施工用地范围布置临时设施,不乱动规定范围外的树木、植被。

(4)保持施工场地的环境卫生,及时分类、收集、清除垃圾和废弃物,并按指定的地点堆放、处理,不影响周围的环境卫生。进入现场的材料、设备按施工组织设计要求置放有序,防止任意堆放器材杂物,阻塞工作场地周围的通道和影响环境。

(5)工程完工后,及时把场地清理干净,当条件允许时,尽快采取措施进行植被恢复或场地绿化。

(6)清洗施工机械、设备和机具废水、废油等有害物质和生活废水,不得直接排入长江,以防污染水质。

(7)在整个施工过程中,应尽量控制车辆和施工机械其所产生的噪声不得超过当地政府规定的标准,否则应采取消声措施。

(8)水泥、外加剂在运输、使用过程中,应防止意外落入江中造成江水污染。

(9)施工用水泥采用罐车运输,水泥罐储存,不得散装散卸。外加剂等其他粉状材料采用袋装运输并储存在干燥的室内。

(10)施工过程中,塔基平台各种杂物不能随意堆放,要在指定位置堆放整齐。

(11)临时用地、施工运输道路以及驻地周围要经常洒水,避免尘土飞扬,污染空气。

(12)施工区、办公区、生活区挂标识牌,危险区设置安全警示标志。在主要施工道路口设置交通指示牌。

(13)确保周围环境清洁卫生,做到无污水外溢,围栏外无渣土、无材料、无垃圾堆放。

(14)做好雨季施工排水措施。

(15)对进出场道路注意养护。路面道路不乱挖,旱季注重道路洒水养护,降低粉尘对环境的污染,雨季做好沟渠疏通,防止雨水冲刷道路。

第3章

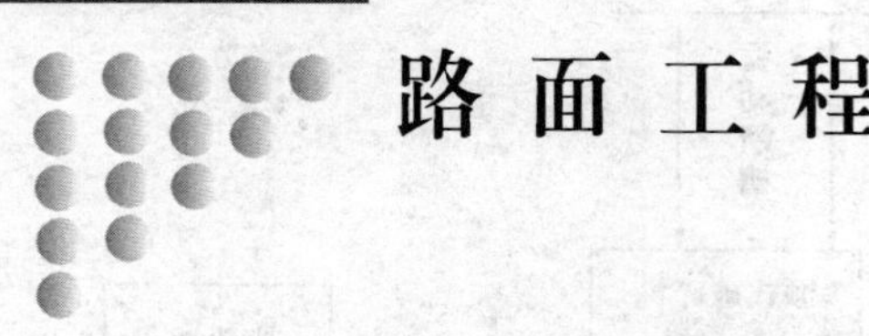

路面工程

依据为:《公路工程质量检验评定标准》(土建工程)(JTG F/80/1—2004)、《公路沥青路面施工技术规范》(JTG F40—2004)、《公路沥青路面设计规范》(JTG D50—2006)、《公路路面基层施工技术规范》(JTJ 034—2000)、《公路工程集料试验规程》(JTG E42—2005)、《公路工程无机结合料稳定材料试验规程》(JTG E51—2009)、《公路工程技术标准》(JTG B01—2003)等现行有关路面施工、检测规范,以及合同、施工图纸等文件。

3.1 沥青路面循环石灰水清洗粗细集料生产施工标准工法

3.1.1 适用范围

本工法适用于江西省高速公路建设项目的沥青路面循环石灰水清洗粗细集料生产施工。

3.1.2 工艺流程

集料料源选择→集料片石开采→颚式破碎→反击破碎→振动筛分→制砂机→振动筛分→循环石灰水洗振动筛分(图3.1-1)。

3.1.3 操作要点

(1)料源选择

选择储量满足施工需要、岩质好(压碎值、针片状、黏附性)、开采条件好(覆盖层薄)、运输条件佳的料场,由承包人提出 3 ~ 4 个备选方案,业主、监理现场核查审批后才能使用。

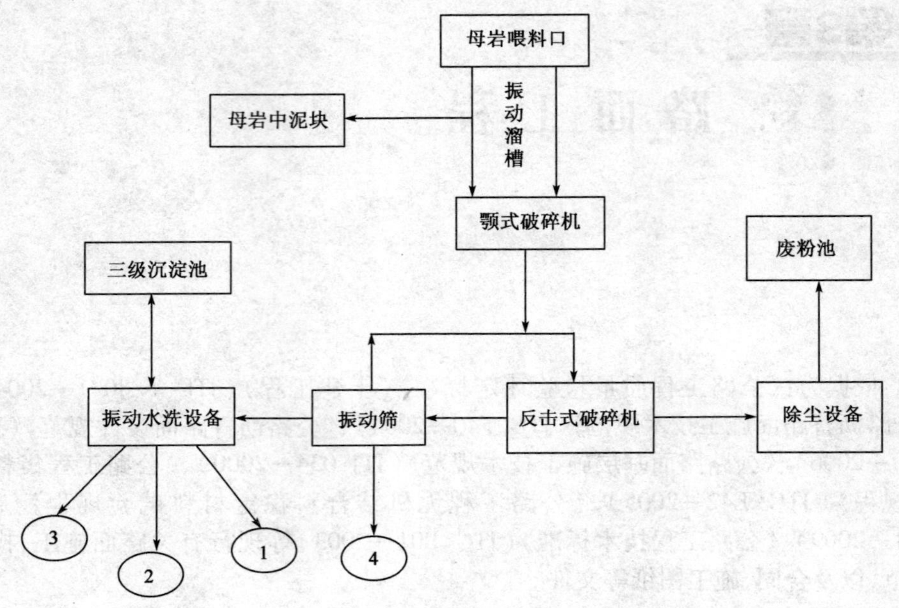

图 3.1-1　工艺流程

(2)宕口石料破碎设备

全线统一路面各结构层各档碎石材料规格,统一全线振动筛网尺寸,保证级配稳定。为降低碎石的针片状颗粒含量,并提高其表面粗糙度和棱角性,要求配置大功率制砂机,中、上面层集料必须采用机制砂。

(3)拌和站建设

严格审查拌和站占地面积,要求其须满足备料需要,为保证施工高潮期有充足的碎石材料供应,料仓应有足够大的面积,满足储备总用量不少于 70% 的集料。拌和场及碎石加工场内料仓场地采用 18cm 厚的水稳基层料硬化,场区道路采用了 20cm 厚 C20 混凝土硬化,并设置横坡、浆砌片石排水沟等排水设施,保证场内排水畅通及材料洁净。采用高 2m 的硬隔墙隔离各料仓,保证各档集料分隔堆放、不窜料。对 4.75mm 以下的细集料与机制砂要求安装大棚,可有效防止雨淋,保证级配稳定,缩短了烘干时间,节省了燃料。

(4)石灰水循环清洗路面集料

石灰水是碱性的,通过石灰水清洗集料,在改善集料表面清洁度的同时,使其表面碱性增强,提高黏附性,而且石灰水经逐级沉淀后可反复利用,不会造成资源浪费。

3.1.4 质量控制

(1)喂料口装载机司机装片石时必须注意不要铲到地上的泥土,料斗不要放得过低,以免污染片石。装载机上料时注意不要撞击给料斗,给料斗是用钢板焊制的,外物猛烈撞击容易变形,导致给料口给料不畅。

(2)喂料口派专人看守清理片石中夹杂的泥块或者杂物,同时负责废料振动筛的正常运转和维护。

(3)要有充分的生产计划和生产准备,以保证稳定和连续的供料,一方面是为了提高产量,另一方面可减少针片状碎石含量,因为稳定连续地供料才会使破碎机挤满给料,保证破碎腔内料与料之间相互挤压使得扁平及长条颗粒沿其薄的断面断裂。

(4)通过在振动筛上设置的高压水管网喷射清水,能全方位、快速清洗碎石。水洗时需要注意以下几个方面:倾斜放置振动筛,筛面倾斜角度为20°(15°~25°),确保在该角度下碎石筛分与水洗两个作业的优化组合;控制好振动筛的振动频率和振幅,确保每颗碎石的所有面都能受到高压水的冲洗。每颗碎石在振动筛上就像跳的士高舞曲一样,通过这样就能充分保证碎石的全面冲洗和充分的冲洗时间。

(5)循环沉淀水池。在距离振动筛横向距离2~3m位置处设大容量沉淀池,定期清理一、二级沉淀池,有效减少水中含泥量。

经过四级沉淀池后的清水用水泵重新输送到振动筛高压水管网,进行循环水洗作业。碎石冲洗需要耗费大量的水资源,通过设置四级沉淀池能有效保证冲洗水洁净,确保冲洗水循环利用。

循环沉淀水池尺寸应根据水洗机水洗能力设置,第一、二级沉淀池逐次降低出水口高度,有效沉淀冲洗水中污泥;在第二级沉淀池处,新水补给量应根据高压水泵负荷工作每小时抽水量、第一级沉淀池的水流入量等因素来确定。

沉淀池池底及四壁应设置防水层,防止水渗透,浪费水资源。

定期清除沉淀池中污泥,保证沉淀池净水效果。

3.2 水泥稳定碎石施工标准工法

3.2.1 适用范围

本工法适用于江西省高速公路建设项目的水泥稳定碎石施工。

3.2.2 工艺流程

施工准备→原材料选择→水泥稳定碎石配合比确定→拌和→运输→摊铺→碾压→养生。

3.2.3 操作要点

(1)施工准备

①技术准备

组织相关工程技术人员仔细阅读施工设计图纸,认真编写施工作业指导书,对所有参建人员进行相应的技术交底,明确各步骤施工程序、工艺流程及检验控制标准。

②试验准备

准备好抽检所需的试验设备及材料。

③物资材料准备

按照施工设计图纸要求做好水泥、碎石等材料的准备工作,满足正常施工需要。对所有进场材料严把质量关。

(2)原材料选择

选择水泥稳定碎石施工所需的原材料,并完成相应的检测试验。

(3)配合比

宜按照骨架密实性基层结构进行目标配合比的级配设计,采用振动成型法确定水泥剂量、最大干密度和最佳含水率。骨架结构具有较高的强度和防裂性。振动成型能够更好地模拟振动压路机的工作状态,试件与水稳基层的实际状态更为接近。振动成型与静压成型比较,振动成型有较大的干密度和较小的最佳含水率,有利于提高基层强度,减少干缩裂缝。

①水泥稳定材料的组成设计包括:根据规定的材料指标要求,通过试验选取合适的集料和水泥;确定合理的集料配合比例、水泥剂量、混合料的最佳含水率和相应的最大干密度。合理的水泥稳定碎石组成达到强度要求,具有较小的温缩和干缩系数(现场裂缝较少),施工和易性好(粗集料离析较小)。

②水泥稳定碎石 7d 浸水无侧限抗压强度 $R_{设} \geq$ 设计要求。

③为减少基层收缩裂缝,在满足设计强度的基础上尽量减少水泥用量;在减少含泥量的同时,限制细集料、粉料用量;根据施工时气候条件适当调整含水率。一般情况下 0.075mm 以下颗粒含量控制在 3% 以下,含水率不超过最佳含水率的 1%。

④混合料制成直径和高均为150mm圆柱试件,各项试验应按《公路工程无机结合料稳定材料试验规程》(JTG E51—2009)进行。

(4)试验路段施工

正式开工之前,进行试验路的施工。试验路段选择在经验收合格的底基层上进行,其长度为300~600m。

水泥稳定碎石基层混合料采用中心站集中拌和(厂拌)法施工,由一台摊铺机全幅摊幅,一次碾压密实。试铺路段的拌和、摊铺、碾压各道工序按《公路路面基层施工技术规范》(JTJ 034—2000)进行。试验路段要决定的主要内容如下。

①验证用于施工混合料的配合比

调试拌和机,分别称出拌缸中不同规格的碎石、水泥、水的重量,测量其计量的准确性。控制拌和质量,保证混合料均匀性。检查混合料含水率、集料级配、水泥剂量、7d无侧限抗压强度。

②确定铺筑的松铺系数。

③确定标准施工方法。

混合料配比的控制方法。混合料摊铺方法和适用机具,包括摊铺机的行进速度、摊铺厚度的控制方式;含水率的调整和控制方法;压实机械的选择和组合,压实顺序,速度和遍数;拌和、运输、摊铺和碾压机械的协调和配合。

④确定每一压实作业段的合适长度。

⑤严密组织拌和、运输、碾压等工序,缩短延迟时间。

⑥编写《试验路段总结》。

(5)主体施工准备

施工前,由交验小组检查下承层的弯沉、高程、压实度、宽度、平整度等技术指标,且各项指标必须满足设计及规范要求。重点检查下承层的弯沉代表值与单点弯沉值是否达到设计要求,检查下承层是否出现网裂、松散、层厚度不足等问题,对不合格的下承层进行返工处理。下承层的弯沉代表值符合设计要求,单点弯沉值不符合要求的,加密检测确定边界后返工处理,代表值不合格的路段返工处理。

清除下承层面表面的浮土等杂物,摊铺下基层先在底基层表面洒水湿润。摊铺上基层时,在下承层表面同步撒布水泥净浆联结层,以增强层间整体联结强度,撒布量折合纯水泥用量按0.8~1.2kg/m^2控制。

开始摊铺的前一天要进行测量放样,按摊铺机宽度与传感器间距,一般在直线上间隔为10m,在平曲线上为5m,做出标记,并打好导向控制线支架,根据松铺系数算出松铺厚度,决定导向控制线高度,挂好导向控制线。用于控制摊铺机摊铺厚度的控制线的钢丝拉力应不小于800N。

基层在施工结束后的7d后取芯，若7～14d内芯样基本完整，作为结束养生期的控制指标。若14d后不能取出基本完整芯样，则进行返工处理。

基层施工时加强过程控制，安排专人随时跟踪检测松铺厚度、压实厚度、压实度、平整度。

下层水泥稳定碎石施工结束7～14d后进行上层水泥稳定碎石的施工。两层水泥稳定碎石施工间隔不长于30d。

(6)拌和

①开始拌和前，拌和场的备料应满足3～5d的摊铺用量。

②每天开始搅拌前，应检查场内各粗细集料的含水率，计算当天的配合比，外加水与天然含水率的总和要比最佳含水率略高（不超过最佳含水率的1%）。给拌和站出具配合比通知单。

③每天开始搅拌之后，按规定取混合料试样抽查级配和水泥剂量；随时在线检查配比、含水率是否变化。高温作业时，早晚与中午的含水率要有区别，要按温度变化及时调整。

④水泥剂量应按配合比设计值控制，不得强制规定加大水泥剂量。

⑤拌和机出料不允许采取自由跌落式的落地成堆、装载机装料运输的办法。一定要配备带活门漏斗的料仓，由漏斗出料直接装车运输，装车时车辆应前后移动，至少分三次装料，避免混合料离析。

(7)运输

①运输车辆在每天开工前，要检验其完好情况，装料前应将车厢清洗干净。运输车辆数量一定要满足拌和出料与摊铺需要，并略有富余。

②应尽快将拌成的混合料运送到铺筑现场。车上的混合料应覆盖，以减少水分损失。如运输车辆中途出现故障，必须立即以最短的时间排除；当车内混合料不能在初凝时间内运到工地摊铺压实，必须予以废弃。

(8)摊铺

①摊铺前应将底基层适当洒水湿润。对于下承层表面，应喷洒水泥净浆。

②摊铺前应检查摊铺机各部分运转情况，而且每天坚持重复此项工作，确保机械工作性能良好。

③调整好传感器臂与导向控制线的关系；严格控制基层厚度和高程，保证路拱横坡度满足设计要求。

④摊铺机宜连续摊铺。如拌和机生产能力较小，在用摊铺机摊铺混合料时，应采用最低速度摊铺，禁止摊铺机停机待料。摊铺机的摊铺速度一般宜在1.5m/min左右。

⑤摊铺机的螺旋布料器应有2/3埋入混合料中。

⑥在摊铺机后面应设专人消除细集料离析现象，特别应该铲除局部粗集料“窝”，并用新拌混合料填补。

(9)碾压

①采用分段碾压，一次碾压长度一般为50～80m。碾压段落做到层次分明，设置明显的分界标志。

②碾压应遵循生产试验路段确定的程序与工艺。

③压路机碾压时应重叠1/2轮宽。

④压路机倒车换挡要轻且平顺，不要拉动基层，在第一遍初步稳压时，倒车后尽量原路返回，换挡位置应在已压好的段落上，在未碾压的一头换挡倒车位置错开，要成齿状，出现个别拥包时，应配工人进行铲平处理。

⑤压路机碾压时的行驶速度一般为：第1～2遍为1.5～1.7km/h，以后各遍应为1.8～2.2km/h。

⑥压路机停车要错开，相距间隔不小于3m，应停在已碾压好的路段上。

⑦严禁压路机在已完成的或正在碾压的路段上掉头和紧急制动。

⑧碾压宜在水泥终凝前及试验确定的延迟时间内完成，并达到要求的压实度，同时没有明显的轮迹。

⑨为保证水泥稳定碎石基层边缘强度，有一定的超宽，采用方木或型钢模板支撑。

(10)横缝设置

①水泥稳定碎石混合料摊铺时，应连续作业，如因故中断时间超过2h，则应设横缝；每天收工之后，第二天开工的接头断面也要设置横缝；要特别注意桥头搭板前水泥碎石的碾压。

②横缝应与路面车道中心线垂直设置，接缝断面应是竖向平面。其设置方法：压路机碾压完毕，沿端头斜面开到下承层上停机过夜；第二天将压路机沿斜面开到前一天施工的基层上，用3m直尺纵向放在接缝处，定出基层面离开3m直尺的点作为接缝位置，沿横向断面挖除坡下部分混合料，清理干净后，用水泥净浆涂刷横向端面，摊铺机从接缝处起步摊铺；压路机沿接缝横向碾压，由前一天压实层上逐渐推向新铺层。碾压完毕再纵向正常碾压。碾压完毕，接缝处纵向平整度应符合设计要求。

(11)养生及交通管制

①每一段碾压完成以后应立即进行质量检查，并开始养生。

②养生方法：应将麻布或透水无纺土工布湿润，然后人工覆盖在碾压完成的基

层顶面；覆盖1h后，再用洒水车洒水；在7d内应保持基层处于湿润状态，14d内正常养护；养生结束后，必须将覆盖物清除干净。

③用洒水车洒水养生时，洒水车的喷头要用喷雾式，不得用高压式喷管，以免破坏基层结构，每天洒水次数应视气候而定，整个养生期间应始终保持水泥稳定碎石层表面湿润。

④基层养生期不应少于7d。养生期内洒水车必须在另外一侧车道上行驶，工人手持水龙带，跨过中分带喷洒养生水。

⑥在养生期间应封闭交通。

3.2.4 质量控制

(1)水泥剂量的测定用料应在拌和机拌和后取样，并立即(一般规定小于10min)送到工地试验室进行滴定试验。

(2)水泥用量除用滴定法检测水泥剂量要求外，还必须进行总量控制检测。即要求记录每天的实际水泥用量、集料用量和实际工程量，计算对比水泥剂量的一致性。

(3)水泥稳定碎石基层的质量控制满足现行规范和相关文件的要求。

3.3 沥青面层施工标准工法

3.3.1 适用范围

本工法适用于江西省高速公路建设项目的沥青面层施工。

3.3.2 工艺流程

沥青路面施工工艺流程见图3.3-1。

3.3.3 操作要点

(1)施工准备

①场地准备

沥青混凝土拌和站生产设备应安置于空旷干燥、运输条件较好的地方，并做好场地内临时防水、防雨、防火等安全措施。

②施工设备、检测仪器及人员准备

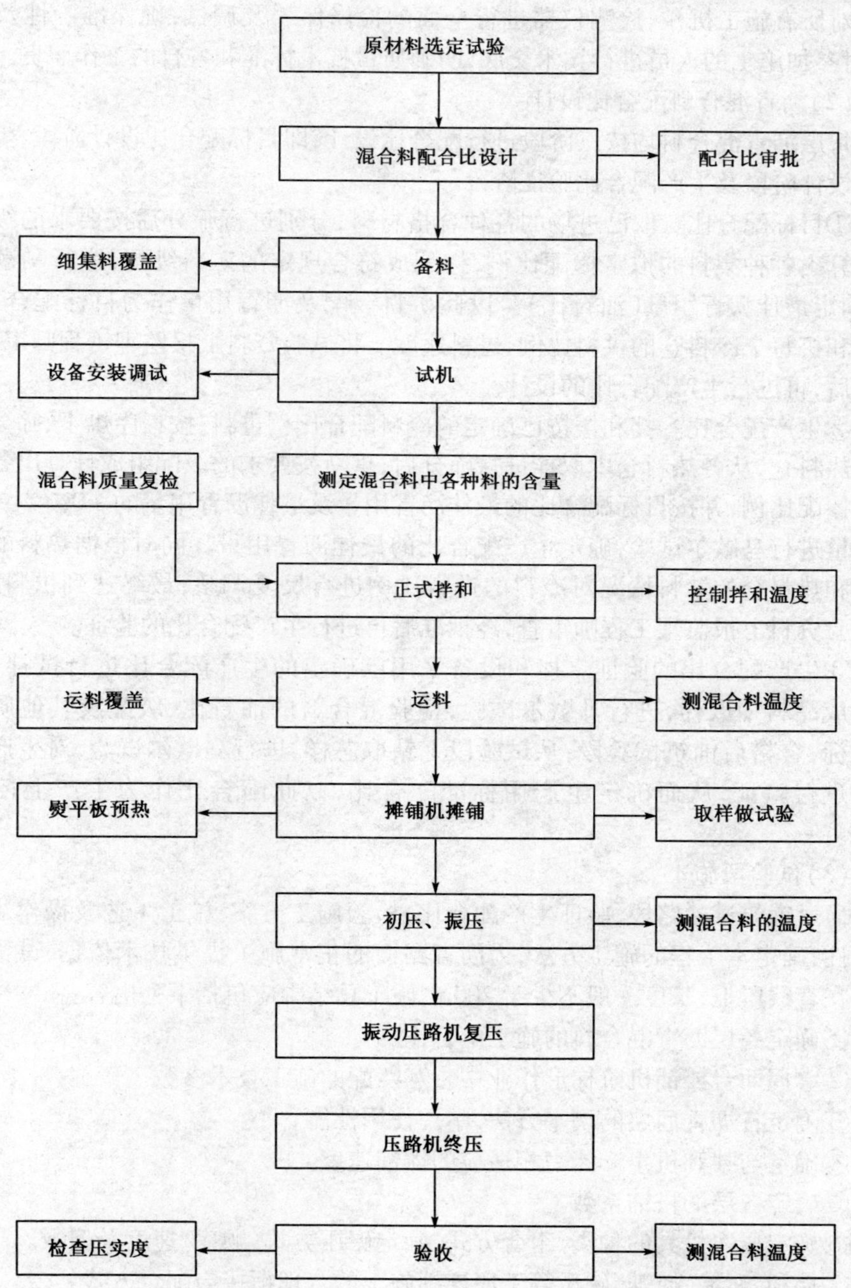

原材料选定试验
混合料配合比设计
配合比审批
细集料覆盖
备料
设备安装调试
试机
混合料质量复检
测定混合料中各种料的含量
正式拌和
控制拌和温度
运料覆盖
运料
测混合料温度
熨平板预热
摊铺机摊铺
取样做试验
初压、振压
测混合料的温度
振动压路机复压
压路机终压
检查压实度
验收
测混合料温度

图 3.3-1　工艺流程

对所有施工机械、检测仪器进行全面的检修保养及调试，确保准确性及完好率；对参加施工的人员进行技术交底，明确质量技术标准和各自的工作职责。

(2)沥青混合料配合比设计

每层沥青混合料均按三阶段进行配合比设计，即目标配合比设计阶段，生产配合比设计阶段及生产配合比验证阶段。

①目标配合比。取已进场的各种合格材料，分别进行筛分后按要求的级配组成计算出各种集料的拟定掺配比例，掺配成符合规定的矿料级配，进行马歇尔试验，确定最佳沥青用量(油石比)。以此矿料级配及沥青用量作为目标配合比，确定拌和机每个冷料仓的供料比例、进料速度。将试验资料上报监理工程师审查，经批准后，再进行生产配合比的设计。

②生产配合比。拌和楼按已确定的冷料配合比例进料，按程序烘干、筛分后进入各热料仓，从各热料仓中取样进行筛分后，重新按要求的级配组成计算出各种热料的掺配比例，并按目标配合比的最佳沥青用量及最佳沥青用量的±0.3%三个沥青用量进行马歇尔试验，确定生产配合比的最佳沥青用量。同时根据热料的配合比例和热料仓的储料情况对冷料的进料比例进行反复调整，最终达到供料均衡。将试验资料上报监理工程师审查，经批准后再进行生产配合比的验证。

③生产配合比的验证。拌和设备采用已确定的生产配合比进行试拌，试验室从成品料中取样，进行马歇尔试验，检验混合料的油石比、级配及其他质量技术指标，合格后铺筑试验段，从试验段上钻取芯样，进行马歇尔试验，对生产配合比并进行验证，从而确定生产用标准配合比，以此配合比作为生产上控制的依据。

(3)试验段施工

通过铺筑试验路段，验证生产配合比，检验施工方案、施工工艺及操作规程的适用性，确定本工程的施工方法，为沥青路面的正常施工提供技术依据，试铺路段宜选在直线段上，长度一般不少于200m，施工总结中应包括下列内容：

①确定各层沥青混合料的施工配合比。

②掌握两台摊铺机阶梯形作业中相互匹配的施工技术参数。

③确定各沥青面层的调平方法，掌握使用性能。

④确定与拌和机生产能力相适应的摊铺速度。

⑤确定各层的松铺系数。

⑥确定压实机具的种类、组合方式，确定碾压方式、顺序、速度及遍数。

⑦拌和、运输、摊铺、碾压等工序连续施工的合理衔接与配合方式。

⑧接缝的正确处理方法。

⑨确定每天合理的作业段长度，修改、完善施工组织计划。

(4)沥青混合料的拌制

①拌和采用间歇式拌和设备，拌料前应对拌和设备及配套设备进行检查，使各动态仪表处于正常的工作状态。定期对计量装置进行校核，保证混合料中沥青和集料及添加剂用量的允许偏差符合技术规范要求。

②拌和楼控制室要逐盘打印沥青及各种矿料的用量及拌和温度，并定期对拌和楼的计量和测温进行校核。

③要注意目测检查混合料的均匀性，及时分析异常现象。如混合料有无花白、冒青烟和离析现象。如确认是质量问题，应作废料处理并及时予以纠正。

④每天上午、下午各取一组混合料试样做马歇尔试验和抽提试验，检验油石比、矿料级配和沥青混凝土的物理力学性质。

⑤在拌和过程中，拌和温度、拌和时间要严格按照以下要求进行。改性沥青混凝土拌和温度较普通沥青混凝土温度提高10～20℃；沥青稳定碎石的拌和时间应以混合料拌和均匀、所有集料颗粒全部裹覆沥青为度，并经试拌确定；一般间歇式拌和机每锅料拌和时间宜为30～50s(其中干拌时间不小于5s)；每锅出料后，目测认为不合适(花料、离析)，则需适当延长拌和时间(3～5s)；改性沥青混凝土拌和时间与普通沥青相比要适当延长5s(每锅30～50s，其中干拌不得少于5s)，采用先将砂石料放入搅拌器干拌5s后加入沥青，拌和几秒钟后再加入矿粉的方式。

(5)混合料的运输

①沥青混合料采用载重25t的自卸汽车运输，为了方便卸料，沥青混合料车的车厢底板和侧板应涂一薄层油水混合物(油:水=1:3)，并排除可见游离余液。

②运料车装料时应前后移动位置，分前、后、中三次装料，减少混合料堆高离析。

③采用数字显示插入式热电偶温度计检测沥青混合料的出厂温度和运到现场温度，插入深度要大于150mm。在运料设备侧面中部设专用检测孔，孔口距车厢底面约300mm。

④运料车应覆盖篷布，以保温、防雨和防尘，减少环境污染。

⑤沥青混合料运输车的运量应较拌和能力和摊铺速度有所富余，摊铺机前应至少有5辆料车等候卸料。

⑥运至摊铺现场的混合料应及时摊铺压实。

(6)混合料的摊铺

①铺筑下面层时，采用挂钢丝法控制高程、虚铺厚度、横坡及平整度，在直线段

上间隔 10m、曲线段上间隔 5m 打钢钎，挂好导向控制钢丝（钢丝的拉力不小于 800N），并根据经验拟定的松铺系数计算出松铺厚度，测量、调整好控制钢丝的高度。

②采用两台摊铺机成梯队单幅全宽一次铺筑，两侧利用挡板来控制其摊铺宽度。第一台摊铺机一侧走钢丝基准线，用横坡仪控制横坡和另一侧厚度；后面一台摊铺机在摊铺好的层面上走"雪橇"，另一侧走钢丝基准线，成梯队状摊铺。相邻两台摊铺机的纵向距离控制在 10m 以内，速度控制在 1～2m/min，其速度、松铺系数、横坡度、振频、振幅等要保持一致，纵向接缝采用热接缝。

③摊铺机就位后，先预热 0.5～1h，使熨平板的温度在 100℃以上，按松铺系数计算出松铺厚度。调整熨平板高度，用薄木块、钢板板支垫，其厚度与松铺厚度相等，使熨平板牢固放在上面。

④摊铺时，运料车停靠在距混合料转运车前 10～30cm 处挂空挡，由混合料转运车迎上去推动前进，在推进中卸料。

⑤重交沥青混凝土摊铺温度一般控制在 145～160℃，改性沥青混凝土摊铺温度一般控制在 160～170℃。

⑥摊铺遇雨时，立即停止施工，并清除未压实成型的混合料。遭受雨淋的混合料应废弃，不得卸入摊铺机摊铺。

⑦上、中面层沥青混凝土路面采用非接触式平衡梁进行调平，施工方法，程序与下面层基本相同，可参考下面层施工工艺。

（7）沥青混合料的碾压

①混合料摊铺后应立即进行压实作业。压实的原则为"紧跟、慢压、高频、低幅"，并根据试验段总结的方式碾压。

②压实应分三个碾压阶段进行：初压拟采用双驱双振钢轮压路机进行碾压；复压采用胶轮压路机碾压；终压采用双钢筒压路机碾压；路面边缘或边角等应采用 1 台小型振动压路机碾压。

③初压、复压、终压施工工艺参考表 3.3-1 和表 3.3-2。

沥青面层碾压速度（km/h） 表 3.3-1

压路机类型	初压		复压		终压	
	适宜	最大	适宜	最大	适宜	最大
钢筒压路机	1.5～2	3	2.5～3.5	5	2.5～3.5	5
轮胎压路机	—	—	3.5～4.5	6	4～6	8
振动压路机	1.5～2.5（静压或振动）	3（静压或振动）	3～4（振动）	5（振动）	2～3（静压）	5（静压）

沥青面层碾压温度　　表 3.3-2

碾压流程	碾压温度(℃)	
	下面层	中面层
初压	120～140	≥150
复压	100～120	≥140
终压	>90	>110

(8)接缝处理

对于采用两台摊铺机成梯队联合摊铺方式的纵向接缝,应在前部已摊铺混合料部分留下10～20cm宽暂不碾压,作为后高程基准面,并有5～10cm的摊铺层重叠,以热接缝形式在最后作跨接缝碾压以消除缝迹。上下层纵缝应错开15cm以上。横向接缝采用平接缝。施工时在摊铺末端撒砂,碾压后用3m直尺将平整度不合格的端部切除、清洗并涂刷少量乳化沥青,下次摊铺时从接缝处起步开始摊铺。

(9)交通管制

混合料温度低于50℃后方能允许车辆减速通行。

3.3.4 质量控制

(1)建立质量责任制。经理部、工区(工段)设专职质量员,班组设兼职质量员,明确各级责任。开工前报监理工程师备案。分项施工的现场应实行标示牌管理,写明作业内容和质量要求。施工中严格执行技术规范和技术标准,遵规操作,严格执行"三检"制度,即:自检、互检、工序交接检验制度。

(2)选用有丰富类似经验的施工队伍,配备有丰富经验的技术干部、管理干部和技术工人。各道工序开工前,针对本项目的路面结构特点对全体人员进行质量教育,强化质量意识。

(3)要加强质量监控,确保规范规定的检验、抽检频率,现场质检的原始资料必须真实、准确、可靠,不得追记,接受质量检查时必须出示原始资料。监理工程师有指令时,重要的隐蔽工程覆盖前应进行摄像或照相并保存现场记录。

(4)必须完备检验手段,要根据技术规范的规定配齐检测和试验仪器、仪表,并应及时校正,确保其精度,要根据合同要求加强工地试验室的管理,要加强标准计量基础工作和材料检验工作,不得违规计量,不合格材料严禁用于本工程。

(5)应从源头抓质量,严把材料质量关,本项目施工中所采用的各种原材料及半成品必须经试验室取样检测合格后方可进场,进场材料在使用前要严格按规定的抽检频率进行抽样检查，并报请监理工程师检查验收合格后，方可使用。

(6)采用先进的拌和、摊铺、碾压设备，保证路面的铺筑质量，配备先进的试验仪器设备，保证试验数据准确、可靠。

(7)技术准备时施工图纸提交、书面技术交底、施工测量要做到及时、准确、无误，并且实行复核签字制度。

(8)每一个分项工程开工前都要先进行试验段施工，对配合比设计、两机联铺施工工艺等进行验证总结。

(9)施工中推广、应用先进技术，对于技术难题，开展QC小组活动，组织攻关，充分听取各方面的合理化建议，认真做好技术总结，提高施工质量。

(10)在施工中对工程的重要部位、影响质量的特殊工艺、使用的原材料等作为主要控制对象，施工前按设计、规范、标准、说明等制定相应的技术措施和检查方法。

(11)要建立质量奖罚制度，对质量事故要严肃处理，坚持“三不放过”的原则，即：事故原因不明不放过，不分清责任不放过，没有改进措施不放过。作业队每周集中进行一次质量检查评比，经理部每月进行一次质量评比，实行重奖重罚，利用经济手段以保证优良工程的实现。

3.4 安全保证及环境保护

3.4.1 安全保证

(1)安全规程及规定

执行中华人民共和国行业标准现行的《公路工程施工安全技术规程》(JTJ 076—95)和项目办有关安全生产管理文件的有关规定。

(2)建立健全各级安全生产责任制，确保人员、电、火、水、设备、施工过程等的安全。

(3)认真贯彻“安全第一，预防为主”的方针，根据国家有关规定、条例和相关文件的具体要求，结合沥青路面施工的具体特点，成立安全生产组织机构，落实安全生产第一责任人和直接责任人名单，明确各级人员的职责，制订安全生产制度。

(4)现场按符合防触电、防火、防洪等安全规定及安全施工要求进行布置，并完善布置各种安全标识。

(5)执行安全生产检查制度，定期和不定期组织相关人员检查和督促安全生产工作，杜绝违章指挥、违章作业、违反劳动纪律的现象发生。在施工过程中，贯彻“安全第一，预防为主”的方针，杜绝重伤以上人身伤亡事故，确保施工设备运转安全。

(6)严格机械车辆的安全管理。场内施工遵守安全规章，场外行驶遵守交通规则和有关规定，做到文明安全行车，机构车辆行驶、摆放有规矩，各种材料的堆放有条不紊，各工序的施工做到工完场清，创造一个良好的施工环境。

(7)及时、有效、迅速地处理由于机械伤害造成的人身伤亡事件，避免和减轻因机械伤害造成人身伤害和财产损失。

(8)压路机、摊铺机等现场设备在启动前必须进行设备前后的检查，确保设备附近无人后方可启动。

(9)现场运输车辆由专人指挥，驾驶人员必须按照指挥人员的意图停车卸料。

(10)施工现场有明确的指路标志，必须严格按照指路标志行车通行。与施工无关的人、车等一律不得进入施工作业区内。

3.4.2 环境保护

(1)成立对应的施工环境卫生管理机构，在工程施工过程中严格遵守国家和地方政府下发的有关环境保护的法律、法规和规章，随时接受相关单位的监督检查。

(2)对施工场地进行硬化，防止尘土飞扬；设置2%坡度，并在料场四周设置排水沟，使冲洗水流出出料区，顺水沟流入第一级沉淀池，循环利用水资源。

(3)队伍进场后，即进行教育与动员工作，要求所有人员尊重与遵守当地民俗与习惯，维护驻地人民的正常生产、生活秩序，以保证工程施工正常进行。

(4)根据施工的需要提供足够的照明、护栏、围栏、警告牌及看守措施，以保障公众的安全与方便。

(5)在施工队伍内部，搞好生产劳动保护，保证人员的身体健康与环境卫生。

(6)施工期间，经常对主要施工机械车辆道路进行维修并洒水，以保证沿线居民方便，防止因施工对居民及作物造成污染。

(7)拌和站设除尘装置，减少粉尘，对容易飞扬、渗漏并造成环境污染的材料，将采用密封或增加覆盖的方式专门运输。

(8)废材料立即运出现场并进行堆、埋等处理，对于施工中弃下的零碎配件、边角料、水泥袋、包装箱等及时收集清理，以保护自然环境与景观不受破坏。

(9)做好拌和站的排水、防护工作，避免滑坡；保护好料场等植被。

(10)做好运输道路的维护和维修工作，保证运输道路具有较好的服务水平。

参考文献

[1] 中华人民共和国交通行业标准. JTG F40—2004　公路沥青路面施工技术规范[S]. 北京:人民交通出版社,2004.

[2] 中华人民共和国交通行业标准. JTG D50—2006　公路沥青路面设计规范[S]. 北京:人民交通出版社,2006.

[3] 中华人民共和国交通行业标准. JTJ 073.2—2001　公路沥青路面养护技术规范[S]. 北京:人民交通出版社,2001.

[4] 中华人民共和国交通行业标准. JTG E60—2008　公路路基路面现场测试规程[S]. 北京:人民交通出版社,1995.

[5] 中华人民共和国交通行业标准. JTG E20—2011　公路工程沥青及沥青混合料试验规程[S]. 北京:人民交通出版社,2000.

[6] 中华人民共和国交通行业标准. JTG E42—2005　公路工程集料试验规程[S]. 北京:人民交通出版社,2005.

[7] 中华人民共和国交通行业标准. JTJ 034—2000　公路路面基层施工技术规范[S]. 北京:人民交通出版社,2000.

[8] 中华人民共和国交通行业标准. JTG F30—2003　公路水泥混凝土路面施工技术规范[S]. 北京:人民交通出版社,2003.

[9] 中华人民共和国交通行业标准. JTG D30—2004　公路路基设计规范[S]. 北京:人民交通出版社,2004.

[10] 中华人民共和国交通行业标准. JTG E30—2005　公路工程水泥及水泥混凝土试验规程[S]. 北京:人民交通出版社,2005.

[11] 中华人民共和国交通行业标准. JTG E51—2009　公路工程无机结合料稳定材料试验规程[S]. 北京:人民交通出版社,2009.

[12] 中华人民共和国交通行业标准. JTG E60—2008　公路路基路面现场测试规程[S]. 北京:人民交通出版社,2008.

[13] 中华人民共和国交通行业标准. JTG F10—2006　公路路基施工技术规范[S]. 北京:人民交通出版社,2006.

[14] 中华人民共和国交通行业标准. JTG F80/1—2004　公路工程质量检验评定标准　第一册　土建工程[S]. 北京:人民交通出版社,2004.

[15] 中华人民共和国交通行业标准. JTG E40—2007　公路土工试验规程[S]. 北京:人民交通出版社,2007.

[16] 中华人民共和国交通行业标准. JT/T 669—2006　公路工程土工合成、复合

材料分类和试验方法[S]. 北京:人民交通出版社,2006.

[17] 中华人民共和国交通行业标准. JTG E50—2006 公路工程土工合成材料试验规程[S]. 北京:人民交通出版社,2006.

[18] 中华人民共和国交通行业标准. JTG E41—2005 公路工程岩石试验规程[S]. 北京:人民交通出版社,2005.

[19] 中华人民共和国交通行业标准. JTG D80—2006 高速公路交通工程及沿线设施设计通用规范[S]. 北京:人民交通出版社,2006.

[20] 中华人民共和国交通行业标准. JTG D81—2006 公路交通安全设施设计规范[S]. 北京:人民交通出版社,2006.

[21] 中华人民共和国交通行业标准. JTG D70—2004 公路隧道设计规范[S]. 北京:人民交通出版社,2004.

[22] 中华人民共和国交通行业标准. JTG D60—2004 公路桥涵设计通用规范[S]. 北京:人民交通出版社,2004.

[23] 中华人民共和国交通行业标准. JTG B01—2003 公路工程技术标准[S]. 北京:人民交通出版社,2003.

[24] 中华人民共和国交通行业标准. JTG D20—2006 公路路线设计规范[S]. 北京:人民交通出版社,2006.

[25] 中华人民共和国交通行业标准. JTG F71—2006 公路交通安全设施施工技术规范[S]. 北京:人民交通出版社,2006.

[26] 中华人民共和国交通行业标准. JTJ 076—95 公路工程施工安全技术规程[S]. 北京:人民交通出版社,1995.

[27] 中华人民共和国交通行业标准. JTG H20—2007 公路技术状况评定标准[S]. 北京:人民交通出版社,2007.

[28] 中华人民共和国交通行业标准. JTG H30—2004 公路养护安全作业规程[S]. 北京:人民交通出版社,2004.